本书为互联网公益慈善“中国样本”项目研究，江苏高质量发展评价研究院“互联网+”赋能志愿服务模式研究和对策建议，国家社科基金（2023AH05876），2022 江苏省教育规划重点项目（B/ 2022 / 02 / 48），2023 江苏省高等教育教学改革研究“重中之重”项目（2023JSJG041）的阶段性成果。

数智时代的“指尖公益”模式创新研究

钱晓田　缪昌武　著

中国社会出版社
国家一级出版社・全国百佳图书出版单位

图书在版编目（CIP）数据

数智时代的“指尖公益”模式创新研究 / 钱晓田，缪昌武著. -- 北京 ：中国社会出版社，2023.12（2024.12重印）
ISBN 978-7-5087-6970-7

Ⅰ. ①数… Ⅱ. ①钱… ②缪… Ⅲ. ①慈善事业-研究-中国 Ⅳ. ① D632.1

中国国家版本馆 CIP 数据核字（2023）第 245749 号

数智时代的“指尖公益”模式创新研究

出 版 人：程　伟
终 审 人：李新涛
责任编辑：杨春岩
装帧设计：时　捷
出版发行：中国社会出版社
（北京市西城区二龙路甲 33 号　邮编 100032）
印刷装订：北京九州迅驰传媒文化有限公司
版　　次：2023 年 12 月第 1 版
印　　次：2024 年 12 月第 2 次印刷
开　　本：170mm × 240mm　1/16
字　　数：242 千字
印　　张：16.5
定　　价：80.00 元

前　言

随着互联网、大数据、人工智能、元宇宙等数字技术的蓬勃发展，“指尖公益”正快速融入民众的生活和企业的社会责任实践之中。在数字化引领，智能化协同的时代，“指尖公益”为公益慈善事业开辟了新路径，提升了影响力。可以说，数智时代的公益慈善发展正在迎来运营模式的创新。

“指尖公益”是指利用手机微信、支付宝、QQ、抖音、微博、小红书等社交软件的关联，将捐赠者参与的公益项目实时动态发送到手机或电脑上，通过互联网、大数据、区块链、人工智能、元宇宙等数字技术将公益的捐赠、传播、发展通过指尖轻松实现（沈镕荣、李传雅，2017）。这种借助“圈子”的力量成倍放大公益影响力，在移动端完成捐赠的网络公益行为也被称为“指尖公益”（袁嘉慧，2018）。“指尖公益”由腾讯公益慈善基金会发起人陈一丹在2015年首次提及，后来逐步成为移动互联网时代个人参与慈善公益的代称。

从PC端到指尖移动端，从社交互动到网络购物，“指尖公益”已变成一种态度、一种习惯、一种文化；越来越多的“指尖公益”行动跨越地缘，超越人情，正一点点地重塑社会价值观。“指尖公益”通过数字化提高公益的透明度，用科技提升公益生态效率，展现数智时代与中国公益慈善事业结合发展的最大价值。

本书立足中国“指尖公益”的发展历程和全球影响力，定位“指尖公益”平台能级提升，揭示“感—理—融”三重文化内核，在“指尖公益”的创新与实践、科技与公益的结合、未来场景等方面，推出了一个个鲜活的互联网慈善的“中国样本”。全书从“指尖公益”的历史演进、进阶转型、危机挑战、运营模式、科技赋能、社会生态、场景打造等方面，全方位展现“指尖公益”当前发展的问题以及多元创新的潜力。“指尖公益”参与社会治理、疫情防控、乡村振兴、应急救灾、扶贫济困、生态保护……为公众带来更多福祉，为社会创造更多价值。“指尖公益”的“中国样本”也将为全球公益慈善事业注入更多活力与经验，贡献“指尖公益”系统创新的中国方案，展现“指尖公益”的中国智慧。

“指尖公益”正在改变我国公益事业格局。公益慈善事业从传统形式，逐步转变为现在的模式创新、技术创新、业态创新的数字公益新形态。不断丰富捐赠途径，提高捐赠透明度，对有资源和能力掌握新一代数字化渠道的各方参与者来说，已经成为必要条件。从吸引多样化资金渠道到更好地推广和赋能筹款、优化资金利用等，数智技术都在快速改变中国公益慈善事业的运作方式，促进中国公益慈善事业整体效能的提高。

中国是互联网大国，网民数量多年稳居世界第一，随着网络渗透率持续上升，“指尖公益”将在慈善机构和公众之间搭建起一座更直接的沟通桥梁，而数智技术能帮助我们构建更强大的互联网线上社区，中国公益慈善事业的发展不可小觑。

本书通过对“指尖公益”的多维研究，特别是实践观照，力求弥补当前国内学界对慈善公益研究的空白，为“指尖公益”的市场参与者、潜在进入者及相关公益组织提供前沿性、系统性、权威性的学术建构，同时为广大公益组织转型、政府对公益组织的管理，乃至未来社会的建设提供实践启示。

目　录

引　言

数智时代的“指尖公益”

第一节　时代背景

“在高质量发展中促进共同富裕”的新时代命题中，第三次分配成为社会关注的焦点，而可持续健康发展的数智公益事业，无疑是充分发挥我国第三次分配作用的保障。“激励互联网公益模式创新、业态创新、管理创新、技术创新……”《“十四五”民政事业发展规划》促进慈善事业健康发展的章节中的这个表述，既是对未来“指尖公益”发展的要求与期许，又是对过去十余年“指尖公益”发展之路的总结与升华。过去十余年的“指尖公益”实践告诉我们：当公益遇上互联网和数字化，发生了一系列令人惊喜的嬗变。

参与范围迅速扩展。近3年来，全国每年都有超过100亿人次通过指尖点击、关注和参与互联网慈善，2021年通过互联网募集的善款接近100亿元。

公益方式日趋多元。运动捐步、公益答题、爱心接龙、浇水种树……借助数字技术，公益慈善跳出了单一的款物捐赠形式，向着场景化、创意化、多元化的公益方式发展。

自觉助力社会治理。聚焦疫情防控、乡村振兴、应急救灾、扶贫济困、生态保护、科教文卫等议题，数字公益不断延伸，赋能社会治理创新。据民政部的统计，2020年新冠疫情暴发后，我国公益慈善组织在短短3个月内就通过互联网接收到了社会各界近420亿元人民币的相关捐赠，在线上组织了近600万人次的志愿服务，并对脆弱人群进行了针对性的干预帮扶，同时通过不断创新，探索出更可持续的“中国样本”的本土化发展模式。

数字技术让公益跃上指尖。当下，我国已建成全球规模最大、技术领先的网络基础设施。截至2023年5月底，我国已累计建成5G基站达284.4万个，移动物联网终端用户超20.5亿①，在全球主要经济体中率先实现“物”连接数超过“人”连接数，数字经济发展基石日益巩固。数字经济发展规模全球领先，人工智能、云计算、大数据、区块链、量子信息等新兴技术跻身“全球第一梯队”，新应用、新场景、新业态持续涌现。数字技术已经日渐成为各行业在互联网场域中转型突破的重要驱动力。同时，数字技术的跃迁也让公益慈善事业有了更多的可能性。

当人们第一次在社交媒体上通过轻松公益为那些需要帮助的人献上自己的一点爱心时，这或许是很多人第一次感受到互联网+公益的力量。随着数字技术的快速发展，“指尖公益”为创新公益慈善和减贫事业发展模式、鼓励社会公众参与公益慈善活动、加强公益慈善事业规范管理提供了支撑和实现路径。

随着公益跃上指尖，互联网将慈善公益从少数人的行动转变为人人可以参与的行动。伴随数字技术的快速发展，“互联网+科技”正逐渐成为撬动各行业转型发展的重要杠杆。因此，本书将努力探索数字技术与公益慈善领域的深度融合，助力乡村振兴、共同富裕，助力落实《2030年可持续发展议程》，让数字社会发展成果惠及更广大人民群众。

第二节　历史使命

公益事业的发展是社会文明进步的重要标志。中国互联网的蓬勃发展对公益事业起到了巨大的推动作用。过去20年来，“指尖公益”经历了三

① 徐佩玉．中国已建成5G基站284.4万个，移动物联网终端用户超20.5亿——5G迎来规模化发展关键期［EB/OL］．（2023-07-10）［2023-09-01］．http：//paper.people.com.cn/rmrb-hwb/html/2023-07/10/content_26004846.htm.

个不同的发展阶段。在2004—2013年的起步阶段，新的公益慈善机构在互联网渠道通过淘宝等商业平台逐渐涌现。2013—2016年，阿里巴巴和腾讯的创新公益活动（如“99公益日”）标志着慈善行业进入了快速发展阶段，“指尖公益”呈指数级增长。2016年，我国公益领域第一部综合性法律《中华人民共和国慈善法》颁布并实施，强化了对“指尖公益”的监管，同时也促进了该领域快速增长。“指尖公益”在过去几年中实现飞速发展，公众参与度和捐赠总额皆创下新高。

数智时代，全民参与慈善的途径越来越多，大大激发了个人捐赠的热情。在过去三年里，个人捐赠在互联网捐赠总额中的占比超过60%，而在社会捐赠总量中仅占20%。互联网捐赠主要来自90后、00后的年轻人，他们对慈善事业的兴趣和捐赠能力与日俱增。如何深入吸引这部分人群，是各方需要思考的问题。在平台拉动和捐赠者推动的相互作用下，健康、扶贫和教育成为“指尖公益”项目最受青睐的主题。

在当前“指尖公益”领域，阿里巴巴和腾讯这两家互联网巨头占据了主导地位，但随着更多的平台进入互联网获取募捐资格，竞争格局将发生进一步变化。纵观“指尖公益”的整个生态系统，核心的差异化优势在于吸引和提高流量的能力。在传统模式下，公募基金仍然是最大的募款主体，除此之外，互联网平台可以为非政府组织和个人提供筹款支持，提升互联网形象。到目前为止，互联网项目的资金分布呈现二八分化，前20%的项目吸引了大多数的募集资金。

数智时代背景下多样化的捐赠模式、公益模式的转变与用户体验的变化，如下表：

数智时代背景下多样化捐赠模式变化表

公益捐赠模式	公益模式的转变	用户体验的变化
蚂蚁森林	游戏化	趣味性的增强
捐时间	情景化	参与感的提升
水滴筹	全民化	信息的公开透明
腾讯益行家	产业化	传播效果迅速

因此，"指尖公益"模式创新已经成为学界的研究热点、业界的关注焦点、政府推进社会治理体系现代化的一个创新点。互联网从协助慈善组织筹款到帮助其进行内部管理，已经深刻嵌入慈善组织运营的方方面面。

第三节 文献综述

一、国内相关研究的学术史梳理及研究动态

与数智时代给我们的生活工作带来的快速变化相比，学界对其运作机理与应用价值的研究则相对滞后。国内学界关于"指尖公益"模式创新的研究，大致分为 5 个方面。

关于数智时代的"指尖公益"研究。作为网络公益研究的前沿领域，学界对"指尖公益"进行了初步研究。"指尖公益"由腾讯公益慈善基金会发起人陈一丹在 2015 年首次提及。"指尖公益"是指利用手机微信、支付宝、QQ、微博等社交软件的关联，将捐赠者参与的公益项目实时动态发送到手机或电脑上，将公益的捐赠、传播、发展通过指尖轻松实现（沈镕荣、李传雅，2017）。这种借助"圈子"的力量成倍放大公益影响力，在移动端完成捐赠的网络公益行为也被称为"指尖公益"（袁嘉慧，2018）。"指尖公益"的特点是遵循积小成大的理念，通过网络技术途径，形成全新理念指导下的网络时代的公益形式（赵敏，2013；刘成伟 等，2012）。

关于"指尖公益"平台模式研究。这是当下业界与学界共同关注的问题。移动互联催生中国公益平台范式，主要分为：公益 O2O—高校运营模式（罗莹，2015）、企业带动模式（刘昕璐，2014）、机构主导模式（王秀丽，2014）、网友自发模式（张志祥，2019）等。此外，公益捐赠平台"入口"多种模式并存：一种是以微信、支付宝、微博……超级入口为代表的"中心化"模式，另一种则是"去中心化"的入口，比如各类 App，捐赠网页客户端，微信、支付宝小程序等模式。

关于"指尖公益"助力疫情研究。战"疫"时期，"指尖公益"平台和组织充分发挥平台的科技优势，高效精准地连接需求和供给，撬动社会

力量参与（荀正瑜，2021）。在抗击疫情成为移动互联公益发展“催化剂”的同时，也为践行科技向善提供了新思路（杨卫娜、辛蓝霄，2020）。“指尖公益”平台和组织救助行动频频创新：信息化筹集和调配抗疫物资、为一线抗疫人员提供全方位保障、开放AI等技术支持疫情药品研发、多种形式保障公共卫生安全（吴心远、毛钰琼，2020）。

关于“指尖公益”践行社会责任研究。“指尖公益”引发社会治理模式的变革：从单一的线下管理转为双向互动、从单一的政府监管向社会协同治理转变；助力政府打造共建共治共享的社会治理格局（马化腾，2018）。腾讯是移动互联行业第一家成立公益慈善基金会的，其践行企业社会责任的方式：将数亿网民用移动互联网的沟通方式和生活习惯紧密联系在一起（杨鹏，2017）；不再只是满足企业可持续运营的需要，而是利用优势搭建网络公益平台，与各利益方跨界合作，共同解决社会问题（郦艽，2017）。凝聚网络，和谐共赢（梁小云，2014）。

关于“指尖公益”SoLoMo模式理论研究。SoLoMo概念是著名风险投资公司KPCB合伙人约翰·杜尔于2011年提出的，在移动互联网和智能手机快速普及与发展的背景下具有较强的现实观照性。SoLoMo将社会化（social）、本地化（local）、移动化（mobile）3个互联网关键词整合在一起，即“社交+本地化+移动”三者整合营销（蔡建梅，2015）。SoLoMo模式以“social”为基础聚焦社交人气，以“local”为地理基础，以“mobile”为技术支撑，试图实现基于位置的服务（Location based service，LBS）和社交网络（social network service，SNS）的集成化应用（夏立新，2015）。SoLoMo集聚了数亿用户的点击量，是充分利用当代人“碎片化时间”的高效能移动社交模式。SoLoMo更加紧密的社会化交流沟通是赢得更多潜在顾客的有效方法，这一点上无疑比它的先辈SNS社交网络更富有魅力（陈云海，2019）。

二、国外相关研究的学术史梳理及研究动态

在线上捐赠方面，据美国《2020年教育统计报告》数据，仅2020年，美国四年制公立院校的在线捐赠收入增长了16%。随着在线捐赠对高校越

来越重要，关注支持者的线上捐赠体验就显得尤为重要，一些英美名校在疫情后纷纷优化了自己的线上捐赠网站，如美国加州大学洛杉矶分校（UCLA）在线捐赠网站 ucla. edu，马里兰大学帕克分校在线捐赠网站 umd. edu，俄亥俄州立大学在线捐赠网站 osu. edu，路易斯安那州立大学（LSU）在线捐赠网站 Lsu. edu，改革宗神学院（RTS）在线捐赠网站 rts. edu 等。以上这些高校的在线捐赠网站都有一个容易找到的捐赠按钮、漂亮的设计元素和简单的体验。遗憾的是，更多国外高校都隐藏了捐款按钮，从而给支持者带来了糟糕的捐赠体验。尽管互联网金融、互联网公益众筹在欧美兴起较早，技术先进，发展成熟，但西方学界对刚刚兴起的移动互联公益，特别是“指尖公益”研究还不够深入。西方学者主要从经济学、管理学的角度，集中研究互联网“微公益”（众筹）的资金募集（Gavin Glendon，2017；Adrian Sargeant Douglas，2018）、非政府组织的传播策略（Macmillan Douglas，2008）、互联网与公益事业的结合（Frumkin Kin，2001；Theodore R. Hart，2002）、互联网公益组织监管（Anthony Giddens，2005；Todd R. Weiss，2013；Blouin、Marie，2018）等方面。

简要述评：综观已有研究，移动互联在中国迅速发展，与欧美移动互联进程呈现出不同路径，从电商支付到互联网捐赠蔚然成风，具有加速度特点，迭代性、集成性更为突出。西方学界的实证性研究方法与全球性视野，对我国“指尖公益”发展有一定的启示。但经过梳理也发现，数智社会的前沿问题研究还存在诸多有待讨论和深化之处，还需要在“中国场景”下验证。一是以比较借鉴为主，缺乏理论梳理和学理分析，在特定经济、社会、文化环境框架下的“指尖公益”模式诠释尚未呈现。二是实证研究的社会调研选择比较单一，“指尖公益”的类型划分、功能划分、影响力划分尚待细化；针对不同公益类型的运行机制尚未构建；且缺少一定的数据支撑和典型案例分析。三是对策研究较为宏观，对“指尖公益”模式创新的具体指导性相对缺乏。特别是比较研究所推演的结论在当下中国数字互联网的应用状况、数字人民币场景等运行方式的可操作性有待检验。对这些问题的发现与提供系统化、可操作性的解决方案，为本研究提供了学理基础和努力方向。本研究力图在三个方面进行新的拓展。

第一，紧随移动互联网技术升级带来的“指尖公益”传播机制、模式创新研究；从 SoLoMo 移动社交模式向未来的6G 定制服务、“公益4.0：中国公益慈善的区块链时代”发展。

第二，深度展开公益伦理、科技向善、网民参与三位一体的“指尖公益”创新融合研究，提升全社会“指尖公益”性能与效能、知名度与美誉度。

第三，特别关注老年群体移动数字媒体采纳、老年数字鸿沟（接入沟—使用沟—素养沟）、使用及支持体系构建研究，服务数字化老龄社会建设。

第四节　研究意义

一、学术价值

有助于丰富新型公益理论。在移动互联网跨界融合、驱动创新、开放生态、深度互联的社会新特征下，新技术、碎片化、个性化等社会特征也已形成，探索“指尖公益”“公益 4.0”等特征的社会公益理论已经被学界重视，通过课题研究可推进和丰富这方面的理论发展。

有助于拓展交叉学科研究。本研究在总结学界研究成果的基础上，力图通过社会学和管理学、互联网经济学的交叉学科视角，分析当前“指尖公益”机构的运作模式及其对公益慈善事业发展的意义，构建未来公益事业发展的新模式，丰富社会慈善公益领域的理论研究。

有助于搭建新型公益发展模式的理论支撑体系。探析“指尖公益”的传播特性和创新发展模式，为移动互联公益自身的发展完善与放大新型公益的社会价值提供系统性理论观照，为公益组织利用移动互联网平台更好发挥专业优势寻求更多的社会共识。

二、应用价值

培育公民慈善习惯、增强企业公民意识、积极履行社会责任。“指尖公益”实现在小额捐赠中的新型主渠道作用，拓展社会公益投入与产出渠道，激发更多的社会群体参与和营造共建共治、共用共享、共情共济的社会氛围。

激发新动能、增创新优势、构筑新支撑。为“指尖公益”高质量发展构建广泛可及、智慧便捷、精准赋能、公平普惠、协同高效的创新服务平台。

行业绩效评价的科学运用将引流价值捐赠。利用行业绩效的科学评价评估，向公众传递更多信息，让“指尖公益”行动不断升华，促进各领域公益慈善形成良性运行模式。

第五节　研究内容

一、研究对象

本书以数智时代的“指尖公益”为研究对象，界定“指尖公益”的内涵、特点，阐释“指尖公益”模式从自发到自觉、从感性到理性、从专业化到社会化的发展过程，思考“指尖公益”发展态势、面临困境并分析原因；针对存在问题提出解决方案，构建基于 SoLoMo 理论的创新模式，为中小型企业及社会个体投身“指尖公益”提供便捷、高效、可行的路径。

二、框架思路

本书通过“指尖公益”的发展进程、进阶转型、危机挑战、运营模式、科技赋能（ChatGPT）、社会生态、场景打造等八个章节，全方位展现“指尖公益”参与社会治理，为帮贫扶弱工作及乡村振兴项目贡献力量，为人民带来更多福祉，为社会创造更多价值。“指尖公益”的“中国样本”也将为全球公益慈善事业注入更多活力与经验，进一步深化“指尖公益”实践拓展的中国探索，贡献“指尖公益”系统创新的中国方案，展现“指尖公益”活力的中国智慧。主要提纲如下：

1.“指尖公益”的理论观照与学理研究

（1）界定“指尖公益”的概念，阐明“指尖”与“公益”的对应、互动关系。

（2）运用扎根理论三级编码对现有资料进行研究，逐步提炼出概念、初始范畴、主范畴、核心范畴，完成移动互联背景下“指尖公益”创新特征提取：网络化协同、个性化定制、服务化延伸、智能化生产……

（3）从交叉学科的研究视角，运用社会责任理论、社会网络理论、SoLoMo 模式理论，以及互联网经济学的长尾理论等，综合探讨建立“指尖公益”模式集成性研究的理论基础与分析框架的可能性、可行性与必要性。重点基于本地化、个体性的移动社交模式，对 SoLoMo 模式理论的场景运用进行“模型化分析”。

2.“指尖公益”模式创新的时代要求与存在问题研究

我国“指尖公益”组织虽然呈现迅猛发展的势头，但存在组织运行效率低、人才流失严重、资金来源缺乏、项目运作形式单一、资源整合不足、服务对象沟通不畅、公信力不足等问题。“指尖公益”模式创新的技术、思维、优势、目标为解决公益组织存在的普遍问题提供了新的机会、动力和渠道。

3.“指尖公益”模式创新的推介效益与“全民共治”研究

（1）推介效益。从社会效益、经济效益、文化效益、人才效益、生态效益等视角，系统呈现“指尖公益”激活“圈子”的力量，成倍放大公益影响力。

（2）赋能社会治理。通过民众在指尖上的广泛参与，践行科技向善，实现科技赋能社会治理，推动中国发生在指尖上的一次政务服务的场景革命。“指尖公益”助力社会组织在脱贫攻坚过程中大力运用和推广互联网数字技术，在产业脱贫、生态脱贫、教育均等化、医疗救助等领域发挥重要作用。

4.“指尖公益”模式创新的比较借鉴与生成机制研究

我国作为全球领先的移动支付大国，已提前迈入“无现金社会”、数字人民币时代，先行培养起“移动应用为先”的使用习惯。本书通过对国内外互联网公益发展路径的比较研究，借鉴西方学界的思想资源和有益成果，依据国情，因地制宜地优化提升“指尖公益”发展路径，并在此基础上，催生具有信息深度感知、智能在线互动、精准服务推送、个性化定制等功能的创新模式，建立技术与社会的协同进化、良性互动。

5. “指尖公益” SoLoMo 创新模式构建与新型平台能级提升研究

运用 SoLoMo 模式理论，集聚数亿用户的流量热点，从 Social（社会化）、Local（本地化）、Mobile（移动化）三个维度入手，构建充分利用当代人碎片化时间的高效能移动社交新模式：以 Social 为社交基础聚集人气，以 Local 为地理基础，以 Mobile 为技术支撑，试图实现基于地理定位的 LBS 技术服务和社交网络 SNS 的集成化应用，构建具有社交属性的移动社群产品；并通过位置服务、预约服务、线上支付、进度查询、评价投诉等功能，实现全流程、闭环式的“指尖捐赠”；从深度和广度上，推进新型公益平台能级的不断提升。在深度上，随着移动互联网、云计算、大数据、人工智能等信息技术的逐步成熟和落地应用，推动“指尖公益”向智能服务化延伸发展；在广度上，移动互联使广大不发达地区的人们也有机会享受数字红利、推进包容性增长，进一步缩小数字鸿沟，充分发挥社会公益效能。

6. “指尖公益”模式创新的社会生态营造与未来走向研究

针对“指尖公益”模式创新发展中存在的诸如移动互联公益认知偏差、平台信任危机、公益参与缺乏动力、深度开发能力弱等问题，面向政府部门和公益组织，在如何构建“指尖公益”模式创新、健康发展社会生态等方面给出合理化建议。展望数智时代带来的未来公益捐赠行业的变革和发展机遇，对“指尖公益”创新模式向 6G 定制服务、人工智能赋能、“公益 4.0：中国公益慈善的区块链时代”发展，提出富有建设性的解决方案，为促进形成“人人公益、人人获益”的健康社会赋能添彩。

三、重点难点

本研究的重点在于：

（1）对“指尖公益” SoLoMo 模式理论的场景运用、社会关系链、用户结构、消费行为、情景体验进行模型化研究，挖掘 SoLoMo 模式各元素之间的关联，寻求多元合力，完善“伦理+公益”“科技+公益”“网民+公益”深度融合的可行性方案。

（2）践行科技向善，赋能社会治理。通过民众在指尖上的广泛参与，实现科技赋能社会治理，推进教育、交通、医疗等公共服务的均等化，使后发达地区通过移动互联实现跨越式前进成为可能，以“指尖公益”推动社会性公益慈善事业的健康发展。

本书的难点在于：

（1）如何在数智时代的社会资源再分配中，增加“指尖公益”的权重与社会慈善引领性，需要引起社会各方的广泛关注。

（2）如何建立稳固的调研渠道和顺畅地获取目标案例平台资料。课题问卷调查主要通过各类公益慈善组织、高校基金会、私募基金会等进行，虽然目前课题组已与腾讯、新浪、京东、爱德、水滴筹、行走捐等多个慈善基金组织建立联系，但在课题开展过程中仍需进一步开拓调研渠道，采集研究样本；获取第一手调研资料，从而有效地提高研究的可行性和可信度。

（3）老年群体移动数字媒体采纳、使用及社会慈善支持体系建设。

第六节　研究特色

一、学术思想方面的特色和创新

将科技变革的前沿和“时尚公益”方式结合，从数智时代对慈善公益的重大影响切入，把“指尖公益”模式创新作为一个专门问题进行系统化深入研究。

二、学术观点方面的特色和创新

利用互联网传播特性来思考媒介融合问题，并从即时传播、双向互动、大数据、云计算、区块链、效果评估等方面来考虑“指尖公益”的传播方式，思维创新特点突出。

为公益组织利用移动互联平台更好地发挥专业优势提供可行性支持和可推广性支撑。针对公益组织目前普遍存在的对政府依赖性强、筹集资金难、工作效率低等问题，提供新的解决思路与方案，有助于提升社会公益组织的服务能力，激发公益组织生发新的活力。

三、研究方法方面的特色和创新

尝试把 SoLoMo 模式理论应用到“指尖公益”，以体现研究的社会学、管理学、互联网经济学等多学科交叉创新，现实场景性强。

运用扎根理论对“指尖公益”模式创新进行特征提取与聚类划分，运用问卷调查与统计分析从定量角度对“指尖公益”模式创新的影响因素进行分析，运用单案例跟踪和多案例比较相结合、多水平结构方程模型分析的方法，对“指尖公益”模式创新进行信度与效度研究。

第一章 “指尖公益”的内涵要义与时代突破

党的十九大报告提出了新时代中国特色社会主义的行动纲领和发展蓝图，提出要建设网络强国、数字中国，促进数字经济和实体经济深度融合。党的十九届五中全会提出“发挥第三次分配作用，发展慈善事业，改善收入和财富分配格局……发挥群团组织和社会组织在社会治理中的作用，畅通和规范市场主体、新社会阶层、社会工作者和志愿者等参与社会治理的途径。推动社会治理重心向基层下移……”国家“十四五”规划将慈善事业纳入国家社会救助，同时又提出了“推动社会治理重心向基层下移”的命题——这些都是新时代党和国家赋予慈善组织的历史使命。

当前宏观经济增速放缓，我国正处在转变发展方式、优化经济结构、转换增长动力的攻关期，结构性、体制性、周期性问题相互交织，“三期叠加”影响持续深化。我国慈善公益事业长期依赖大额捐赠的筹资模式将迎来巨大挑战。在此背景下，对小额捐赠“指尖公益”的关注将对未来的社会捐赠工作具有重要意义。微公益、新媒体、便捷支付工具深入发展，互联网金融、移动支付平台的日益兴起为“指尖公益”提供了便利。根据《中国大学教育基金会发展报告》（2018）：政府作为接收捐赠主体的地位继续大幅度减弱，慈善会系统和基金会行业继续保持高幅增长的态势，网络捐赠同样保持增势。①“小额捐赠”占比不断上升。同时，根据中国互联网信息中心（CNNIC）：第 51 次《中国互联网络发展状况统计报告》显

① 《中国大学教育基金会发展报告》编写组．中国大学教育基金会发展报告（2018）［M］．北京：社会科学文献出版社，2018：183.

示，截至2022年12月底，我国网民规模为10.67亿，同比增加3.4%，互联网普及率达75.6%。其中，城镇网民规模为7.59亿，农村网民规模为3.08亿，50岁及以上网民群体占比提升至30.8%；全年移动互联网接入流量达2618亿GB。随着民间公益力量的壮大，以智能手机为主要载体的“指尖公益”成为慈善公益的新生态。战“疫”时期，社会捐赠额的不断刷新表明，移动互联数字技术引发中国慈善公益变革。数智时代下的“指尖公益”模式创新已成为公益领域的新兴研究热点，助力公益研究前沿不断延伸，交叉学科不断融合，成为我国公益事业发展的重要驱动力。

第一节　内涵要义

一、核心概念

从“公益”到“互联网公益”，再到“指尖公益”，“指尖公益”与互联网的发展可谓是同进退、共起伏。根据在中国知网、维普、万方、人大复印报刊资料、国研网、读秀、CSCD、SCD、EBSCO、Elsevier、SpringLink、国道SpcialSci DBS等中外文数据库的搜索，以“指尖公益”为主题对相关行为概况及影响因素进行研究的现有文献并不多，因此，综合支付宝公益、水滴筹、腾讯、中国红十字会等公益组织的项目实例，同时将检索主题词扩展至“互联网公益”“微公益”等概念，以此递进式梳理互联网与“指尖公益”行为之间的影响因素，从而探讨公益发展的研究现状。

1. 公益的缘起与发展

“公益”是“公共利益”的简称，其蕴含的意义可以通过词语拆解、再组合的方式从两个层面上进行理解。“公”可以另组词为“公共”或“公众”，表明公益是以广大人民群众为对象，而非特定的群体或个体，这凸显出“公益”的第一要义是为普罗大众、为芸芸众生；“益”可以延伸为“利益”或者“益处”，是指为满足主体生存和发展，对某些对象的客观需求，这体现出“公益”的实际要旨是对一定的客观群体有裨益的事情。综合来看，“公益”与社会公众的福祉与利益相关，在从事公益的相关工作时应当展现出为人民服务而不求回报的理念。

据清华大学教授秦晖考证，“公益”（Public Welfare）一词是由日本人留冈幸助将西文转译而来，留冈幸助始将公益翻译成英文“philanthropy”，随后传入中国得到广泛传播与使用。而现代公益精神兴起于西方，从词源的角度分析，“philanthropy”或“charity”才恰是英文中用来规范表达“公益”之义的两个单词。“philanthropy”源自希腊语“philanthrôpia”，最早可追溯到公元2世纪的罗马时代，希腊作家普鲁塔克在解释超人类时使用这个词来表达“爱那些让我们成为人的事物”观念。到17世纪，英国哲学家弗朗西斯·培根对这个词进行了现代化改造，认为它是“善良”的同义词。直到18世纪，英国作家塞缪尔·约翰逊用英文定义为“对人类的热爱”这一含义被沿用至今。“charity”源自拉丁语“caritas”，在欧洲中世纪开始被用于替代“philanthrôpia”，原意是“基督之爱”，带有浓厚的宗教色彩。随着时间的推移，“charity”的含义逐渐转变为“为有需要的人提供慷慨和奉献”，由此可见，两者都有爱的含义，但“philanthropy”比“charity”的爱更广泛，更无差别。①

在中文的话语体系中，谈及“公益”，我们常常会与“慈善”一词相联系，这与前文所述的“philanthropy”“charity”两个单词恰好形成对应。公元前387年，柏拉图创办的柏拉图学园，是世界上最早的慈善基金会。视野回归到中国，“慈善”最早可以追溯到南北朝时期的六疾馆和孤独园，其中六疾馆是专门收治没钱治病的穷人的国立医院，孤独园是古时收养无人赡养的老人和孤儿的机构。此后还有唐朝的悲田养病坊、宋朝的惠民药局。从历史的角度回溯“公益”与“慈善”，亦可发现二者不能混为一谈，公益不等于慈善，慈善催生公益，公益源于慈善。从概念方位上来看，公益属于上位概念，慈善属于下位概念，公益包含慈善，慈善是公益的一种表现形态，并不是所有的慈善都是公益，只有慈善走向组织化层次，其行

---

① 陈一丹，吴朋阳，周子祺，等．中国互联网公益［M］．北京：中国人民大学出版社，2019.

为产生社会性效应时才能称之为公益。①

2. 从互联网公益到“指尖公益”

以2008年的汶川地震为标志，腾讯、阿里等互联网企业开始深入公益行业，科技与公益的结合发生了“科技向善”的化学反应，互联网公益在中国呈现出一种现象级爆发的趋势，使得中国的公益生态逐渐激发出一股新的力量，在这股力量的推动下，中国公益呈现出“全民参与”的蓬勃发展态势。这样，互联网公益以不同的形态渗透到我国各行各业之中。

对应互联网阶段Web1.0、Web2.0、Web3.0的划分标准，互联网公益也可划分为三个阶段：互联网公益1.0：以千龙网、搜狐网、腾讯网、阿里巴巴、新浪等门户网站为代表，各大网站逐渐开设公益频道，拓宽了公益信息的传播渠道；互联网公益2.0：伴随着社交平台的兴起与成熟、移动支付工具的普及，大众在获取点对点的公益信息时，能够随时、随地、随手进行小额捐赠；互联网公益3.0：用户通过与移动设备相连，其线下的日常行为转化为线上的业务数据，并与公益项目连接构成用户的公益数据，进而形成“泛公益”的新生态②。可以说，中国互联网公益的发展与互联网的演进是一脉相承的。

当前，中国互联网公益的发展凭借人口基数与技术创新取得了阶段性成就，然而，“指尖公益”仍处于起步阶段。因此，我们非常需要对标诸如美国、英国、日本这些现代公益发展较为成熟的国家，以国际视野来审视中国互联网公益的发展，借鉴其他国家的优秀经验，走出一条既符合公益发展规律又具有鲜明中国特点的“指尖公益”道路。

乘着移动互联和数智时代的东风，“指尖公益”的发展表现出实践先于理论的鲜明特点，作为互联网公益研究的前沿领域，目前学界对“指尖公益”系统性的研究成果尚未呈现。前文说过，“指尖公益”由腾讯公益慈善基金会发起人陈一丹在2015年首次提及。“指尖公益”是指利用手机

---

① 白列湖，尚立富．公益的内涵及其相关概念辨析［J］．哈尔滨师范大学社会科学学报，2012，3（2）：24-28.

② 陈一丹，吴朋阳，周子祺，等．中国互联网公益［M］．北京：中国人民大学出版社，2019.

微信、支付宝、QQ、微博等社交软件为媒介，以转发链接、捐能量、养小鸡、捐步数等形式对项目进行响应的公益活动①，这些公益活动将捐赠者参与的公益项目实时动态发送到手机或电脑上，让公益的捐赠、传播与发展通过指尖得以轻松实现②。这种借助“圈子”的力量成倍放大公益影响力，在移动端完成捐赠的网络公益行为也被称为“指尖公益”③。在互联网公益3.0阶段，其发展更强调“以用户为中心”，为此各大互联网公益平台群策群力，不断创新互联网公益的样态与形式，从用户需求出发，为其打造个性化的公益活动。当前，互联网公益呈现出以民间组织和机构为主的发展格局，为了吸引用户广泛参与公益，相关互联网公益平台开启了将游戏化、场景化与“指尖公益”相融合的有益探索。也就是说，“指尖公益”是指在互联网公益的场域中利用好友圈、借助虚拟场景以提高用户参与公益活动黏性的公益活动，是“人人可捐、时时可捐、事事可参与”的一种新公益形式，具体应用有腾讯公益日、水滴筹、支付宝蚂蚁森林、行走捐，等等。

二、理论基础

1. 长尾理论

长尾理论（Long Tail Theory）是互联网时代兴起的一种新兴理论。由美国《连线》（*Wired*）杂志总编辑克里斯·安德森（Chris Anderson）在2004年的《长尾》（*The Long Tail*）一文中最早提出。安德森认为：只要存储和流通的渠道足够大，大量的低回报产品占据的份额就可以和少量的高回报产品所占据的份额相匹敌，甚至更大，这就是长尾理论。安德森还认为，网络时代是关注“长尾”、发挥“长尾”效益的时代。长尾理论运用了信息技术的沟通优势、数字传播和强大的搜索技术，组合成了一种新

① 黎红丽，白丽萍，温必安，等．指尖公益的参与意愿及其影响因素研究——以广州大学生为例［J］．教育观察，2019（10）：22-24.

② 王泽昊．指尖公益的创新建构与发展思路［J］．黑河学院学报，2019（12）：89-91.

③ 袁嘉慧．“指尖公益”中的群氓智慧和群体性迷失［J］．新闻研究导刊，2018（14）：75-76.

力量，改变了传统的营销模式和理论。[①]“长尾”实际上是统计学中幂律（Power Laws）和帕累托分布（Pareto distributions）特征的一个口语化表达。Google 网站、亚马逊商城、苹果 AppStore 都是体现长尾理论经营模式的经典案例。如图 1-1 所示。

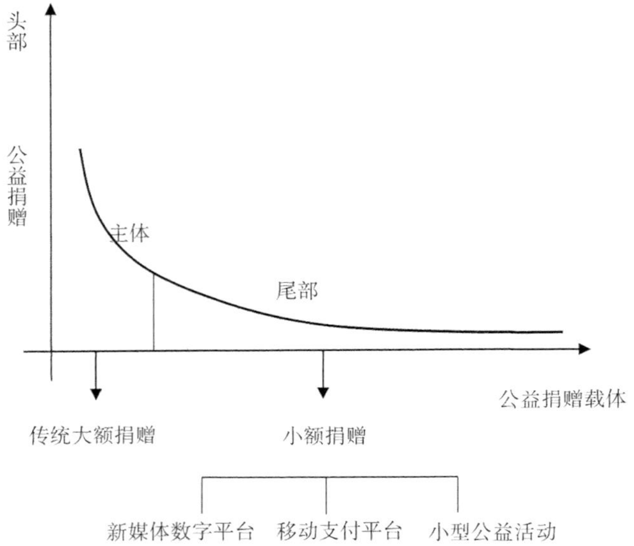

图 1-1　“指尖公益”捐赠长尾模型示意图

长尾理论是对传统“二八定律”的有效补充。“二八定律”（又称 20/80 法则）认为 20%的顾客带来了 80%的利润（或者说 80%的大额捐赠来自 20%的重要客户），长尾理论统计的是销量，并非利润。与之相对，长尾理论则认为，长尾需求应该被慎重对待，因为长尾部分蕴含的获利空间不容忽视。甚至有些学者认为，长尾理论是对“二八定律”的彻底颠覆。但实质上，长尾理论应该是对“二八定律”的修正。互联网金融的出现让公益捐赠从“二八定律”逐渐转向对“长尾效应”的重视。克里斯·安德森认为：长尾效应由于规模效益导致成本降低，正态分布曲线“尾部”所

① 殷洁，徐家良．网络时代基于长尾理论的捐赠人关系维护［J］．前沿，2015（8）：15-18.

产生的总体效益甚至会超过“头部”。[①] 因此，发展“指尖公益”等小额捐赠是应对互联网消费、移动支付、捐赠群体调整、保持社会捐赠可持续发展的重要举措。

2. 道德发展阶段理论

劳伦斯·科尔伯格（Lawrence Kohlberg）是美国儿童发展心理学的集大成者，他继承并发展了瑞士儿童心理学家让·皮亚杰（Jean Piaget）的道德发展理论，着重研究儿童道德认知的发展并提出了“道德发展阶段”理论。20 世纪 20 年代，当皮亚杰看到行为主义心理学派的研究存在着严重的客观主义和机械主义倾向时，他决心采用间接故事法对儿童道德发展进行研究，他把儿童的道德判断区分为他律和自律两个水平，把儿童的道德发展划分为四个阶段，即阶段 1：前道德阶段（0~2 岁）；阶段 2：他律道德阶段（2~8 岁）；阶段 3：自律道德阶段（8~10 岁）；阶段 4：公正阶段（10~12 岁）。

心理学是科尔伯格在大学期间最喜爱的课程之一，由于深受皮亚杰认知发展理论的影响，在修读博士学位时从临床心理学改而研究道德认知发展。科尔伯格在研究中发现，有关道德判断的阐述不仅仅局限于儿童，其道德规则的变化深度贯穿于整个青年期的发展与过渡。因此，科尔伯格的创新即将道德发展的研究扩充到青少年乃至成人，不过其核心仍然是对儿童道德认知发展阶段进行界说，他将道德发展划分为三水平六阶段，如表 1-1 所示。他构建了比皮亚杰更涵括、更严谨的从他律向自律转化的道德发展阶段说，形成了道德认知发展理论的系统体系，被西方学者誉为“现代道德（认知）发展理论之父”。

劳伦斯·科尔伯格的道德发展阶段理论，为我们揭示了个体道德认知发展的渐进性和阶段性。个体的发展阶段，也是伴随着一个人道德判断形成的过程，指尖公益，借助现代科技之力，特别是移动互联网技术，让公益活动变得便捷高效，使得使更多人能够轻松参与其中。同时，指尖公益

---

① 克里斯·安德森．长尾理论 2.0［M］．乔江涛，石晓燕，译．北京：中信出版社，2009：13.

的小额和便捷，还可以低能耗地帮助一个人取得“道德许可”，让一个人感受良好，从而扩大了公益的社会价值，让公益事业焕发出更加璀璨的光芒。

表 1-1 科尔伯格的“三水平六阶段”

前习俗水平（0~9 岁）	①惩罚与服从定向阶段 ②工具性的相对主义定向阶段
习俗水平（9~15 岁）	①人际协调的定向阶段 ②维护权威或秩序的定向阶段
后习俗水平（15 岁以上）	①社会契约定向阶段 ②普遍道德原则的定向阶段

3. 计划行为理论

计划行为理论发展于 Fishbein 的多属性态度理论（Theory of Multi-attribute Attitude，TMA）。该理论认为行为态度决定行为意向预期的行为结果。后来，Fishbein 与 Ajzen 发展了多属性态度理论，提出理性行为理论（Theory of Reasoned Action，TRA）。理性行为理论认为，行为态度（Behavioral Attitude）和主观规范（Subjective Norms）影响行为意向（Behavioral Intention），行为意向直接影响实际行为①。但是，研究发现理性行为理论在非个体意志完全控制行为的情况下预测力偏弱，它认为行为意向只被个体意志和社会环境影响，但在实际情况中大多数的行为还会依赖于行为制约的客观因素，以及个体的行为能力。因此，Ajzen 在理性行为理论的基础上增加了知觉行为控制（Perceived Behavioral Control）这一变量，并在 1991 年提出了计划行为理论（Theory of Planned Behavior，TPB）②。计划行为理论有 5 个核心要素，分别是态度（Attitude）、主观规范（Subjective Norm）、知觉行为控制（Perceived Behavioral Control）、行为

① AJZEN I. Understanding attitudes and predicting social behavior [M]. Englewood cliffs, NJ: Prentice Hall, 1980.

② AJZEN I. The theory of planned behavior [J]. Organizational behavior and human decisionprocesses, 1991, 50 (2): 179-211.

意向（Behavior Intention）和行为（Behavior）。

一是计划行为理论在各领域的研究现状。计划行为理论起源于20世纪八九十年代，在理论提出后的若干年中，它在各研究领域得到广泛应用，Armitage和Conner对计划行为理论采用元分析方法得出行为态度、主观规范和知觉行为控制可分别解释27%的行为方差和39%的行为意向方差①，进一步说明该理论在多个社会行为研究领域对行为意向具有良好的解释力和预测力。例如，在市场营销领域，周桂芹等人②、肖海林等人③以消费者购买意向为切入点进行深入探究，盛光华等人④与张铎⑤从绿色消费行为意向的角度进行研究；在休闲旅游领域，B. Meng与H. Han⑥以自行车骑行旅游为方式探究旅行决策意向、Myung Ja Kim等人⑦结合亲社会行为与旅行中的社会责任感来探究社会大众旅游行为，李经龙等人⑧对黑色旅游行为意向、汪小倩等人⑨对传统文化研学旅行行为意向、厉新建等人⑩对虚拟

---

① ARMITAGE C J, CONNER M. Efficacy of the theory of planned behavior: a meta-analytic review [J]. British journal of social psychology, 2001 (40): 471-499.

② 周桂芹，陈香玉．消费者实体蔬菜流通终端选择行为研究——基于拓展的计划行为理论［J］．中国瓜菜，2022，35（6）：113-120.

③ 肖海林，张术丹．中国绿色变轨型高技术产品第一批消费者的购买意向模型——基于汽车产业的多重比较研究［J］．管理评论，2021，33（1）：103-119.

④ 盛光华，夏晴，冯卓航．绿色产品体验对消费者绿色购买意愿的影响研究［J］．东北大学学报（社会科学版），2022，24（4）：26-34.

⑤ 张铎．环境关注视角下消费者绿色产品消费行为研究［J］．价格理论与实践，2021（9）：197-200.

⑥ MENG B, HAN H. Effect of environmental perceptions on bicycle travelers' decision-making process: Developing an extended model of goal-directed behavior [J]. asia pacific journal of tourism research, 2016, 21 (11): 1184-1197.

⑦ KIM M J, PARK J Y, REISINGER Y, LEE C K. Predicting responsible tourist behavior [J]. international journal of tourism and hospitality research, 2018, 32 (4): 1-3.

⑧ 李经龙，蒋韶檀．基于TPB模型的黑色旅游行为意向影响机制研究——侵华日军南京大屠杀遇难同胞纪念馆旅游的实证分析［J］．安徽大学学报（哲学社会科学版），2022，46（5）：126-134.

⑨ 汪小倩，路幸福．传统文化研学旅行行为的影响因素研究［J］．干旱区资源与环境，2022，36（7）：202-208.

⑩ 厉新建，李兆睿，宋昌耀，等．基于计划行为理论的虚拟旅游行为影响机制研究［J］．旅游学刊，2021，36（8）：15-26.

旅游行为的相关影响机制进行分析探讨；在教育教学领域，黄雪梅①研究高校教师科研合作意向、翟姗姗等人②测量 AI 学习平台持续使用意愿、尚伟伟等人③对当代大学生从教意愿、吕宛青等人④对混合式教学接受意愿进行探析；在医疗健康领域，程景民等人⑤、孙艳君等人⑥、张越等人⑦分别在口腔健康行为意向、农村妇女宫颈癌筛查行为意向、医生转诊意向上进行研究。上述研究均验证了行为态度、主观规范及知觉行为控制对行为意向的解释力和预测力，并对行为的产生给出较为完备的解释。

二是以丰富计划行为理论维度的研究。一部分研究对计划行为理论变量进行了更细腻的维度表达，例如，在食品安全风险行为的研究中，陈娟等人⑧从示范性规范和个体规范两个维度来表达计划行为理论的主观规范对行为意愿的影响，并验证了普通员工的示范性规范和个体规范均会影响对食品安全风险的行为意向。也有一部分研究学者针对研究主题对计划行为理论的变量进行了相应的拓展，例如，在对学生网络偷懒意图的研究中，N. P. Rana 等人⑨在态度、主观规范、感知行为控制变量的基础上增加了感知威胁和逃避主义两个与研究主题紧密相关的自变量，其研究结果也验

---

① 黄雪梅．“双一流”建设高校教师科研合作影响因素的实证研究［J］．中国高教研究，2022（4）：78-84.

② 翟姗姗，陈欢，王左戎．基于 SES 差异下用户 AI 学习平台持续使用意愿影响机理研究［J］．情报科学，2022，40（2）：28-35.

③ 尚伟伟，姜蓓佳，张顾文，等．当代大学生从教意愿的影响机理研究——基于计划行为理论的分析框架［J］．高教探索，2021（5）：111-117.

④ 吕宛青，葛绪锋．高校学生对混合式教学接受意愿的实证研究——基于 TAM 和 TPB 的整合模型［J］．云南大学学报（自然科学版），2020，42（S1）：97-105.

⑤ 程景民，连心宇，王晓成，等．基于计划行为理论的医学生与非医学生口腔健康行为现状调查［J］．护理研究，2022，36（17）：163-166.

⑥ 孙艳君，扈芷晴，马宇昊，等．基于计划行为理论的农村妇女宫颈癌筛查行为意向的影响因素研究［J］．中国肿瘤，2022，31（7）：534-543.

⑦ 张越，黄菊，代涛．信息化对医生转诊意向及行为影响的定性模型研究［J］．中国全科医学，2022，25（13）：1636-1641.

⑧ 陈娟，刘永胜．食品企业普通员工食品安全风险行为意向影响因素研究［J］．东岳论丛，2021，42（6）：60-72.

⑨ RANA N P，SLADE E，KITCHING S，et al. The it way of loafing in class：extending the theory ofplanned behavior（TPB）to understand students' cyberslacking intentions［J］. Computers in humanbehavior，2019（101）：114-123.

证了计划行为理论变量，以及感知威胁和逃避主义两个自变量对学生的网络偷懒意图均具有显著影响。Y. Hao、L. O. Wang 与 X. S. Chen 等人①对学生垃圾分类意愿的研究中在计划行为理论的基础上引入了个人道德规范变量。

三是计划行为理论在公益领域的应用现状。在现有的文献资料中，计划行为理论已被引入公益领域的行为研究分析框架中，主要包括两大类：一类是直接以计划行为理论为框架模型对相应的公益行为意向及行为的影响研究，另一类是在计划行为理论的基础上探讨其他影响因素在模型中的作用，以此对公益行为意向及行为进行探讨，进一步扩展计划行为理论的应用场景与模型架构。张进美等人②研究辽宁省居民的慈善捐赠意愿，明思颖③对公众环保行为意愿，李卫飞④对大学生志愿者旅游意愿等研究一一论证了计划行为理论在公益领域的显著解释力。而刘程程等人⑤在分析影响志愿态度与行为差异的因素时发现，在志愿态度呈肯定的情形下，单位要求、公益宣传、经济状况、交往能力与志愿行为的发生呈负相关；政治面貌、教育水平、公益信息、时间充裕度与志愿行为的发生呈正相关。同时，另有研究主要利用问卷调查的形式在计划行为理论模型上，通过增加新变量来验证并完善模型。李嘉等人⑥融合高校公益教育的维度论证公益教育对大学生公益行为意向的正向影响作用；林冰儿等人⑦引入互联网信

① HAO Y，WANG L O，CHEN X S，et al. The determinants of waste-sorting intention and behavior-among Chinese undergraduate students：A case study in Beijing［J］. The Singapore Economic Review，2020，65（3）：627-652.

② 张进美，刘天翠，刘武．基于计划行为理论的公民慈善捐赠行为影响因素分析——以辽宁省数据为例［J］．软科学，2011，25（8）：71-77.

③ 明思颖．基于计划行为理论的公众环保行为影响机制研究［J］．科技创业月刊，2016，29（9）：92-93+101.

④ 李卫飞．大学生志愿者旅游认知、态度与行为意向研究——基于计划行为理论［J］．青年探索，2014（4）：66-73.

⑤ 刘程程，刘杨，赵小平．影响志愿态度与行为差异的因素分析——以计划行为理论为视角［J］．青少年研究与实践，2016，31（4）：70-76.

⑥ 李嘉，房俊东，陈明．高校公益教育对大学生公益行为意向影响研究——基于计划行为理论的实证分析［J］．高教探索，2019（4）：124-128.

⑦ 林冰儿，尹翔，黄佳怡，等．“互联网+”背景下大学生海外公益意愿研究——基于计划行为理论［J］．价值工程，2018，37（33）：238-240.

息传播因素，分析大学生参与海外公益活动的意向；沈逸枫等人①从项目支持者角度进行探讨，新增"信任度"外部变量，从而了解支持者的参与意愿及影响因素。刘琼②将道德规范、捐赠意向等因素纳入公众慈善捐赠行为模型，探讨公众慈善捐赠行为的影响因素。冯鑫③从文献中凝练出同情倾向构建新模型，来研究互联网公益平台用户捐赠意愿影响因素。

三、研究述评

从历史的维度看，西方国家的现代公益发展史比我国多积淀了近400年的时间，为我国"指尖公益"行为的培育提供了具有借鉴意义的经验。当前，国内学者们关于公众参与"指尖公益"的相关研究，研究主题聚焦，研究方法多样，研究成果显著，从宏观理论到微观实践，见微知著地对"指尖公益"发展作了深入剖析，为后人进一步研究相关课题提供了相对丰富的文献资料。不过，现有研究仍然存在不足与盲区，有待进一步完善与丰富。具体表现在：

从概念界定上看，随着时代的发展，学者们对于公益领域的相关概念，诸如公益、互联网公益、指尖公益、公益行为等名词阐发了自己的见解，但是其内涵与外延在学界尚未形成一致的、明确的共识。同时，在专业表述的过程中，公益事业、慈善活动、志愿服务、公共精神存在混同的情况，缺乏一个全面的、科学的、系统的概念界定。

从研究内容上看，学界关于"指尖公益"的研究多集中探讨公益观、公益组织、公益平台、公益精神，以及精神的功能、意义、问题与对策等方面，研究仍然停留在"知情意行"的初始阶段，对于"指尖公益"动能的研究并不深入。此外，"指尖公益"的实践也多以公益组织捐赠、志愿服务实践等为主题，而关于对在校大学生公益捐赠行为培育的研究并不多。

---

① 沈逸枫，郭康利，冯顺霞，等．环保公益众筹公众参与意愿及其影响因素调查［J］．管理观察，2018（18）：37-38.

② 刘琼．公众慈善捐赠行为的影响因素研究［D］．上海：上海交通大学，2019.

③ 冯鑫．互联网公益平台用户捐赠意愿影响因素研究［D］．天津：天津财经大学，2019.

从研究方法上看，多数研究选择实证调研的方式，对“指尖公益”的影响因素进行量化分析，构建结构方程模型，而少有研究采用质性研究的方式，对其影响因素进行全面的、深入的挖掘。

综上评析，通过梳理国内外丰富的文献资料，为下一步研究厘清了思路、探明了方向。由于数智时代的“指尖公益”研究在理论与实践的层面上都缺乏较为系统、科学、规范的研究成果，因此其自然成为本研究的核心问题。在对“指尖公益”概念界定与理论搭建的基础上，通过对相关文献进行阅读、整合与分析，笔者发现，“指尖公益”行为培育相关研究以问卷调查的实证研究居多，专注于对变量间关系的假设检验，多从心理学角度切入分析，导致研究维度较为单一，缺乏质性研究的全面性；研究对象主要是面向消费者、企业用户一类的普罗大众，研究群体的视角尚未完全触及大学生群体。因此，数智时代的“指尖公益”研究有待进一步深化与探索。

第二节 时代突破

站在为实现我国第二个百年奋斗目标的历史新起点上，构建高质量发展的“指尖公益”发展新模式，开拓一个更高标准、更高水平、面向未来的公益慈善事业，利用数字技术，“指尖公益”在世界范围内实现了公益参与门槛最低、公益交互方式最丰富、公益杠杆作用最显著的时代突破新路径，利用新的社会慈善方式，释放最大化的社会善意力量。同时，在我国数智时代强大的经济支柱、技术支柱、治理支柱、文化支柱的基础上，深化高等院校对“指尖公益”组织和平台的系统性、理论化研究；进一步丰富中国特色的社会公益研究理论，更好地服务于公益捐赠新的实践；深化“指尖公益”实践拓展的“中国探索”，贡献“指尖公益”系统创新的“中国方案”，为中国式现代化道路上的公益事业发展注入新动能。

一、丰富“指尖公益”理论研究

习近平总书记在谈到“构建新发展格局”时强调指出：高等教育要紧

跟国家战略需求，提升基础研究能力，加快科技创新转化。构建新时代高等教育的新发展格局。这是以习近平同志为核心的党中央着眼“十四五”及长远发展作出的战略部署，其核心在于构建坚实的自主创新发展、高质量发展支撑体系，形成国际合作竞争新优势。而高等教育作为最主要的优质人力资源供给阵地、科学研究和社会服务的重要基地，要不断优化适应新发展格局需求的教育结构、学科专业结构、人才培养结构，以教育高质量发展服务国家经济社会发展。①

加快构建中国特色的“指尖公益”体系。要结合当代实际，探索新时代公益慈善事业的新路径，推进慈善捐赠发展机制的新迭代，不断创新“指尖公益”的新办法，着力推动“指尖公益”的创新成果的学理化转化，形成学术性话语的新品种、新优势。围绕我国高校发展面临的实际问题，着力提出能够体现中国立场、中国智慧、中国价值的理念、主张、方案，不断增强我国“指尖公益”的活力、创新力、国际影响力，着力构建并丰富“指尖公益”的中国特色的话语体系。

在理论研究上，要加强对新时代高等教育管理创新研究内容的拓展，把“指尖公益”作为新的重要领域，对现有的捐赠案例，特别是覆盖面广、影响力大、持续性强的案例及制度进行系统深入的研究；加强以“政府推动、民间运作、社会参与、各方协作”为特征的中国特色慈善事业大格局的理论研究②，构建新时代公益慈善事业新平台，提高慈善机构公信力，增强慈善事业正能量，积极推进我国慈善等社会公益事业发展；要坚持吸收外来有益的捐赠经验、面向未来，在提升“指尖公益”创新能力和水平、推动“指尖公益”学术化、理论化、中国化，建立激发具有中国特色的“指尖公益”科研活力的体制机制，在构建具有自身特质的“捐赠评价体系”上下大功夫。

在领域拓展上，社会公益理论研究领域的拓展，要从社会学、管理学、互联网经济学等交叉领域视角，把“指尖公益”作为创新课题研究，

① 朱孔军. 以新发展格局引领高等教育高质量发展［J］. 红旗文稿，2021（3）.
② 民政部. 中国特色的慈善事业大格局逐步形成［N］. 慈善公益报，2017-10-19.

拓展慈善公益的内涵。要立足中国实践、深入解读“指尖公益”捐赠经验，不断总结出新概念、新范畴、新术语，打造具有中国特色、中国风格、中国气派的学术话语体系。探索基于中国特色道路、理论、制度、文化自信研究的新思路，拓展公益投资科技创新前沿、学科专业优势、办学特色、优质人才培养等领域，广泛建立有影响力的“指尖公益”捐赠项目，引导和激励高收入人群与企业更多地投身慈善捐赠事业。在古今中外丰富的慈善公益思想中汲取营养、推陈出新，传承中华慈善文明、弘扬社会主义先进文化，健全完善具有中国特色、体现时代精神的“指尖公益”话语体系，努力实现中华传统慈善文化的创造性转化、创新性发展。

在平台搭建上，积极利用互联网平台搭建与提升“指尖公益”的便利性与效率研究。我国先进的移动互联和数字技术催生中国公益平台范式的不断创新，主要分为：公益O2O—高校运营模式、企业带动模式、机构主导模式、网友自发模式等。此外，“指尖公益”平台入口多种模式并存：一种是以微信、支付宝、微博等超级入口为代表的“中心化”模式，另一种则是“去中心化”的入口，比如各类App，捐赠网页客户端，微信、支付宝小程序等。移动互联网在中国迅速发展，与欧美移动互联网进程呈现出不同路径，从电商支付到互联网捐赠蔚然成风，具有全民性、加速度特点，迭代性、集成性更为突出。西方学界的实证性研究方法与全球性视野，对我国移动互联网公益发展有一定的启示。但经过梳理也发现，移动互联社会前沿问题研究还存在诸多有待讨论和深化之处，还需要在“中国场景”下进行验证。一是以比较借鉴为主，缺乏适合中国发展实际的理论梳理，缺少新时代中国社会慈善目标要求、运行机理特别是“指尖公益”多维发展的学理分析。二是实证研究的社会调研选择比较单一，“指尖公益”的类型划分、功能划分、影响力划分尚待细化；针对不同公益类型的运行机制尚未构建；缺少一定的数据支撑和典型案例分析。三是对策研究较为宏观，对“指尖公益”模式创新具体的指导性相对缺乏。特别是比较研究所推演的结论在当下中国移动互联网的应用状况、抗击新冠疫情下各类网络捐赠运行方式的可操作性有待检验。对这些问题的发现与提供系统化、可操作性的解决方案，将为今后的“指尖公益”研究提供具体明晰的学理基础和努力方向。

在“指尖公益”组织机构治理上，要关注“指尖公益”组织在公益组织动员中的角色与功能发挥，加强“指尖公益”研究的多维审视与现实观照，满足捐赠者“差异需求”的发展诉求。首先，借鉴国外的成熟经验和有益做法，观照当前“指尖公益”存在的问题，重视和利用社会资本运作，构建系统性的社会捐赠动力机制，促进“指尖公益”可持续、高质量发展。其次，探讨构建“指尖公益”的动力机制，特别强调要重视和利用社会资本来促进“指尖公益”的巩固和发展，从而推动整个社会对“指尖公益”形成可持续、常态化的价值共识，并付诸实际行动。最后，加强慈善公益项目创新和贴心服务，使捐赠者在动态交换过程中，经历从无序到有序、从感性到理性、从自发到自觉的动力转变，这将有利于构筑公益组织（平台）、社会、捐赠人三位一体的宏观发展格局，形成政策、资源、文化融合的长效机制与长久动力。

二、“指尖公益”实践拓展的“中国探索”

过去十多年间，以腾讯公益、淘宝公益、新浪微公益等为代表的互联网募捐信息平台，与中国传统公益慈善行业深度结合，创造出了一种前所未有的“指尖公益”融合发展模式。该模式广泛利用互联网平台技术的优势和移动支付的便捷性，并通过打造以“99 公益日”为代表的互联网全民公益节日，使得网络慈善全面走向大众化、平民化，带动善款筹集额和社会参与度均快速实现几何级增长。此外，高校也是国内外“指尖公益”实践探索的新兴阵地之一，中国高校具有潜在广阔捐赠资源，“指尖公益”积极挖掘高校潜在资源，形成自己的独特的探索、见解和视域。

探索精准创设募集项目。“指尖公益”要在高校学科建设、引育师资队伍、设立奖助学金、改善校园环境、培育校园文化、服务社会公益等方面下功夫，拓展高校捐赠平台。创新募集项目，重点在奖教奖学、扶贫助困、校园校舍建设、学生就业创业、人才培养引进、重大科研项目、学科建设、国际交流等方面依法创设募集项目，提升项目认同度，增强项目吸引力，精准组织和发动募捐活动，确保捐赠项目能够达到预期效果。

探索创新捐赠方式和手段。“指尖公益”组织可依法依规接受货币和实物等财产捐赠，探索接受技能、知识产权、股权、有价证券、保险等新型捐赠方式；依据国家相关规章制度和法律法规开具免税捐赠发票。同时，加强与捐赠者答谢互动，增强捐赠者参与捐赠的吸引力。“指尖公益”组织可依法依据捐赠协议，针对不同捐赠者分级分类予以答谢，例如，颁发精美捐赠证书、荣誉徽标，公开捐赠故事，编入名册存档，授予称号，冠名，雕像，出席活动，表达意见等；级别较高的捐赠者可按规定优先享用设立单位的教学、科研等优质资源，优先开展合作、共建等。

探索拓展“指尖公益”平台。在世界“双一流”高校建设中，“指尖公益”机构应强化使命担当、拓展工作格局、提升治理水平，为中国特色世界顶尖大学建设提供更坚实的保障和更有力的支撑，更好地发挥校园建设的重要参与者，杰出人才的重要支持者，社会问题的重要研究者，科技创新的重要驱动者等诸方面的积极作用。“指尖公益”平台应当规范慈善活动和管理费用支出，完善评估反馈机制。要建立健全筹资管理、项目管理、投资管理、绩效考评、财务会计等制度，规范和明确社会捐赠项目办事流程，健全和落实内部控制制度，积极利用“指尖公益”公共服务平台建立社会捐赠“信息共享机制”。

在“指尖公益”实践的“中国探索”推进行动中，高校“指尖公益”平台应履职尽责，继续保持奋进姿态、追求卓越态势，集思广益、建言献策、互勉共进、共谋发展。“指尖公益”平台应加大支持教育发展力度，深化社会公益内涵，在传承高校精神、坚守育人初心、弘扬师德楷模、助推学科发展、响应对口帮扶、培育校友文化等方面全面发力，端正高校教育发展导向、政策举措，完善工作方法。不忘教育初心、践行公益使命，积极为高校高质量发展、加快建设世界重要人才中心和创新高地献策、提供助力和有力支撑。

三、贡献“指尖公益”系统创新的“中国方案”

数智时代的“指尖公益”发展大众化、普及化和世界化，准确识变、主动求变、积极应变，破解时代发展面临的共同难题，推动共同富裕和第三次收入分配。

1. 贡献"财政配比"的高校方案

为进一步放大"指尖公益"在我国高校的"杠杆激励效应"，更好培育高校资金筹措能力和内生发展动力，我国应在对高校的"财政配比"上引入调节系数，充分考虑不同层次和类型高校办学基础条件和筹资能力差异，按照学校办学层次和专业特色，分校确定层次系数、类别系数，根据各校经济调节系数折算后的筹资收入分配配比资金，加大对办学实力较弱高校的政策倾斜，体现社会捐赠投资办学的统筹兼顾。各地政府应因地制宜，积极扩大财政配比范围，将高校为地方经济社会发展提供科研服务、技术服务、培训服务、仪器设备共享服务及开展产学研合作等取得的收入新增纳入配比范围，激励高校提升与地方"互哺"发展能力。出台丰富的高校"指尖公益"捐赠新政，不断贡献"中国方案"，进一步发挥新时代社会慈善捐赠事业发展的激励引导作用，充分调动各高校"指尖公益"平台多渠道筹资的积极性、主动性，以大大拓展弥补高校办学经费不足的资金来源渠道。

2022 年 1 月，山东省教育厅、省财政厅印发《省属本科高校多渠道筹资收入财政配比资金管理办法》，将高校捐赠收入财政配比政策，优化升级为多渠道筹资收入财政配比政策，直接体现了山东省政府财政配比政策升级，全口径筹资收入均可获配。从"一元"变"多元"，强化配比力度。新政策的出台，全面强化了资金支持引导力度，进一步发挥政策激励引导作用，更好地调动各类高校多渠道筹资的积极性。自 2017 年高校捐赠收入财政配比政策出台以来，按照山东省财政厅、山东省教育厅《关于印发省属本科高校捐赠收入财政配比资金管理暂行办法的通知》（鲁财教〔2017〕55 号）的精神，山东省财政一直按照高校捐赠收入 1∶1 比例，[①] 累计兑现

① 山东省人民政府网站．山东省财政厅山东省教育厅关于印发省属本科高校捐赠收入财政配比资金管理暂行办法的通知［EB/OL］．（2017-12-05）［2023-09-01］．http：//www.shandong.gov.cn/art/2017/12/5/art_ 2259_ 25283.html？from=singlemessage.

配比资金 4.82 亿元，[①] 对引导高校树立多渠道筹资理念、提升高质量发展水平发挥了重要促进作用。

继山东省之后，国内又一中部省份出台捐赠收入配比政策，每所高校最高配比 3000 万元。2021 年底，江西省财政厅、江西省教育厅联合印发了《江西省省属高校捐赠收入财政配比资金管理办法（暂行）》，省财政将对省属高校捐赠收入超过 10 万元的给予 15%~50%的配比奖励，进一步引导和鼓励省属高校拓宽资金来源，健全多元化筹资机制，促进全省高等教育事业发展。该办法规定，每所省属高校当年申报捐赠收入 10 万元（含）以下，不予财政配比奖励；10 万~1000 万元（含）按 1：0.5 配比；1000 万~5000 万元（含）按 1：0.25 配比；5000 万元以上的按 1：0.15 配比。每所省属高校年度配比资金总额不超过 3000 万元。[②] 配比资金主要用于优势学科建设、教学科研活动、师资队伍建设、高水平人才培养等内涵发展。不得用于偿还债务、支付利息、发放教职工工资和津补贴、支付罚款、捐赠、赞助以及对外投资等支出。

2021 年 9 月，广州市教育局、民政局出台《关于促进我市教育基金会发展的实施意见》，从完善行业基础设施角度大力促进教育基金会发展，实施意见涉及了许多新的提法和政策措施，如加强能力建设、政策研究、出台教育基金会捐赠公办学校奖励激励机制、答谢互动、弘扬慈善文化、增加社会评价等，不断增加教育基金会发展活力，充分利用教育基金会经济资源、社会资源、文化资源的独特价值，激发活力、促进发展、专业运转、严格监管，增强教育基金会支持教育事业发展的能力和成效，努力走出一条具有广州特色的教育基金会发展之路。[③] 广州市支持学校捐赠发展的措施做到了充分的量化、细化，站位高、举措实，在通过实际政策支持

① 代玲玲，张宁．山东出台高校多渠道筹资财政配比政策［EB/OL］．（2022-01-19）［2023-09-01］．https：//sd.dzwww.com/sdnews/202201/t20220119_ 9716910.htm.

② 袁汝晶．江西省属高校捐赠收入超 10 万元将按照 15%-50%配比奖补［EB/OL］．（2021-10-14）［2023-09-01］．https：//www.chinanews.com.cn/sh/2021/10-14/9586539.shtml.

③ 广州市教育局．广州市教育局 广州市民政局印发《关于促进我市教育基金会发展的实施意见》的通知［EB/OL］．（2021-10-12）［2023-09-01］．https：//www.gz.gov.cn/zwgk/zdly/jyxx/jzyfl/content/post_ 7829486.html.

教育基金会行业发展方面走在了前面，值得关注。

随着以上省市配比政策的出台，目前，相继有浙江、北京、湖北、深圳、厦门、上海、河南、黑龙江、广西等省区市出台了各自的财政配比政策，但从执行情况来看，实际效果大相径庭。应该说，配比政策是推动高校筹资从0~1的有力举措，需要得到各级政府更多的投入与决策支持，希望到目前还没有出台配比政策的江苏、河北等省区市能够尽快出台，也希望已经出台的省区市能够按规章、按计划推进配比工作，更好地落实相关政策，大力提振高校社会筹资的动力。

2. 发挥"党建引领"带头作用

"指尖公益"平台在集服务力、管控力、引领力于一体的党建引领的组织号召与有力推动下，方能"聚力有形""续力有章""发力有方"。因此，要鼓励"指尖公益"组织探索开展党建共建或依托"指尖公益"组织的区域社会组织党建形式，进一步改造和提升社会组织的先进性，有效引导和统筹组织社会力量，在推进"指尖公益"工作中高效、快速、便捷发挥作用，以奋进姿态迎接"指尖公益"时代发展新的春天。

（1）党建引领应急担当。战"疫"时期，"指尖公益"组织展示出其他部门无可比拟的资源调度协调和社会服务能力。在数字技术助力下，"指尖公益"组织在筹措资源、联络社会资源上发挥着越来越重要的作用。如果不是"指尖公益"组织在党建和主题教育中的常抓不懈，在思想上、观念上确立起攻坚克难、化危为机、勇于担当、创业奋进的新目标、新使命、新要求，就难以充分发挥广大党员的先锋模范作用和党支部的战斗堡垒作用。同时，如果没有平时的党建引领能力建设，也很难想象"指尖公益"组织在这场既困难又漫长、大家难以见面的疫情期间，能出色完成相关捐赠工作，做到"零延迟"响应，捐赠人第一时间联络，所有物资捐赠快进快出，对国家部署的任务不折不扣高质量完成，捐赠情况及时报告上级单位，捐赠事项向公众及时报告和公开公示等。可以说，"指尖公益"组织的党建引领是做好"指尖公益"行动的先导，从根本上决定着抗疫成效乃至成败，也使党的领导更为有效地在基层社会组织治理中得以体现与实现。

（2）党建引领专业协同。专业协同机制强化“指尖公益”专业行动。与其他类型的社会组织相比，党领导下的“指尖公益”组织不仅体现出了社会组织的公益性优势，在专业性和动员能力上也更为出色。“指尖公益”组织能充分调动各领域专家力量，发挥抗击疫情资源优势，特别是有专业医疗资源和附属医院的高校、社区，更是直接参与了战“疫”行动。例如，2020 年 1 月武汉疫情暴发时，生命重于泰山，疫情就是命令，防控就是责任，全国有 350 多家高校附属医院按照上级部署全面投入各地疫情防控。疫情趋于平稳后，许多“指尖公益”组织平台设立了医学专项基金支持抗疫研究，“指尖公益”组织专业性被充分调动，体现超强度、高素质工作的能力。在海外抗疫物资的筹措上，“指尖公益”组织平台也发挥了重要作用，除了红十字会、慈善总会之外，“指尖公益”组织是接收海外捐赠的重要力量，筹集了海内外众多社会资源。

（3）党建引领资源调配。高效科学的资源调配是提升“指尖公益”组织应急能力的关键。在党建引领下，“指尖公益”机构的党组织有效建立了与海内外捐赠者、企业、社区、地方党政机关、当地医疗资源等方面的积极联系。“指尖公益”机构的党组织靠前指挥，通过专业力量传递正确信息，更有效地支持一线抗疫捐赠工作。同时，民政部门也大力支持“指尖公益”组织的协同行动，形成了“指尖公益”组织之间的资源联动，互助效益显著。

（4）党建引领凝聚共识。习近平总书记在全国抗击新冠肺炎疫情表彰大会上指出：“社会主义核心价值观、中华优秀传统文化所具有的强大精神动力，是凝聚人心、汇聚民力的强大力量……向上向善的文化是一个国家、一个民族休戚与共、血脉相连的重要纽带。”① “指尖公益”组织多样化的宣传机制积极宣传向善向上的正能量，传播“一方有难、八方支援”的大爱精神，不仅提高“指尖公益”专项基金的透明度，同时有助于凝聚人心、提高社会捐赠公信力与抗击疫情战斗力，加强信息公示与正能量传

① 习近平．在全国抗击新冠肺炎疫情表彰大会上的讲话［EB/OL］.（2020-09-08）［2023-09-01］. http：//www.qstheory.cn/dukan/qs/2020-10/15/c_ 1126613052.htm.

播，重建社会信任。

“指尖公益”创新模式丰富了中国慈善公益捐赠发展广度和维度，为解决世界公益事业面临的捐赠模式机械匮乏、“数字化”挑战、覆盖面窄、公益组织转型的共同难题给出了中国方案，作出了中国贡献。

第二章 “指尖公益”的危机挑战与进阶转型

在数智时代背景下，“指尖公益”发展不断向纵深推进：平台升级转型、技术扩容转型、数据驱动转型、产品开发模式转型、用户服务模式转型，系统探索解决公益慈善痛点、难点、堵点的路径。缓解传统公益“可及性”痛点，化解传统公益“透明性”难点，疏解传统公益“效能性”堵点——这一系列转型升级吸引全民参与、丰富公益形式、突破公益时空限制。在转型升级中，“指尖公益”创新的运营模式有：数字化+医保防贫、技术开发+公益救助、游戏+公益等。同时，随着大数据、人工智能、物联网（IOT）、元宇宙等数字技术的快速发展，“指尖公益”也与数字化深度融合，数字化为公益注入了强大的驱动力和变革力。借助数字创新技术，“指尖公益”正朝着公开透明化、创意场景化、传播多元化的方向发展，以打造全球传播的线上公益“中国样本”。

第一节 “指尖公益”的特征与影响

一、鲜明特征

1. 大众化

与传统公益相比，“指尖公益”依托数字技术拓宽了低成本、高效率的传播渠道，与社交媒体相结合，公益慈善活动及时性、透明度和针对性增强，社会大众对“指尖公益”的认知度、接受度和参与度大大增加。战“疫”时期，网络捐赠和线上调配物资，极其便利，捐赠金额的低门槛大大调动了公众参与“指尖公益”的热情和积极性。2023 年 5 月 29 日至 31 日，“乡村振兴·陕西专场”慈善公益网络众筹活动在三秦大地开展，线上吸引了 273.299 万人次参与乡村建设、就业帮扶、慈善助学、大病救助和人才振兴等多个项目，累计筹款 3.1 亿元。①

随着“指尖公益”平台数量的不断增加，其公益项目所涉及的领域也在拓宽，如支付宝设立的爱心午餐项目、利用社交平台协助公安打拐、传播失踪儿童信息的项目等。公众可以根据平台投放的信息自由选择，大大提升了民众参与“指尖公益”的主动性和积极性。社会企业将产品与公益相结合，形成新的文化形态和社会认知。2022 年“泡泡玛特”首次和腾讯公益合作推出了 MOLLY 小红花的专属公益形象，“99 公益日”期间用户登录泡泡玛特的小程序捐赠积分可以支持乡村学校美育项目，活动期间累积 400 多万积分，在甘肃礼县落地了 5 个美育中心。②

2. 便捷化

“指尖公益”打破了时间和空间的限制，求助者、捐赠者和平台随时随地都能实现快速公益，高效便捷，即时链接，全球传播。

从求助者角度来看，无须到公益场所提交自己的基本信息，更无须花大量时间精力求助，只需短时间内在 App、小程序上发布求助信息，如大病求助者在水滴筹 App 内登记信息，在短时间内等待审核完成，便可以将项目转发到社交平台上，时刻关注项目的进度及与捐赠者的互动。筹款金额达到所设标准后，求助者可以直接提现，减少等待时间，不用来回奔波。

从捐赠者角度来看，可以凭借互联网、电子设备与软件获取公益追踪慈善流程信息。如果想要捐赠，不需要亲自把现金或者物品送到受赠者手里，在全国各地通过线上平台，如 99 公益日、每日捐赠、一对一、月捐等

① 刘枫文．“指尖公益”引领“大众慈善”从 0 元到 19 亿元，陕西是怎么做到的［EB/OL］．(2023-06-30)［2023-09-01］．https：//esb. sxdaily. com. cn/pc/content/202306/30/content_812224. html.

② 赵莹莹．2023 中国互联网公益峰会“数字化助力企业公益慈善高质量发展”主题论坛在武汉举行［EB/OL］．(2023-05-23)［2023-09-01］．https：//www. rmzxb. com. cn/c/2023-05-23/3349175. shtml.

入口，用微信、支付宝、银联等线上支付方式，动动手指就能轻松献出自己的爱心，随时随地捐赠。

从平台角度来看，公益项目申请报备、官方审核、平台发布、资金筹集都能通过互联网和数字技术实现，能加快平台运营速度，达到事半功倍的效果。数据显示，我国约75%的公益组织全职员工数量在10人以下，50人以上规模的组织仅占总数的8%。[①] 数字技术的运用能缓解人手不足的困境，大大减轻工作压力，提升总体工作效率。平台运用数字技术能掌握整个流程，工作人员随时在后台观看项目的进度，接受用户反馈，既能增加项目规范性，又能加强项目监管。

3. 多元化

“指尖公益”让捐赠内容更加丰富，形式多元化，体验多场景。在淘宝平台，消费者在购买商品后，会实现金额不等的公益捐赠，在购物的过程中也能做公益。在支付宝平台，新推出的蚂蚁森林之神奇海洋篇，用户通过消费、出行等方式积攒能量后种植海洋植物，也可每天花几分钟时间，通过做任务领海洋动物拼图，这类非常有意义的公益慈善活动既能让公众体验到趣味性，又能随时随地为保护海洋环境献出一份力量。

“指尖公益”项目涉及领域非常广泛、运营平台主体多样化，除了传统的公益主题如宗教、教育、医疗外，新型主题也受到关注，如环境保护、扶贫助农、抗战老兵和烈士父母关怀、儿童女性保护等，极大拓展了公益慈善的发展空间。[②] 例如，新浪微公益平台上的“儿童女性保护”“扶贫助困”，腾讯公益平台上的“运动捐步”“为乡村：助力家乡发展建设”“为关心：关怀弱势群体需求”，支付宝平台上的“守护绿水青山”“让动物免受伤害”等。也有利用虚拟数据做公益，比如支付宝平台上的“行走捐”，平台记录每天行走的步数，达到1000步即可为壹基金安全家园计划助力；“积分捐”是利用支付宝积分做公益。“指尖公益”平台不仅有公益

① 郭海惟．能让中国头部的四个大厂一起唠嗑的，大概只有它了［EB/OL］．（2023-05-22）［2023-09-01］．https：//www.thepaper.cn/newsDetail_forward_23176180.

② 周俊，刘辰玥，周玉芳．数字技术与慈善事业的转型发展［J］．浙江社会科学，2023（8）：71-79+158.

组织，也有政府部门参与，比如“缙情帮”是缙云县新上线的医保扶贫系统，通过梳理因病困难及因病相对困难人员医疗救助九大高频事件，构建这两类人员数据库、部门救助数据库和慈善医疗救助数据库，构建多功能于一体的互联网服务平台联动系统。①

4. 年轻化

接触并使用互联网的大多是年轻人，年轻人在“指尖公益”所占的比重不断提升。年轻人接受新事物的能力较强，在社交媒体上能了解、接受新型的“指尖公益”模式，一旦有求助需求，发布需求信息也比较快。

从“指尖公益”捐赠者来看，捐赠者年龄呈现年轻化特点。“指尖公益”门槛较低，捐赠金额较小，可以随时做“零钱公益”。并且，“指尖公益”不仅局限于钱和实物，虚拟符号、行为公益也可作为捐赠物，这使年轻人更乐意了解、接受并使用新型公益模式。目前较火的“行为公益”就是“捐步数”“捐声音”，利用用户的步数、积分和爱心等符号作为捐赠载体。《中国数字公益参与者行为洞察研究 2022 年度报告》显示，越来越多的年轻人通过捐款、捐步、捐能量等形式参与数字公益，人均单笔捐助金额为 2.2 元。②

从“指尖公益”捐赠平台来看，许多新兴的公益平台属于初级的、草根公益组织，相较于官方公益平台，以往草根公益组织存在公募资质、筹款难的问题，如今草根公益组织在网络中得以生存并迅速扩张，数量和规模仍在不断上升。③ 新生平台与时俱进，积极以创新形式推动公益，用年轻人喜闻乐见的形式鼓励大家参与公益项目，比如虚拟游戏、数字藏品、音乐八音盒——用前沿技术和富含趣味的作品吸引年轻人。

从“指尖公益”捐赠形式来看，“消费帮扶”是近年来兴起的一种新型捐赠形式。公益组织或个人通过定向采购、预售定产、以购代捐、以买

---

① 央广网．浙江缙云“缙情帮”医保防贫社会救助金额突破 1000 万元［EB/OL］．（2023-07-12）［2023-09-01］．https：//tech. cnr. cn/techph/20230712/t20230712_ 526326346. shtml.

② 赵丽梅．公益数字化让年轻人随手将善意变成善行［EB/OL］．（2022-06-22）［2023-09-01］．https：//s. cyol. com/articles/2022-06/22/content_ r2Ld5vs3. html.

③ 李银梅．我国网络慈善研究综述［J］．燕山大学学报（哲学社会科学版），2023，24（4）：90-96.

代捐、直播带货等手段实现消费帮扶，巩固脱贫攻坚成果。2023 年 7 月，受“杜苏芮”台风影响，京津冀地区持续强降雨，腾讯通过购物平台捐款 1.07 亿元，字节跳动通过“抖音”直播带货捐赠 1 亿元，阿里巴巴、美团、百度、京东和拼多多各捐赠 3000 万元，以支持抗洪救灾工作。①

二、实际影响

1. 有利于共同富裕

党的二十大报告指出，扎实推进共同富裕，完善分配制度，构建初次分配、再分配、第三次分配协调配套的制度体系。② 时任民政部副部长王爱文曾指出，互联网极大地丰富了公益慈善的参与渠道，创新了慈善形式，显著提高了公益慈善资源的配置效率，广泛传播了公益慈善的文化理念，有力促进了公益慈善的交流合作。未来，在推进第三次分配过程中，要充分利用互联网公益力量，使之成为共同富裕路上的重要借力点。③ 因此，大力发展“指尖公益”，也正当其时，相辅相成。相比于传统公益形式，“指尖公益”通过科技突破时间、空间限制，利用强大的信息传递能力，充分调动社会资源全天候参与公益事业。

数智时代的“指尖公益”内容丰富、形式多样，精准、便捷、垂直助力社会帮扶工作。2023 年中国互联网公益峰会指出，“指尖公益”体现了新型发展救助等方面的转向和需求，由过去单一的生存型救助到如今的满足困难群众物质性、生存性、发展性需求，救助主体不仅有原来的特困、低保人群，还覆盖了三次收入分配的低收入人群和边缘人群。④例如，微信支付爱心公益项目，通过微信支付数字技术将环卫工人、爱心商户和捐赠

① 中品视频．驰援灾区 各大品牌捐款金额公布［EB/OL］．（2023-08-02）［2023-09-01］．https：//baijiahao.baidu.com/s? id=1773112935517210888&wfr=spider&for=pc.

② 共产党员网．习近平代表第十九届中央委员会向党的二十大作报告（视频文字实录）［EB/OL］．(2022-10-16)［2023-09-01］．https：//www.12371.cn/2022/10/16/ARTI1665901576200482.shtml.

③ 江游．促进共同富裕，充分发挥互联网公益力量丨新京报快评［EB/OL］．（2021-09-10）［2023-09-01］．https：//www.bjnews.com.cn/detail/163125596914538.html.

④ 凤凰网．2023 中国互联网公益峰会“数字化助力低收入人群的社会帮扶”主题论坛成功举办［EB/OL］．（2023-05-25）［2023-09-01］．http：//baby.ifeng.com/c/8Q4MvBIE8CT.

人相连接，实现精准帮扶受助人群和捐赠反馈的闭环。“指尖公益”的发展，为公益慈善事业插上了腾飞的“翅膀”，提供了多种可能，开辟了广阔空间。同时，全社会积极传播公益慈善理念，营造积极向上的社会环境引导公民参与，形成热衷“指尖公益”捐赠新文化、新风尚，推进共同富裕。

2. 有利于全民参与

“指尖公益”为连接公众和慈善基金会提供平台，供需双方实时对接，钱款流向公开透明，平台监管到位，增强公益活动公信力，提高公众参与公益的主动性和积极性。在“指尖公益”的推动下，人人都能求助、人人都能参与、事事都能公益，互联网是社会大众求助和参与公益慈善的重要渠道。微信、微博、抖音等网络社交平台提高“指尖公益”传播速度，降低传播成本，为公众参与公益慈善创造条件。《互联网公益慈善“中国样本”——迈向高质量发展的中国公益慈善发展新模式》报告显示，依托微信、支付宝、银联等移动支付平台，截至2022年9月，民政部指定的慈善组织互联网募捐信息平台共30家，累计带动网民参与超510亿人次，共募集善款350亿元。[①] 2023年4月中旬，腾讯公益2023年首场“乡村振兴·重庆专场”公益活动成功开展，共吸引723万人次参与，线上线下及腾讯公益基金会配捐、配套筹集爱心资金3.32亿元；2023年5月7日至9日，“乡村振兴·云南专场”暨“博爱云南·绿美家乡”网络筹款云南专场活动顺利进行，三天内共有71万人次累计捐出善款3266万元。[②]

3. 有利于丰富公益形式

丰富了“传播+”公益形式。2021年民政部公布了第三批慈善组织互联网募捐信息平台，这些平台互相合作，其中字节跳动公益、哔哩哔哩公益、芒果公益等短视频平台公益较为突出。他们凭借抖音、哔哩哔哩、芒

---

① 中国慈善家.5年共创，互联网公益“中国样本”逐步成型［EB/OL］.（2023-05-21）［2023-09-01］.https://baijiahao.baidu.com/s?id=1766480112794444846&wfr=spider&for=pc.

② 中国日报.2023“乡村振兴·云南专场”举办，互联网+公益持续助力乡村振兴［EB/OL］.（2023-05-11）［2023-09-01］.http://caijing.chinadaily.com.cn/a/202305/11/WS645c9577a310537989373b30.html.

果TV等平台传播，创造内容丰富多样的公益短视频，让公益深入观众的娱乐和生活中，创新“指尖公益”传播内容。网络直播成为当下最火热的平台内容，“直播+”公益的模式依旧火热。跟以往的用户在平台上赠送虚拟礼物的方式筹集捐款不同，这两年直播平台倡导以消费代捐，助力乡村建设。在“直播+助农”方面，虎牙主播利用线上直播的方式为广东梅州五华县公益扶贫带货，销售订单数量超过2.1万单；孤影走进中国菠萝之乡徐闻，助力农户销售菠萝，当天销售额超过340万元。①

丰富了“场景+”公益形式。数字技术降低了公益慈善的门槛，带来形式多样的公益慈善落地场景。数字技术倒逼“指尖公益”平台创新，推动公益慈善由支教、义卖、主题捐赠的固定范式变成与日常生活场景紧密关联，这就是场景公益创新。② 通过人工智能识别、数据上传到云盘、搭建模型，公益组织可以对野生保护动物进行数据捕捉和分析，对其进行追踪和保护。比如云南西双版纳国家级自然保护区管护局利用世界领先的亚洲象保护系统，通过AI、大数据和云计算等手段实现对300余头亚洲象的全天监测和保护。③

此外，AI数字场景技术能克服互联网模式具有的空间和社会临场感不足的缺点，公益的情感特征能在主体间体现出来。通过元宇宙技术，能构建出现实世界的镜像，让捐赠者和受助者能利用数字人技术感受彼此在同一空间，能产生交互行为，增强主体之间的空间临场感；在元宇宙场景中，人们可以通过肢体触碰、语言等进行社交，了解彼此的情况，带来真实的情感互动，增强社会的临场感。④ 元宇宙龙头企业“热狗数藏”在线上开启全民养宠计划，玩家付出精力和关爱喂养电子萌宠，达到要求的可以在线下领取真实萌宠回家；在线下与地方的流浪宠物救助机构联手打造

---

① 虎牙直播．典型案例 ｜ 虎牙助农扶贫工作获中央网信办点赞！［EB/OL］．（2020-09-30）［2023-09-01］．http：//k. sina. com. cn/article_ 2698412232_ a0d680c801900v80x. html.

② 李文萱．互联网时代下中国公益慈善事业的发展研究［D］．哈尔滨：哈尔滨理工大学，2023.

③ 张怡，陶思蓉．亚洲象生态保护系统实现全天候监测300余头亚洲象［EB/OL］．（2022-08-12）［2023-10-10］．https：//new. qq. com/rain/a/20220812A0992H00.

④ 李慧敏．场景理论视域下公益众筹元宇宙场景的数字力构造［J］．理论月刊，2023（4）：119-130.

“HOTDOG 流浪宠物救助站”，用实际行动对救助站进行定点帮扶。①

丰富了“数字技术+”公益形式。人工智能技术还能为听障人士解决听力问题，为乡村老人提供免费听力筛查服务。听障人士仅需上传自身5分钟发声的片段，AI就能生成对方的原音色，后续输入文字时，就能生成听障人士原声的语音。② 腾讯会议天籁实验室联合腾讯公益慈善基金会、深圳市信息无障碍研究会等机构共同发起“天籁行动”，通过免费开放腾讯会议背后的天籁音频AI技术，辅听功能也能在噪声环境下听得更清晰，提升单音节识别率66%；使用者可有效辨别环境噪声，获取有效声音，并将通信延迟缩至150毫秒内，极大地改善了人工耳蜗佩戴者的使用体验。③

4. 有利于突破时空限制

“指尖公益”突破公益慈善活动的时间和空间的限制。作为一种新兴业态，“指尖公益”将慈善理念与科技成果深度融合，带来了更广泛的覆盖范围和受众，为公益事业带来了高效化、普及化、随手化的优势。它既能迅速筹集善款又能减少求助者等待时间，放大了捐赠公开的时效性，突破了捐赠信息的时空限制，让慈善“有迹可循”。捐赠者在社交平台获取信息后可随时随地地打开“指尖公益”平台捐赠，不受时间和空间的限制，融合媒体、商业多方力量，借助大平台、大数据的技术支持，为慈善增添了无限可能，让社会公益更有效。

对求助者来说，如果需要帮助，也只需要选择一个或多个合适的“指尖公益”平台，将自己的个人信息以及筹款金额输入到平台上，经过细化的程序认证后项目成立。求助者也可以上传音频辅证，补充信息，给捐赠者提供参考；之后会有不断续更的筹款进展公告，可以在短时间内筹集到目标资金，平台扣除手续费后，求助者可以直接提现。从发出信息到筹集

---

① 中南信息网．做公益可以“虚实结合”HOTDOG 用游戏串联元宇宙与社会爱心［EB/OL］.（2023-08-17）［2023-10-10］. http：//www. cb. com. cn/index/show/gd/cv/cv1362003211491.

② 沈钊．助力亚运圆梦计划，首个听障人士声音复原工具免费开放［EB/OL］．（2023-07-24）［2023-10-10］．https：//baijiahao. baidu. com/s？ id = 1772299402737233669&wfr = spider&for = pc.

③ 陈壹零．腾讯会议 AI 音频技术的价值外溢，用软件和服务为助听行业打开新格局［EB/OL］．（2023-06-28）［2023-10-10］．https：//new. qq. com/rain/a/20230628A0A6VD00.

资金完毕，求助者只需在网上等待，尽快地缓解困境。2021 年 4 月，项女士确诊再生障碍性贫血病，经过医保和“浙丽保”报销后，仍有 20 余万元自付费用，民政部门临时救助 2400 余元、因病致贫补助 2.06 万元、慈善总会救助 3.5 万元、水滴筹绿色筹款通道筹集 8.7 万余元，剩余 7.3 万元缺口纳入“缙情帮”医保防贫暖心无忧基金救助，完成了因病相对困难人员的困难化解。使患者基本康复，并在琴行担任助教工作，生活步入正轨。[①] 可见，“指尖公益”提高了公益慈善的效能。借助数字技术，慈善项目、慈善活动打破了行业的界限，突破了地域限制，有效提高了公益慈善的效益和影响力，使公益慈善更加便捷、高效、透明，真正实现从“人治”到“数治”的跨时空变革。

中国工程院院士、北京邮电大学教授张平表示，当今世界信息通信技术创造日新月异，数字化深度发展，亿万人民共享信息通信技术发展成果的同时，技术向善也正在推动技术革新与公益慈善深度融合。“如何凝心聚力，共同创造数字公益美好未来?”张平院士从 5 个方面阐述了他的观点：一要加强统筹协同，形成共推良性发展的坚强合力，强化跨行业技术交流与产业合作，推动各方优势互补，通力合作。二要强化创新驱动，推进共性关键技术和融合应用模式的研究，加速 5G、6G、人工智能、大数据、区块链等技术在慈善公益布局，助力公益慈善优化升级。三要适度超前布局，夯实信息通信技术支撑能力基础，让更多受益人群用得起、用得好，充分享受科技进步带来的红利。四要立足合规导向，确保数字公益慈善健康发展。五要树立标杆效应，全面加快融合应用落地步伐。培育我国数字公益慈善龙头机构，企业和科研单位形成数量众多、层次分明的梯队体系。[②] 当前，数字技术飞速发展，也让“指尖公益”与数字化深度结合，形成一股强大的力量，为“指尖公益”注入了驱动力和变革力。中国互联网及其应用的快速发展，让本身起步较晚的中国现代慈善事业，在影响力

---

① 央广网．浙江缙云“缙情帮”医保防贫社会救助金额突破 1000 万元［EB/OL］．（2023-07-12）［2023-09-01］．https：//tech. cnr. cn/techph/20230712/t20230712_ 526326346. shtml.

② 刘希尧．凝聚向善力量，行业大咖为数字公益慈善新生态贡献智慧［EB/OL］．（2022-09-01）［2023-10-10］．https：//gongyi. gmw. cn/2022-09/01/content_ 35996214. htm.

和创新性上有了弯道超车的可能。“指尖公益”的快捷高效，为公益行业铺设了一条信息高速公路，赋予传统公益行业旺盛的生命力，通过数字技术带动公益行业变革，推动整个公益链条的延伸。

第二节 “指尖公益”的危机挑战

一、募捐信息不实带来公众信任危机

网络慈善平台的兴起，迅速拉近了求助者与捐助者之间的距离，使得募捐与献爱心在指尖上点点即可完成，也使得越来越多的捐赠者愿意并乐意通过网络平台为需要帮助的陌生人献上自己的一点心意。“指尖公益”越来越广泛地进入了公众的视野，得到了广大社会公众的高度关注。然而，从早期的“罗尔募捐事件”，到不断发酵的“黑土麦田”事件和“同一天生日的你”，持续地引发舆情，在社会上引起很大反响，这些不规范的线上募捐行为引发了社会公众对“指尖公益”的一次次质疑，网络慈善平台上出现的夸大或者虚构求助信息，以及存在的诈捐风险等问题时有发生。根据中国青年报社对1737位民众的调查显示，有47.4%的人曾通过网络平台进行过募捐，但仅有28.5%的受访者信任网络项目信息的真实可靠性，62.4%的受访者更多地对公益项目存在忧虑和不信任。①

二、缺乏互联网思维和深度运用互联网的能力

当下，互联网与慈善公益活动的融合越来越密切。对于大量公益组织而言，如何让慈善公益能有效地利用互联网触及更为广泛的社会群体、海内外民众、潜在大学生群体……让公众能更为便捷地参与公益慈善事业，践行人人公益、全民公益，这是公益组织一直以来面临的推广难题。在日新月异的移动互联公益方式给人们带来更大便捷的

① 网络慈善平台面临虚假慈善诈骗困扰［J］．中国防伪报道，2018（11）．

同时，也给公益组织人员带来了越来越高的技能要求，而我国目前从事公益慈善事业的人群以60后和70后的中年人群为主，如何使用互联网去进行公益营销，把握网络传播分众化、差异化特点，劝募案例的情感化设计，公益热点流量打造，捐赠公益品牌创新，新媒体管理等公益事业的发展，新形势充满新挑战，新互联网思维的欠缺是目前传统公益组织有待转型的一大门槛。

三、从业人员缺乏专业素养

随着网络上劝募门槛的逐步降低和筹款方式的高效快捷，公益组织可以更加自由地开展众筹，有时虽然筹了众多资金，但缺乏与其资金相匹配的落实执行项目的实际能力。部分公益慈善组织由于缺乏长期规划和完善的项目评估流程，再加上公益组织从业人员缺乏必要的专业训练与严格的行业规范，致使捐赠项目运作的实际效益无法准确评估和衡量，更不能直接提供给募捐者及时的信息反馈和后续跟进的结案服务，导致捐赠项目虽然取得了有效的传播，但实际执行结果却不尽如人意，不时出现草草结尾的状况，在一定程度上影响了捐赠人和社会公众对“指尖公益”的理解、信任与支持。此外，从业人员缺乏应有的社会捐赠伦理操守，不仅体现在服务对象的服务不到位，更表现在社会公益圈自身内部建设的工作措施不到位，使得目前不少公益组织的社会效益、经济效益、生态效益等均不理想。

四、捐赠筹款过度煽情

一些公益组织过分强调捐赠筹款而忽略了其原本的公益使命，将捐赠筹款和捐款传播作为机构的头等大事，过度煽情渲染。曾经有高校基金会为筹款甚至过分夸大募捐事实真相，放大了学生生活苦难和学校办学困难，将公益爱心项目演变成一个个煽情的悲惨故事。同时，部分公益基金会一味追求项目噱头和项目新颖，推出了诸多华而不实的公益创新。2018年，一篇《七问秦玥飞》的文章在慈善公益圈迅速传播，引起社会公众对公益项目真实性、有益性和可靠性的质疑。根据腾讯公益慈善基金会发布的《腾讯公益平台关于“99公益日”期间捐赠合规性核查的结果说明》的数据显示：在推出“99公益日”的过程中，众多公益机构在取得了乐观的筹款数目的同时，也出现了许多“套捐”“刷单”的现象，有2.5万劝募账户存在异常，涉及资金23万笔，价值近700万元。部分机构在面对互联网公益带来的巨额红利诱惑下，并没有坚守自身公益使命价值，屡次跨过行业红线，触犯法律底线。这迫切需要相关慈善网络平台和社会管理机构公布“黑名单”打假，对失信者进行必要的严肃惩处，对触犯法律的坚决依法查处，共同维护社会捐赠慈善事业发展的行业环境。

第三节 “指尖公益”的进阶转型

“指尖公益”发轫于互联网技术的发展，在公益捐赠的规模、效率、创新等方面均取得显著进展，并在公益发展史上，取得了显著的涟漪效应、长尾效应、鲇鱼效应。近年来，在大数据、人工智能、物联网(IOT)、区块链等数字技术发展的推动下，互联网法规政策的不断完备中，公益场景越来越丰富、公益创新越来越多元，行业越来越规范。“指尖公益”通过在线募捐平台、社交新媒体传播、网络志愿者招募等方式，打破了时空限制，呈现线上募捐平台的兴起、社交媒体的广泛应用、网络志愿者的崛起等特点。“指尖公益”正从互联网模式向数智模式进阶转型。

一、平台升级转型

疫情以来，线下公益遭遇挑战，以大数据、人工智能等数字技术为支撑的新业态新模式迅速补位，推动“指尖公益”发展，培育公益的平台化发展生态。数智公益生态平台通过赋能、精准对接、云端协同，升级新型公益驱动平台，培育发展新动能。同时，数智模式的“指尖公益”以数字技术为支撑，将“数字技术服务于公益”作为目标，更好地服务受助者，令受助者在此过程中获得关爱、尊重和价值。[①] 换言之，数智模式的“指尖公益”兼顾数字化和人性化。当前的一些“指尖公益”平台开展数字化转型，因其先发优势获得主动权，形成马太效应。[②] 因此，目前利用“指尖公益”覆盖面广、灵活和高效的特点，平台将更好地推进数字化广泛运用，向数字化、智能化方向升级。[③] 为了打破数据壁垒，各公益平台间信息共享、资源互通，运用数字化技术优势整合慈善组织、平台、企业、个人等信息，将各种元素高效地链接起来，建立供需对接平台，精准配置慈善资源，令供需双方实时互动。[④]

2022 年，支付宝公益平台成立“支付宝公益平台共建委员会”，中国妇女发展基金会、深圳壹基金公益基金会等 6 家公益机构首批担任委员。之后，支付宝公益平台会持续邀请公益组织、学者、媒体和捐赠者作为委员或者观察者，共创公益平台规则，并持续加大开放力度，为机构提供浏览支持、推出公益机构数字化升级助力计划。[⑤]

随着“指尖公益”加速从探索型、数量型向质量型、发展型转变，消费升级的方向是平台转型的关键牵引。实现“指尖公益”平台的升级转型，就是要通过信息技术广泛连接消费主体，以数据流带动资金流、物资流，从而有效提高捐赠效率和平台筹资水平，激发消费潜力，为社会捐赠的高质量发展注入新动能。

二、技术扩容转型

当下，社会大众对公益活动的运营模式、执行效率、信息公开有着更

---

① 周俊，刘辰玥，周玉芳．数字技术与慈善事业的转型发展［J］．浙江社会科学，2023（8）：71-79+158.

② 谢琼．公益慈善数字化的现实审视与未来发展［J］．人民论坛·学术前沿，2022（22）：86-99.

③ 郭栋，邓雅兮，刘云．数字化改革赋能共同富裕——基于创新驱动发展视角的分析［J］.社会科学家，2023（6）：82-88.

④ 陈晓蓉，杨铃，张汝立，等．技术平台游戏化运营如何驱动公益发展——基于虚拟捐赠的分析视角［J］．青年研究，2023（1）：58-68+95-96.

⑤ 央广网．支付宝公益平台持续探索平台共建：成立共建委员会、升级“开放计划”［EB/OL］.（2022-06-17）［2023-10-10］. http：//tech.cnr.cn/techph/20220617/t20220617_ 525868309.shtml.

高的要求。现阶段公益组织数字化程度不足，难以满足社会大众的需求，再加上外部监管力度仍需加大，一些公众对线上公益的信服力存在质疑，亟须平台技术扩容升级。面对不足，区块链技术扩容提升具有去中心化、开放性和信息不可篡改性，与公益结合能解决公益信息虚假、监管不到位、隐私问题和公信力不足等痛点。① 平台和组织使用区块链技术能令受助者和志愿者直接沟通，提高效率；能保证用户的隐私和数据的存储安全性；数据上传到云端后不可随意更改，项目透明度提高；用户随时查看钱款去向，监管力度增强。2022年，山东省德州市打造“区块链+慈善”应用，构建“区块链+数字捐赠证书”系统，每一位捐赠者、每一家慈善机构都拥有一个区块链账户，捐赠者捐助信息、捐赠证书均上链返还到区块链账户中。自上线以来，已经为3630人次成功在链上生成了区块链电子捐赠证书，其中企业证书2158个，个人证书1472个。②

人工智能最新的6种算法：二分类算法（Two-class Classification）、多分类算法（Multi-class Classification）、回归算法（Regression）、聚类算法（Clustering）、异常检测算法（Anomaly Detection）、迁移学习算法（Transfer Learning）促进“指尖公益”全流程信息数字化，重构慈善组织架构，建立起深刻匹配机制、人员和资源调配机制，③ 平台将人员、资源等信息整合，建立起庞大的信息网；一旦紧急需要人员和资源调配，其会根据情况自动生成的方案，分配资源，解决人物冲突问题，更减少了前期的准备工作，增加了救援黄金期，同时降低人工费、手续费等成本。2022年，亮亮视野利用增强现实、语音识别和机器翻译等技术，开发了帮助听障人士的助听字幕眼镜。它通过将语音转化成文字在眼前展示，帮助解决听障人士因听力困扰导致的沟通问题，在谷歌出海创业加速器计划的支持下，亮亮视野在降低背景噪音、优化语言处理等方面得到了较大扩容提

---

① 周金科，黄今慧．基于区块链技术在公益慈善的应用研究［J］．电子技术与软件工程，2023（2）：230-234.

② 齐鲁网·闪电新闻．德州创新“区块链+慈善”应用 打造慈善捐赠管理新模式［EB/OL］．（2022-11-24）［2023-10-10］．https：//sdxw.iqilu.com/w/article/YS0yMS0xMzc1MDU4MQ.html.

③ 闫铭，孙迎联．刍论数字化转型背景下慈善信任的修复机制［J］．社会保障研究，2023（1）：66-76.

升，增强了更为流畅的语言转录和翻译功能。[①]

三、数字驱动转型

常态化、泛在化的数字行为导致数据的极大丰富，形成了大数据。[②]“指尖公益”运用大数据精准匹配各参与主体的需求，优化管理机制与监督机制，促进公益服务活动的便利化开展，为公益服务提供数据支持。大数据和算法能精准对接供需资源，拓宽畅通供给方和需求方的沟通渠道，优化工作流程，提高公益项目成效，组织更加高效化、专业化。大数据将公益项目传播、捐赠金额以及项目取得的成效汇总，项目成员通过查看、分析这些数据可以判断活动进展、未来走向如何，方便后续调整，也为组织和平台的执行效率提高奠定基础。所有信息都被转化成各种数字和数据，建立各种模型，提升了工作效率。此外，慈善组织和公益平台本身的布局、运作过程以及善款的走向都会被大数据记录并收集到云端，使民众实现全过程监督。[③] 并且这些数据都以可视化的图形、表格、地图等方式展示内容和趋势，公众能轻易看懂，降低了外部监督的门槛，提高了公众参与的主动性和积极性。例如，很多公益平台将区块链技术运用到“指尖公益”中，以最小的成本解决资金去向不明的情况，公众个人的捐赠行为会被记录且同步上传，同时对外公布相关信息，公布后无法篡改记录，保证“指尖公益”项目真实性。[④] 除此，区块链技术能录入求助者的个人信息，满足设置的条件后自动形成智能合约，按照合约完成善款和物资的捐赠工作后将钱款寄送求助者。近年来，我国东数西算工程的“算力中心”贵州省的麻江县搭建“云上贵州”“大

① 光明网．爱（AI）公益｜打造无障碍数字环境，我们在行动！［EB/OL］．（2023-08-07）［2023-10-10］．https：//digital. gmw. cn/2023-08/07/content_ 36749246. htm.

② 刘鲁宁，何潍涛．大数据赋能共建共治共享的社会治理制度建设：理论问题和实现路径［J］．西安交通大学学报（社会科学版），2023（5）：1-11.

③ 闫铭，孙迎联．刍论数字化转型背景下慈善信任的修复机制［J］．社会保障研究，2023（1）：66-76.

④ 蔡明章，王林，吴江．区块链技术在“指尖公益”众筹领域的应用研究［J］．图书与情报，2020（2）：76-80.

数据+”助残信息平台，通过发布助残政策、就业岗位、公益培训、产品订单需求以及残疾人就业、培训、产品销售等方面的信息，实现残疾人和社会助残资源实时沟通，累计开展岗前培训 320 人次，引导就业 300 余人，稳定就业半年以上 200 多人。①

四、产品模式升级转型

传统公益的产品选择面窄，数智时代的组织和指尖平台不仅关注目标群体年轻人的兴趣爱好，更关注银发经济，积极响应人口老龄化，开发多元化产品。产品开发的主体除了公益组织，还扩展到政府、企业、公益机构等共同合作，发挥各自的优势，整合资源，共筑公益生态圈，在应用开发、项目开发、产品开发、解决方案和系统集成、服务和运营上全面升级转型。2023 年 7 月，腾讯公益“Become us”联合“壹次访谈录”陆续在秦皇岛、鹤岗、长沙、大理等地发起“我在这里”线下公益活动，探索让这个世界变美好的更多可能，同时让年轻人找到快乐的法门。② 2023 年，腾讯 SSV 银发科技实验室发布“银发安全守护”整体解决方案，通过居家场景安全守护产品、户外安全场景的安全守护产品以及公益保险产品，以上三种产品分别连接子女或护工、老人所在的社区或街道、120 系统。③ 依托“银发安全守护”，腾讯在民政部养老服务司指导下，联合公益组织、生态伙伴共同打造“银发共同守护计划”，首期面向全国 2 万名高龄、独居、空巢老人。④ 这些行动，都体现了数智时代产品开发模式的不断升级转型。

---

① 冯逸．动静新闻丨麻江：“大数据+”助残“共富”路上不掉队［EB/OL］．(2023-07-26)［2023-10-10］．https：//movement. gzstv. com/news/detail/H5E2ya/？st=xneGWowt0u0X405&s_channel=6&s_trans=3171400834_．

② 北京青年×壹次访谈录．壹次访谈录×腾讯公益丨2023“最懂青年人”的线下公益活动来了［EB/OL］．(2023-07-06)［2023-10-10］．https：//www. bilibili. com/read/cv24823249/.

③ 李方．腾讯发布“银发安全守护”解决方案 首期捐赠 2 万老人智慧助老产品［EB/OL］．(2023-05-22)［2023-10-10］．http：//www. ce. cn/cysc/tech/gd2012/202305/22/t20230522_38555964. shtml.

④ 同③.

五、用户服务模式转型

线上模式升级转型。传统公益服务局限于捐赠物品和资金，而“指尖公益”服务类型多样，在5G、6G时代，根据用户的需求即时定制、增加功能；既可以捐钱捐物，又可以沉浸式虚拟捐赠；既注重线上又联动线下；既正式又富有趣味性。目前，我国有30家民政部正式授权的“互联网募捐信息平台”，社会大众可以在页面内挑选趣味化产品捐款，方便快捷，双向奔赴。例如，用户可以参与蚂蚁庄园“养鸡—收蛋—捐蛋”，养小鸡获得爱心蛋后，用户可以自主选择公益项目捐蛋这一虚拟价值生产活动，助推公益活动。①

“线上+线下”相结合转型。数智时代的“指尖公益”不仅侧重于线上，线下所带来的社交情感价值也是线上渠道所欠缺的，因此“线上+线下”相结合能更好地推动公益活动。2023年，NBA与“咪咕视频”联合打造的公益球场落地于厦门马垅社区，同时在“5G+体育”元宇宙比特空间上线。将球场元宇宙、骑行赛道等线上空间与线下联名球场数字化、沉浸式融合互动，同时融入厦门特色元素，打造特色鲜明的体育元宇宙空间，助力当地体育产业高质量发展。② 生动的趣味性场景非常吸引年轻群体。2023年7月，广东省阳江市“乡村振兴·巾帼优坊”农产品集市活动举行，以工艺为纽带，摊位展销为主要活动方式，商家趣味活动为辅，集售卖、展示、咨询为一体，③ 共同营造消费助农、关爱困境妇女儿童的良好社会氛围，“快消品”最易吸引市民驻足选购，并参与爱心捐赠。

综上，我国目前处于互联网“数字公益”向“数智公益”的时代转型期，数字技术持续迭代和广泛应用、平台不断升级创新为公益发展提供不竭创新动能。“公益+大数据”为平台提质增效，“公益+元宇宙”拓展了

---

① 陈晓蓉，杨铃，张汝立，等．技术平台游戏化运营如何驱动公益发展——基于虚拟捐赠的分析视角［J］．青年研究，2023（1）：58-68+95-96.

② 文汇报．首个“数实融合”公益球场亮相，助力乡村振兴与全民健身［EB/OL］．（2023-01-17）［2023-10-10］．https：//www.whb.cn/commonDetail/504302.

③ 澎湃新闻·澎湃号·媒体．能逛 能玩 能买 还能献爱心！7月3日，阳江这里好玩着呢→［EB/OL］．（2023-07-01）［2023-10-10］．https：//www.thepaper.cn/newsDetail_forward_23704590.

公益新形式，“公益+区块链”保障善款透明可追溯，“公益+人工智能”延伸了公益慈善更多可能。“指尖公益”的转型升级，旨在推动技术与公益共融、科技向善，构建健康文明的慈善生态，持续推动数字公益领域的研究和传播工作，推动中国数字公益领域持续创新，让中国数字公益实践为全球公益创新贡献中国样本。

第三章 “指尖公益”运营模式重构

随着数智时代的到来，“指尖公益”在产品运营、内容运营、用户运营、活动运营、数据分析、渠道选择上也在不断迭代升级、融合创新。“指尖公益”从最初的线下活动→线上运营→“线上+线下”混合式运营模式，经历了初创时期（Web1.0时代）主要运营模式为电子邮件和门户网站；发展时期（Web2.0时代）主要运营模式为社交媒体与公益融合，如网络募捐、网络众筹等；当人工智能、区块链、元宇宙、大数据、云计算等数字技术进入公益领域，“指尖公益”进入快速发展时期数智时代（Web3.0时代）的运营模式，主要是面向5G、6G时代的捐赠定制服务和沉浸式场景体验，如“数字化+医保防贫”“技术开发+公益救助”“游戏+公益”等。因而，“指尖公益”是立足数智时代发展，技术创新驱动的新模式；是壮大于平台企业创新海内外经验，促进人人公益的新模式；是下沉基层，助力区域经济和乡村振兴的新模式；是体现中华文化，构建民族自信、善意文化的新模式；是服务于全体人民共同富裕、助推中国式现代化的新模式。

第一节 新运营模式

一、“数字化+医保防贫”模式

“数字化+医保防贫”模式，是一种政府主导、多方参与的多层次医疗保障体系。在国家的数字医保改革中，不断完善防贫动态监测和帮扶机制，通过线上+线下、制度+技术、部门+乡镇的运营模式，多渠道多维度开展扶贫防贫工作。2022年7月，浙江省缙云县推出“缙情帮”医保防贫系统，在浙江省、丽水市医保局指导支持下，横向联合各部门搭建“政府部门+商保+慈善医疗救助一站式”救助平台，与水滴筹公司合作，共同帮助求助者。这种政府主导、多方参与的多层次医疗保障体系，确保救助模式精准多样，救助面广且有效，解决因病致贫返贫的难题。“缙情帮”凭借数字化技术精准识别、动态监测、过程管理、帮扶直达和多元保障因病致贫、返贫人员。①

1. 运营流程

民政部门将各类病困人员，红十字会、水滴筹申请人员录入医保防贫“一张图”系统。随后，根据数据分类模块，医保局筛选出自费医疗费用达2万元以上的人员，卫健委筛选出经各机构审核过的大病人员，分别录入数据库。医保局根据医保报销目录和比例报销医疗费用。一次报销后，自费药按照系统累计金额进入二次报销，层层减轻群众医疗负担。此外，保险公司负责报销商业补充保险，红十字会、中华慈善总会负责进一步化解困难，最终走向绿色通道，进入水滴筹专项基金，直至走完所有的报销通道。

在浙江省“缙情帮App”上，缙云县政府是发起者，财政、民政、卫健、农业农村、残联、红十字会和慈善总会等部门和水滴筹公司是运营者。“缙情帮App”与“指尖公益”结合，建设缙云县医保防贫“一张图”系统，打造多层次体系：医保防贫体系数据库、医保防贫精准识别系统、部门+商保+慈善医疗救助一站式救助系统、缙云·水滴医保防贫救助筹款绿色通道、缙云·水滴医保防贫专项基金、缙云·水滴医保防贫救助服务站、缙云医保防贫研究平台等多元化渠道。

2. 创新之处

筹资渠道和平台创新。浙江省“缙情帮App”的筹资渠道包括地方政府财政支出、公开筹集等。2021—2025年，缙云县财政部门每年计划向缙

① 缙云县人民政府网．“缙情帮”筑牢因病致贫返贫“安全坝”［EB/OL］．（2022-10-19）［2023-10-10］．http：//www.jinyun.gov.cn/art/2022/10/19/art_1229378795_59137446.html.

云·水滴医保防贫专项基金投入 100 万元，缙云县红十字会和慈善总会通过水滴筹公益平台公开筹集专项基金，水滴筹平台给予筹集支持，2021 年筹集了 30 万元，2022 年筹集了 40 万元，2023—2025 年每年计划筹集 50 万元。筹集平台还包括缙云·水滴医保防贫救助筹款绿色通道和缙云·水滴医保防贫专项基金，保证资金持续性。

2022 年，“缙情帮”与社会救助力量合作、扩大救助对象范围，为保障因病致贫、返贫人员的生活水平探索出一条可复制的新路径，被写入《浙江省医疗保障局关于防范因病致贫返贫助力共同富裕三年行动计划》当中。同年 11 月，“缙情帮”入选丽水市数字化改革优秀应用（第二批）名单。2023 年，“缙情帮”因优质共享的公共服务入选浙江省共同富裕示范区最佳实践（第二批）名单。

扶贫保障对象创新。浙江省“缙情帮 App”的保障对象包括两类人员：一类是因病困难人员，一类是支出型因病相对困难人员。前者是经过民政部门认定的因病致贫、返贫的困难人员，包括特别困难人群、低保户和低收入边缘人群。后者是指基本医疗保险的参保人员在一个医疗年度内自付医疗费用 2 万元以上，且减去自付费用后，家庭人均收入是低收入边缘人群标准 1~3 倍，其他条件符合低边标准的人员。对于后者，通过基本医保、大病保险、医疗救助、临时救助、补充医疗保险、红十字会和慈善总会救助等报销、救助、补助后的自费医疗费用，将会通过水滴筹平台筹集完毕。若仍有较大缺口，缙云·水滴医保防贫专项基金会帮助其缴纳费用。

全流程跟踪服务创新。例如，浙江省“缙情帮 App”将线上筹款定向汇入求助者医疗账户，免收服务费，并全流程跟进筹集项目进度。在“缙情帮 App”中获审批的人员所需要的资金待筹集完毕后直接汇入申请者的医疗账户中，无须亲自到服务站领取资金，更无须缴纳服务费，全程保证效率优先和患者优先。2022 年，“缙情帮”应用上线了“我要捐款”和“爱心小家”功能。用户可以在“我要捐款”实现定向捐款，也可以查看自己献爱心的情况。“爱心小家”与北京同心圆慈善基金会共同合作，为缙云户籍人员在北京、上海、武汉、太原等地的医院提供不超过 14 天的免费住宿。

二、"技术开放+公益救助"模式

针对老年人听力障碍的腾讯"天籁行动"2.0版于2022年启动。由于我国老年人听力自查率低、听力知识匮乏，以及优质助听器价格较高，导致我国实际佩戴助听器的人数不足5%。为了解决这些问题，2022年腾讯公益可持续社会价值事业部的银发科技实验室发布全国首个助老小程序——银发听力健康，它包括听力筛查、听力科普和听损模拟模块，并且发起了面向听障老人的专项救助基金"天籁银发关爱基金"，率先在广东韶关、重庆等地进行了试点，帮助老年人完成听力筛查、普及听力健康知识。腾讯为助力老年人听力健康，建立起小程序+助听器+听力健康服务网络的公益助老体系。①

1. 运营流程

自开发以来，腾讯天籁实验室提供核心降噪的AI技术，美笛乐和诺尔康完成硬件开发。同时联结新华社·声在中国、腾讯公益慈善基金会、深圳市信息无障碍研究会等媒体与公益组织，以便接触听障人群，扩大影响力。腾讯坚持技术开放，联合权威机构、合作伙伴共同进行产品、应用创新，该协作模式分别发挥了腾讯与合作伙伴的独特能力，构建了明确的共创协同机制，为听障人士的人工耳蜗使用体验提升作出重要贡献。2022年，天籁实验室重点关注听障老人，在当地民政部门的支持下，联合长益基金会、当地乡村助老社工团队、助听器厂商等合作伙伴的力量打造了"爱耳科普、公益测听、线下义诊、公益救助"的听障帮扶闭环，并逐步探索出了技术公益的长效模式。2022年9月25日，天籁实验室发布了腾讯天籁inside助听器"公益助老款"挚听助听器，与腾讯公益慈善基金会、腾讯SSV银发科技实验室、智听科技联合启动了腾讯天籁inside助听器"买一捐一"救助模式，希望能够帮助到更多有需要的听障老人。向韶

① 央广网．努力构建15分钟听力圈，腾讯天籁行动助力听障老人更快融入数字社会［EB/OL］．(2023-03-03)［2023-10-10］．https：//tech. cnr. cn/techph/20230303/t20230303_ 526170469. shtml.

关市500位听障老人捐助挚听（腾讯天籁 inside）助听器。2022年与福寿康共同发起“银杏友好计划”，目前已拥有1万人以上的专业康复治疗师团队，为全国50多个城市提供服务。

2. 创新之处

数字化协同创新。首先，借助腾讯自身先进的音频技术和在通信领域所积累的经验，开发出天籁AI技术，并将其应用到天籁人工耳蜗当中，解决了人工耳蜗对复杂场景识别和动态实时噪音处理的难题，将人工耳蜗的语音清晰度和可懂度提高了40%。其次，通过腾讯的品牌优势，整合多方资源，一方面跟全球先进的人工耳蜗厂商一起优化升级助听器，另一方面与当地政府部门、社会组织以及线下志愿者团队打造高效的公益网络，确保公益项目落地且长效。最后，腾讯发挥企业平台优势，为天籁行动及开发的产品宣传，提高公益项目的影响力，增进公众关注老年听障人士。

“政企民”服务创新。技术公益是近年来腾讯提倡的公益新方向之一，企业要通过技术创新拓展科技向善的公益边界，运用数字技术赋能公益慈善健康发展。天籁工作室在波束成形、啸叫控制、声学场景识别、AI降噪、宽动态范围压缩5个方面进行了技术创新，还针对助听器的低延时、低功耗进行深度优化。基于“天籁银发关爱基金”，通过与政府、辅听设备厂商、公益机构共创共建合作听障老人帮扶工作。在小县城、乡村和偏远地区，政府部门监督指导工作，联合长益基金会提供资金帮助、当地乡村助老社工团队提供听力测试、助听器厂商提供天籁 inside 助听器。

一体化救助模式创新。为了全流程一体化帮助听障老人，腾讯提供解决方案，软件、硬件和公益网络相结合。在软件方面，借助银发听力健康小程序，尽早关注和筛选老年人听力障碍，降低疾病负担；为了更好地在线下配备助听器，腾讯发布了“腾讯天籁远程听力服务平台”，依托天籁领先的音频AI能力，有效保障平台音频连接的稳定、高质，让助听器远程验配效果更清晰、真实。基于腾讯会议一键连接，验配师操作简易，听障用户只需一部智能手机即可在家完成验配，实现筛查、验配、听力干预在线一体化。在硬件方面，凭借QQ实时音视频、腾讯会议多年累积的技术，创新和优化助听器和小程序。2022年9月，天籁推出了自研的助听器算法解决方案，帮助国产助听器将复杂场景下的语音清晰度和可懂度提升了85%，并联合合作伙伴智听推出了天籁 inside 助听器产品。在公益网络方面，银发科技实验室联合了地方政府、行业伙伴、慈善机构等，分别建设了城市、乡村两级线下公益助老网络，提供听力筛查、结果讲解、分级导诊、助听器配备、跟踪随访等一站式服务。

三、“游戏+公益”模式

游戏的公益价值在数智时代不断得到社会认可并推陈出新，促使游戏厂商积极拓展道路，履行社会责任。特别是疫情期间，游戏企业在防疫抗灾、乡村教育、乡村振兴、环境保护、志愿服务等方面作出积极贡献。不少游戏软件企业摆脱单一捐款模式，通过整合多方资源、深化活动内容，紧跟时代需求，探索游戏公益新形式。例如，“蛋仔派对”是一款线上非常火热的欢乐竞技游戏，始终践行“游戏+”的多元赋能，通过一系列线上线下活动传递正能量，将公益精神与产品运营结合出新高度，让广大玩家群体感受公益正能量。① 2023 年植树节，蛋仔派对联手中国绿化基金会举办“与蛋仔一起种桃树”计划，让玩家参与公益，以玩家的名义向中国绿化基金会认领桃树。在世界地球日当天，与 PADI 爱海洋专项基金合作，线上开设《海豚湾之恋》《北极熊独白》《地球 Earth》等乐园地图，让更多蛋仔去思考如何参与海洋环境保护、生物多样性保护，线下招募玩家在海南三亚开展“净滩行动”和海洋垃圾分类活动。2023 年六一儿童节当天，联合并携手浙江省公安厅、杭州市公安局、杭州市公安局上城区分局，打造了一场线下普法公益活动“警彩六一蛋仔童行”。

1. 运营流程

蛋仔派对联合基金会、政府部门等社会主体，在游戏内放置 UGC（用户生成内容）工具，引导和鼓励玩家涉足正能量 UGC 地图内容创作。根据公益主题设置任务，让玩家通过趣味性活动参与公益，获得游戏奖励。

① DNF 玩家秀．获广电总台、成都日报肯定，蛋仔派对坚定做公益，带玩家感受大爱［EB/OL］.（2023-06-27）［2023-10-10］. https：//baijiahao. baidu. com/s？id＝1769823962400893500&wfr＝spider&for＝pc.

基金会、政府部门等社会主体在线下举办公益活动。在杭州市上城区，公安民警以趣味互动来科普知识，孩子们可以通过拍照打卡、趣味投篮以及问答环节将安全保护、防诈防骗的知识牢记于心。蛋仔派对 App 带领玩家与 PADI 爱海洋专项基金的潜水志愿者们组成了海洋守护小队。2023 年六一儿童节当天，蛋仔派对面向全体玩家推送了为患癌小朋友创作的公益地图《“宇”你入梦星河》。生动还原了 6 名特殊儿童的绘画作品，让玩家通过趣味互动帮助患癌小朋友完成心愿，从中收获爱与勇气，切身感受到公益向善的力量。仅这张 UGC 公益地图，便吸引了超过 45 万玩家参与体验，点赞数超过 1.1 万。[①]

2. 创新之处

沉浸式公益体验创新。公益本质上是施助者与受助者的情感交流，而游戏可以搭建彼此的桥梁。例如，蛋仔派对通过趣味性的任务潜移默化地将公益理念深入人心，完成情感交换任务。蛋仔派对从现实出发，打通线上线下、虚拟现实之间的壁垒，让玩家从线上获得的成果现实化，从线下实践的成果虚拟化。蛋仔派对 App 在活动期间凭借其在社交媒体上的影响力，调动玩家们的热情，让更多玩家和观众感受到公益的正能量，唤起人们关注动物保护、环境保护，感受大自然的力量。同时也在现实里开展公益活动，以寓教于乐的形式开展儿童安全知识科普活动，并引导玩家们线上打卡，线上线下双向传播公益理念，让活动正能量传播更远。

内容创新引领文化生态公益。蛋仔派对 App 不仅自身创作公益地图，也在鼓励和扶持玩家创作公益地图，让更多人通过线上游戏体验感受公益向善能量，由内而外地传播游戏+公益价值。《地球 Earth》《关于流浪狗多多》《海豚湾之恋》，都是由玩家创作出来的 UGC 地图，游戏式的传播吸引了许多观众，实现了从游戏内到游戏外的出圈现象，建立起一套公益传播循环体系。玩家们在使用公益地图时，感受到人与人之间的善意，从而提升公益感知力。2023 年植树节，蛋仔派对 App 和中国绿化基金会达成合

---

① 陈婕．呵护童心落实关爱《蛋仔派对》深化游戏+公益模式［EB/OL］．（2023-06-06）［2023-10-10］．https：//baijiahao.baidu.com/s？id=1767934364449662599&wfr=spider&for=pc.

作，举办了“蛋有桃园”公益活动，以蛋仔的名义认养了1000棵树，用于“幸福家园”的公益项目建设，并邀请蛋仔们积极创作或分享相关的乐园地图内容，传递正能量。活动辐射超过近千万用户群体，同时鼓励大家体验《第四株树苗》《谧境森林》等UGC公益主题地图，厚植人与自然和谐共生的理念。①

第二节　新治理角度

“智”能社会，赋能困难群体，推动治理有效。“指尖公益”网聚善力，依靠互联网技术推动社会协同，深度赋能社会治理，体现了去中心化、数字化、网络化和协同化的特点，致力于打造人人公益的“善行圈”，创造凸显社会影响的价值链，推动企业经济效益和社会效益“双丰收”。截至目前，“指尖公益”已经覆盖了环境保护、医疗救助、AI寻人、扶贫攻坚、行业互助、教育培训以及妇女儿童保障等社会发展领域的多种类型，呈现出“企业+技术+治理”“互联网+乡村”等多种运作形态，成为我国推动社会进步与发展，打造人类命运共同体的新动能、新手段。

在主体层面，“指尖公益”激发多元主体参与社会治理的全过程和全领域；在资源层面，整合多元主体资源，共同助力社会治理；在结构层面，利用数字化技术构建多元主体协同治理平台。②“指尖公益”聚拢政府部门、公益组织、网络公益平台、社会企业等主体协同参与社会治理，进而创造出更大的社会价值。此外，“指尖公益”深度挖掘社会资源，提升资源管理能力和资源效率，减少多元主体间的信息不对称，提升社会治理主体的管理能力，并消除信息壁垒、信息不对称，促进多元主体协同发挥自身的优势，促进社会治理参与的多元主体协作。“指尖公益”利用自身

① DNF玩家秀．获广电总台、成都日报肯定，蛋仔派对坚定做公益，带玩家感受大爱［EB/OL］．(2023-06-27)［2023-10-10］．https：//baijiahao. baidu. com/s？id=1769823962400893500&wfr=spider&for=pc.

② 吴磊．数字化赋能第三次分配：应用逻辑、议题界定与优化机制［J］．社会科学，2022(8)：146-155.

平台优势，与参与者共同打造公益生态圈，集结多元社会力量线上线下全流程参与社会治理。本书从政府监管视角、公益组织视角、公益平台视角、社会大众视角提出一些有针对性的建议，创新“指尖公益”参与社会治理新形式。

一、监管提升

《中华人民共和国慈善法（修订草案）》指出，要完善网络慈善的有关规定，区分慈善信息平台和互联网公益服务平台的功能和责任，规范网络慈善秩序，保障网络慈善各方主体的权益，使网络募捐的各个环节都有法律加以规制，对违法的网络募捐行为可以进行法律惩戒，尤其是要规范网络募捐格式协议。同时，积极深化“指尖公益”与相关法律法规紧密衔接，大力推进相关配套制度的法治建设，推进《基金会管理条例》《社会团体登记管理条例》《民办非企业单位登记管理暂行条例》实施。[①] 这是国家从法律层面强化政府监管的角色，设立专项监管机构，政府在监管体系中的角色从原来的“主导者”到如今的“引导者”。政府一方面引导“指尖公益”组织合法化、规范化和专业化运营，另一方面引导社会力量监督，如群众监督、媒体监督、舆论监督等，这样既能降低监管成本，又能强化监督手段。

2015 年，4 岁的南京女孩柯蕾因患罕见疾病脊索瘤而生命垂危，她的父母为抢救孩子，在网上短短半个多月就募集到 600 多万元捐款。然而巨额善款也使这家人遭受众多质疑。其后，数十名质疑善款使用问题的网友和捐款者以涉嫌诈捐为由，向公安机关集体报案，要求柯蕾父母返还善款。因此，面对当下互联网公益市场的一些分散管理、权责不明的监管乱象，以及曾发生的诈捐、骗捐事件，我国积极调整分散的监管模式，建立由政府部门指导的专项监管机构，避免网络募捐平台杂乱无章，对各种网络平台，应该实行网络募捐资质认证（包括查验登记证书、募捐主体资格

① 温如军．推动共同富裕，须移除“三座大山”［EB/OL］．（2022-03-14）［2023-10-10］．https：//baijiahao. baidu. com/s？ id=1727237669108401473&wfr=spider&for=pc.

证明材料）；各地方政府监督或资助公益组织建设正规的、有影响力的网络募捐平台，方便各种网络募捐活动的高效开展。民政部门设立专项部门监督“指尖公益”组织和平台，开展财务监督、信息监督及运营监督，发现问题即提交给审查部门处理。审查部门根据问题汇总逐一对组织及平台进行约谈、询问、核实与审理，确定有违规行为，交由监管部门处理。监管部门根据法律法规和事件性质作出处罚决定。例如，江苏省淮安市涟水县充分发挥大数据在监督检查中快捷、精准发现问题的优势，县纪委监委与民政局、残联等部门建立联席会商机制，通过线下线上多次会议，从服务项目禁止项入手，围绕居家养老服务八大类30余项服务和困境留守儿童关爱服务等项目清单事项，收集各类数据200万余条，监督建模5个，发现存疑问题300余个，推动核实整改100余个。[①]

二、管理提升

当前，国家号召公益组织在贯彻新发展理念、构建新发展格局、推动经济高质量发展中“勇挑大梁”。应对新发展阶段的多重挑战，“指尖公益”组织如何更好引导、发挥企业和企业家的力量，在推进新发展阶段的慈善捐赠行动中做好示范？加快补短板，强优势，彰显公益组织在扎实推进共同富裕行动中的责任担当？核心要点是必须突破组织制约，推进“指尖公益”市场化转型。市场化转型是“指尖公益”组织实现可持续发展的突破口和着力点。现有“指尖公益”组织存在市场化程度低、行政主导特征明显、专业化程度低、劝募和运作能力不足、公信力不高等诸多问题。因而，当前阶段，必须积极进行市场化转型，由供给侧向需求侧转变，助力区域发展，促进“指尖公益”组织在数字化赛道上转型升级，鼓励商业企业机构进入公共服务领域、购买服务合约、竞标等，提升非政府组织（NGO）的组织服务能力和专业化水平，变现有的组织困境为组织优势，促进“指尖公益”组织在能力建设、品牌塑造和自治性方面均取得较大的

① 王昌军，刘程．强化民政公益服务监督 提升公益服务质效［EB/OL］．（2023-06-09）［2023-10-10］．https：//finance.sina.com.cn/jjxw/2023-06-09/doc-imywrsqp2084597.shtml.

进步。

培养“指尖公益”组织人才专业能力、增强“指尖公益”组织的救助力与公信力，能提升公益组织能力，更好地助力共同富裕。首先，“指尖公益”组织要做到专业性。2022 年浙江省丽水市在全市公益慈善组织中筛选出 51 名从业人员组成丽水市慈善骨干人才库，进一步加强动态管理，严格落实“能进能出”制度，并择优选派 6 名公益慈善组织负责人到省慈善联合总会等进行为期 1 个月的跟班锻炼。① 其次，“指尖公益”组织要提升筹资能力。“指尖公益”组织不仅要在网络中设立专项的募捐平台，也要在线下建设实体募捐点。比如在网络中倡导公众设立“月捐”“周捐”甚至“每日一捐”的小计划，提高公众参与公益的积极性和主动性，在线下接受旧衣物、旧图书，通过日常小物的捐赠来强化公众的公益慈善意识。要创新动员模式，建立主动推送私信、电话与短信的宣传模式，培育社会公众公益慈善行为的日常化。2023 年，“陕耀 · 网络公益我行动——2023 年陕西省网络公益周”活动开展，全省 100 多家单位、公益组织在 11 个市（区）举行 123 场线上线下公益活动，以放大网络公益正能量，动员更多网民参与公益活动。② 最后，“指尖公益”组织要提升运行透明度和公信力。提升“指尖公益”组织的社会公信力就要强化社会公众对于组织运作的认同程度与信任程度，这直接决定公益组织的发展前途。组织引进数字技术，能有效追踪善款去向，做好善款流向的通知。爱心人士捐赠记录在后台能同步上传到云端，不可删减或篡改，顺畅的善款捐赠、跟踪和反馈机制，能够让善款的使用透明化，也让捐赠人有一个良好的捐赠体验，增强他们对公益项目的信任度，改变以往对慈善组织滥用资金的负面形象。这样，捐赠者以后复捐的可能性就会随之提高，项目的持续性也就增强

---

① 丽水市民政局 . 丽水市打好慈善人才培育“组合拳”助力新型慈善体系建设 [EB/OL] .（2022-08-30） [2023-10-10] . https：//mp. weixin. qq. com/s? _ _ biz = MzAwMTI5ODEzNQ = = &mid = 2663625513&idx = 2&sn = 29bedf8bdf60cda931ee9321f0430528&chksm = 81ecc891b69b41878f69446d0f16279942115317f5dcb861e583202ce0a0c95f865b1152e8fe&scene = 27.

② 陶颖 . 2023 年陕西省网络公益周启动 全省将同步开展 123 场线上线下活动 [EB/OL] .（2023-07-29） [2023-10-10] . https：//epaper. sanqin. com/html/2023-07/29/content_ 2979_ 8077678. htm.

了。2022年“99公益日”期间的公众募款总额超过33亿元，每笔钱花到哪里、相关项目执行情况如何都在公益信用联盟链上对公众做到公开透明。①

三、平台提升

突破“平台制约”，利用“指尖公益”平台企业的物流调配、信息交流、资源整合等技术优势，在保障生活物资供应、中小企业帮扶、线上办公、复工复产等方面发挥多重作用。面向企业积极推行“互联网+慈善”方式，积极探索基于区块链技术的“链上公益”，大力推动“指尖公益”，丰富筹款手段，提升网络筹款能力，采取微博、微信公众号、抖音、小红书……订阅、推送等线上方式，开拓更多的“移动客户端”的捐赠人服务渠道，开发诸如蚂蚁森林、轻松筹、水滴筹……优质公益项目作为小额捐赠载体，吸引更多年轻消费者、捐赠者，提高网络募捐水平；通过对中小企业的深入发动、横向互动、上下联动，将众多可以忽略不计的零散流量，汇集成巨大的慈善公益力量。

在“指尖公益”平台自身建设方面，打造品牌。平台自身建设好才能吸引社会大众。首先，要搭建安全、有效、功能多样的平台。平台根据实际情况上线捐赠功能、信息公开功能、志愿者招募功能、公益信息整合栏目等，让用户直接在页面内收集到更多的有效信息。其次，要重视用户的体验，重视内容趣味性、便利性。可以在页面里插入图片、短视频、图形，以可视化吸引用户的目光，达到公益宣传效果。最后，公益项目从用户和社会需求出发，提供高质量的设计产品，避免资源浪费。用户能在参与公益的同时实现社交、健康等需求，将个人需求和社会需求结合起来，提高参与的积极主动性。例如抖音公益内容治理的最新规范要求：账号需有资质才能发起慈善募捐；无资质的账号禁止发起慈善募捐；公益类账号禁止营利性行为；禁止以公益之名博取关注、骗粉骗赞、非法获利；公益

---

① 中国网．区块链助力公益数字化，让4.8万位母亲“真诚微笑”［EB/OL］．（2022-12-08）［2023-10-10］．http：//life. china. com. cn/gg/zixun/detail2_ 2022_ 12/08/3739677. html.

类账号只能由个人或慈善机构运营。①

此外，共筑“指尖公益”平台公益生态圈。各“指尖公益”平台打破数据壁垒，实现信息和资源共享，整合不同的资源降低运营成本。政府、慈善组织、平台之间合作，打造公益生态圈，凝聚行业力量，推动建设高质量的数字公益。2023 年 3 月，东北科技大市场开辟多样化科技成果转化渠道，以公益平台为支撑，以对接供需为基础，不断引入技术、人才、金融、资本等资源，推动创新要素的集聚融合、互联互通，让科技成果“活起来”，通过公益平台资源共享，减少各地区科技服务信息差，增加各主体成果转化渠道，服务标准化、资源联动化，以政府主导构建高质量公益平台支撑。② 因而，辽宁省真正实现了公益平台支撑，成果转化资源共享；公益服务加持，成果转化取得突破；公益力量凝聚，成果转化提质增效。据了解，今后东北科技大市场还将以每月 1~2 场的频率，举办系列成果转化撮合对接会 20 场，并充分发挥技术经理人、科技志愿者等技术服务人才优势，全年实现从成果挖掘与收集，到资本对接、市场分析，全方位、全流程服务成果转化的常态化，通过成果转化撮合对接会等精准对接平台，提高辽宁省科技创新成果本地产业化率，助力辽宁科技成果转化的提质增效。

四、理念提升

近几年，在抗击疫情、应急救灾、AI 寻人、脱贫攻坚、乡村振兴等广泛行动中，“指尖公益”平台充分发挥数字化优势，创新公益实践，精准连接需求和供给，统筹各类社会资源，撬动广泛社会力量。“指尖公益”平台通过汇聚资源、技术、信息等能力，将简单的爱心帮扶升级为互联网公益解决方案，为打造可持续的公益生态加持赋能。

---

① 抖音安全中心．抖音禁止公益类账号变现：不得进行直播打赏、电商销售［EB/OL］．（2023-06-02）［2023-10-10］．https：//baijiahao.baidu.com/s?id=1767577414297692798&wfr=spider&for=pc.

② 人民日报．辽宁：公益平台撮合对接 促进科技成果转化落地［EB/OL］．（2023-03-31）［2023-10-10］．https：//m.163.com/dy/article/I156VKR10530QRMB.html.

例如，运用抖音、小红书、快手、B 站等视频平台鼓励大众创作公益视频，加大视频宣传力度；在官方媒体网站设立公益通道，报道公益慈善界的最新情况，宣传现代公益慈善理念；在社交平台投放趣味性的公益广告吸引观众视线等。2022 年，在中国广告协会指导下，腾讯“创益计划”与“中国广告业大奖——公益广告黄河奖”大赛组委会联合设立“2022 黄河奖——我是创益人数字公益创意大赛”；首次设置短视频赛道，就吸引到 2.4 万支公益短视频参赛，热度空前。① 央广网在其官方网站设置了公益通道，观众可以点击查看公益资讯、公益在行动、公益榜样、优秀公益项目推荐等专栏，促进“人人公益，处处可为”。

五、环境提升

突破环境制约，拓展“指尖公益”服务社会的绿色通道。推进社会实现共同富裕是“指尖公益”组织和平台的社会责任，在将“助力推进共同富裕”纳入 CSR（企业社会责任）指标的基础上，将履责的着力点与解决发展捐赠不平衡、不充分问题的方向相结合。国家在“指尖公益”组织和平台的运营环境上要不断破圈升级，创造优质营商环境，畅通企业参与公益慈善的制度化渠道，积极打造“企业建设+现代企业制度+社会责任”三位一体的现代企业制度，为“指尖公益”组织和平台提供创新型公益慈善产品（助力乡村振兴、碳达峰、碳中和等公益主题的慈善信托、家族信托的新增长点），为企业创新绿色金融产品和服务方式，拓宽绿色产业融资渠道，打造公益“绿色基金”，创新“家族信托基金”模式，鼓励金融与“指尖公益”创新双轮驱动，布局新能源产业链公益基金，赋能新发展，智构新格局，使资本与公益相互交融。此外，监管部门可予鼓励和引导，如税收减免、支持股权捐赠和慈善信托等创新实践。

在迈向人人公益和共同富裕的新征程上，我们将加快“指尖公益”环

---

① 传媒茶话会 .2.4 万支短视频，背后蕴藏着什么样的公益力量［EB/OL］.（2022-12-23）［2023-10-10］. https://baijiahao.baidu.com/s?id=1752999869423425868&wfr=spider&for=pc.

境跃升，开放创新，推动技术模式业态管理创新升级，打造公益数字化技术底座；开放共享数字技术，推动行业全链路数字化，构建“指尖公益”数字新生态。

第四章　人工智能赋能“指尖公益”的路径及风险防范

在当前科技浪潮中，以 ChatGPT、Sora 等为代表的人工智能大模型正在逐步应用于各个领域和平台，为“指尖公益”等社会公益事业赋能，成为公益技术平台的新质生产力。这些人工智能大模型的应用不仅提高了公益活动的效率和精准度，还拓宽了公益活动的参与渠道，增强了其影响力。然而，我们也必须清醒地看到，人工智能大模型在应用过程中存在一些问题和挑战，如过程不透明、数字基础不牢固、监管技术不完善等。为了充分发挥人工智能在公益领域的作用，我们需要加强数据共享和信息传递通道的建设，完善监管机制和技术手段，并推动人工智能技术的研发和应用创新。通过技术革新和制度创新，我们可以实现共创、共建、共治、共享的新公益，为社会带来更多的福祉和进步。因此，我们需要继续深化对人工智能技术的理解和应用，不断探索其在公益领域的新模式和新路径，为实现高质量发展贡献力量。

第一节　时代背景

一、人工智能大模型拓展公益慈善新边界

技术创新夯实公益数字化底座，不断拓展慈善新边界：网络飞速发展，大数据互通互享。近年来，公益行业依托 5G、6G、人工智能、大数据、区块链、元宇宙等技术，逐步提高“指尖公益”平台的数字化、智能化水平，进而提升公益的效率和效能。

ChatGPT、Sora、Whisper、Simplified 等，是人类进入了人工智能时代的标志之一。在人工智能赋能“指尖公益”领域，可以协助人们在工作中赋权、挽救生命、改善医疗保健和医疗领域、改革教育等，还有很多潜在的应用场景模式，如帮助组织提高效率、扩大影响力、服务社会等。在技术上，我们可以理解为：借助人工智能算法，在茫茫海量的信息、用户互动行为中，捕捉每一次公益诉求，找到每一个公益的用户，从而更高效、更精准地让“指尖公益”与用户对接。

二、应用场景覆盖方方面面

人工智能在应用上赋能公益服务平台，在技术上助力“搜索+信息流”双引擎推广，为公益信息提供核心产品推广资源，使公益信息分发更加简便。它覆盖用户生活的多种场景，人工智能大模型的应用场景非常丰富，可适用于多元化的公益领域，实现多地、多点、多项目的连接，赋能每一位愿意进驻的公益机构。这有助于他们在庞大而又广阔的信息服务场景中，搜索、找到、激活、对接并最终匹配每一位用户的公益需求。人工智能技术最大的善意在于助力公益成长，赋能社会治理。目前，在 5G 网络技术和人工智能的支持下，远程诊断、远程会诊、教学培训等智慧医疗应用场景得以下沉至偏远地区，努力实现“科技向善”。联合国正在制定的《全球数字契约》也将人工智能列为创造数字未来的七个议题之一。

第二节　国内外研究现状

国内人工智能大模型研发和应用领域也迎来高速发展的热潮。如复旦大学的 MOSS 大模型、百度公司开发的“文心一言”、阿里的大模型“通义听悟”（简称“小悟”）、科大讯飞的星火大模型等，都是这一领域的杰出代表。国内关于人工智能赋能公益慈善健康发展的研究仍在进行中，但不可否认的是，人工智能赋能公益慈善能够推动传统公益性组织变革，畅通数据共享和信息传递通道，为搭建数字公益慈善平台提供基础支撑，将成为推动社会文明建设进步的新手段、新动能和新趋势。

一、国内研究现状

“指尖公益”随信息化时代发展不断进行数字化转型。郭爱军（2022）提出在第三次分配推动共同富裕的时代际遇下，国内大型公益平台亟须向数字化转型，利用数字空间的信息扩散与集成功能放大社会公益效果。李卫华（2017）提出公益慈善的公益性，决定了公众有权获知各种公益慈善信息。王丽荣（2020）提出运用区块链技术构建防篡改的信息查询体系，形成良性数据互通模式，形成公益慈善的新服务模式，实现最大程度的公众参与和社会监督。初广志（2019）提出公益慈善数字音频平台的宣传可依托细分化、互动性的优势，在扩大公益广告覆盖面的同时，鼓励受众的积极参与，增强态度和行为层面的效果。中国互联网发展基金会秘书长杨春艳（2020）表示：区块链技术赋予信息公开透明和可追溯的特性。区块链技术与公益慈善相结合，使得公益慈善更透明，使执行过程更加便捷高效，让公益项目更具持续性。区块链技术赋能传统公益慈善事业，激发出更多善念和潜能，让亿万人共享互联网发展成果。通过技术应用调动社会全员力量参与公益慈善，不断提高公益慈善的主动性、普及性、精准性和协同性，进而将公益慈善同共同富裕深度衔接（郭爱军，2022）。

二、国外研究现状

国外人工智能赋能“指尖公益”模式的研究主要集中在改善资源分配效率和加强公益性支出方面，而对盈利绩效的研究局限于传统型、愿景型模式，且大多局限于外部因素，如金融管理、税收政策及投资策略等因素。关于数字化公益转型的研究，国外“指尖公益”重在改进管理和考核机制以及考虑如何有效实现数字化过程等，但对于利润管理的研究仍有待深入，而且国外研究主要局限于愿景型模式。此外，现有的研究也没有考虑协作性质的数字公益项目，如慈善机构间的合作等。同时，国外绝大多数研究立足于从全球视角、多元化视角反思社会主体的公益责任。

三、人工智能赋能“指尖公益”的研究意义

1. 理论意义

有助于拓宽人工智能与“指尖公益”结合的研究视角。新一代人工智能产品赋能公益的研究中会进一步丰富人工智能领域的相关理论文献，拓展研究的广度和深度。

有助于延伸和加强对人工智能应用于“指尖公益”的认识。从而对新一代人工智能在公益慈善领域的产业发展提供有益启发和思考，积极迎接和布局人工智能时代。

2. 现实意义

帮助“指尖公益”组织减负增效。人工智能赋能对“指尖公益”的制度建设、运作机制和组织结构等提出了新的要求和目标，能够实现公益链的完整公开和有效监督。人工智能的赋能，让起步较晚的“指尖公益”组织在影响力和创新性上有了弯道超车的可能。

推动“指尖公益”转型升级。人工智能推动“指尖公益”的转型升级，降低公益参与的门槛，并连接政府、媒体、公益机构、企业、明星、网友等多方资源，共同搭建救助体系；并拓宽其工作的多元化投入机制，可以加快实现数字货币捐款、公益积分服务、信用认证机制等创新公益慈善领域管理手段，提高公益行业的管理水平，增强社会大众对公益慈善的信任度和满意度。一些科技公司利用人工智能技术，创造性地为很多之前难以通过传统方式解决的社会痛点问题提供了技术解决方案，例如失踪儿童的打拐、问题疫苗的筛查等，这些模式在全球都具有领先地位。人工智能赋能公益，在改善和调整收入分配格局、优化资源配置、缩小收入差距、促进公平正义、推动实现共同富裕等方面能更好地发挥公益慈善的突出作用。

“指尖公益”倒逼人工智能持续创新。从供给端来看，人工智能技术将影响“指尖公益”资源配置方式，推动慈善事业向数字化和智能化转变。从需求端来看，人工智能聚焦于组织、项目与技术的需求，使“指尖公益”载体场景化、交互互动化，同时催生出新的慈善数字化模式。人工

智能技术在社会公益中被大量应用，对“指尖公益”的裂变产生正向的作用。通过人工智能赋能“指尖公益”的应用模式的创新，能够为“指尖公益”的应用及推广管理提供一定程度的借鉴，同时通过市场需求刺激倒逼我国人工智能持续创新，为人工智能未来发展制订更科学的规划。

第三节　人工智能赋能“指尖公益”的功能与优势

国务院印发的《新一代人工智能发展规划》中提出了我国对人工智能发展的战略规划，明确指出，要抓住人工智能发展的重大历史机遇。与传统技术相比，人工智能具有“大数据”“大算力”“大算法”“人智化”等特征。公益慈善作为第三次分配的重要手段，引发社会广泛关注。然而，以往对“指尖公益”的相关研究大多停留在实体层面，对人工智能等资源发掘不够，本研究试图将人工智能与“指尖公益”的发展结合起来，弥补目前相关领域的研究空白。

一、资源层面

1. 提升人工智能素养

人工智能在平台上提供广泛的国内外公益知识，回答公众关于“指尖公益”的问题，提供相关信息和指导。这有助于提高公众对“指尖公益”的认知和理解，促进公益意识的普及。在促进科技创新、大力弘扬科学精神的大部队中，人工智能首先作出了赋能少儿成长的新尝试。2023 年 5 月 20 日，CCF 郑州（中国计算机学会郑州会员活动中心）在科技馆成功举办题为“初识 GPT：从 GPT 看人工智能带来的‘智’变生活”的科普公益报告，在强调它对我们生活智能化变革的同时，提出了要引导孩子们保持好奇心和创造力，做终身学习者。① 2023 年 8 月 8 日下午，由上海市慈善基金会嘉定区代表处主办，知璇文化传媒（上海）有限公司承办的“科技

① 中国计算机学会 .5 月 20 日 CCF 郑州在科技馆成功举办“初识 GPT”科普公益报告［EB/OL］.（2023-05-23）［2023-10-10］. https://test2. ccf. org. cn/Member_ Activities/2023-05-23/791786. shtml.

汇智·AI助力”人工智能机器人搭建与编程活动在慈善服务综合体开展，活动以ChatGPT为引导，向孩子们科普公益与科技知识。[①] 人工智能与编程教育科普不仅有利于帮助学生树立正确的科技观念，而且提升了他们的人工智能素养，这是培养学生成为人工智能无法替代的未来人才的重要方式之一。

人工智能在研发者的训练下，还化身为各行各业的专家组，可以在任意时间和地点免费帮用户解决一些比较专业的问题。在平台Ask Experts AI上，用户可以找到搜索引擎专家、网络安全专家、商业顾问、数据分析师、软件开发员、心理学家等。当你询问公益领域的专业问题时，人工智能专家组可以提供详细的数据和建议。这也是未来人工智能发展极具潜力的方向。[②]

2. 大数据分析

人工智能可以同时处理大量的“指尖公益”项目数据，并进行分析，即大数据分析。人工智能的大数据分析，有助于“指尖公益”组织和平台了解公众的需求和行为模式，优化项目设计和资源分配，提高公益活动的效果和影响力。通过大数据分析，公益组织可以在一定程度上预知未来可能会发生的事，进而获取更优化的决策。早在2009年全球首次出现H1N1流感、人群中出现大规模流感症状时，美国疾病控制与预防中心（CDC）才开始重视，而谷歌因其搜索引擎中关于流感症状的搜索量增多，关注流感的时间比CDC足足早了几周。若CDC能够较早地预测到大流行疾病的发生，也许会在很大程度上减轻流感的程度和规模。由此可见大数据分析在助力医疗防护中的重要性。

此外，人工智能还能帮助“指尖公益”组织分析捐赠者的数据，构建捐赠者人群画像，了解哪些人更可能成为捐赠者。在数据分析的基础上，

① 上海市慈善基金会嘉定区代表处．嘉定慈善义工团开展少儿AI人工智能机器人搭建与编程活动［EB/OL］．（2023-08-09）［2023-10-10］．https：//www. scf. org. cn/csjjh/n3421/n3778/n3779/n3800/u1ai295544. html.

② 未来百科．Ask Experts AI［EB/OL］．（2023-09-01）［2023-09-01］．https：//nav. 6aiq. com/sites/1681746656845. html.

人工智能可以使用机器学习算法，如回归模型、决策树、随机森林、神经网络等，在大量的数据集上进行训练和优化，从而构建预测模型，获取未来的趋势和预测结果，并输出相应的分析报告和预测图表。人工智能还可以提供大量在线的知识和信息资源，在为用户和成员科普大量公益知识的同时，帮助“指尖公益”平台快速获取所需的相关数据和背景知识，提供决策支持。

在推进“指尖公益”发展的同时，人工智能公共服务平台也是城市的科技软实力的体现。根据互联网数据中心发布的《2022—2023 中国人工智能计算力发展评估报告》，成都人工智能运用水平在全国排名第六，已形成相对固定的人工智能应用生态，在模型数据参数、算力资源方面形成成都人工智能的优势。在人工智能的赋能下，成都发挥自身优势，形成了强大的数字底座，打造了完备的算力基础设施，在人工智能公共服务平台方面，成都在全国首创公共数据授权运营机制，在工业和信息化部公布的“2021 年产业技术基础公共服务平台——面向人工智能创新应用先导区的应用场景公共服务平台建设项目”中，以全国第二的优异评分中标。

3. 翻译与跨文化交流

人工智能能灵活地进行多种语言翻译，促进“指尖公益”的跨文化交流和理解；在国际性的公益慈善活动中，可以帮助不同语言和文化背景的人们更好地参与和合作，利用其语言处理服务赋能“指尖公益”，提高自身服务质量和效率，促进公益宣传。人工智能在语言方面的优势首先体现在它使用机器学习和自然语言处理技术来实现自动翻译，这使得翻译变得更加快速、便捷、准确，减少了人工翻译的成本和时间；其次可以根据不同用户的需求和偏好进行定制化翻译，提高翻译的质量和用户体验，实现个性化的翻译；再次，人工智能可以帮助企业与公益客户进行更加智能化、交互式的沟通，提升“指尖公益”客户满意度和忠诚度，增强与用户的互动；此外，它还使得不同语言和公益文化之间的沟通和交流变得更加容易，促进了全球化和跨文化公益交流；最后，人工智能自身能够通过技术革新和创新，推动语言服务业向更加智能化、高效化和创新化方向发展。

国家“十四五”规划提出，要建立全国统一的慈善大数据平台，促进慈善捐赠和救助数据共享，助力和推动全行业数字化建设。相关政策利好不断，相关法规不断完备，① 给人工智能赋能公益慈善发展提供了保障。此外，随着互联网的升级迭代，大数据、ChatGPT 等人工智能数字技术的不断发展，每个人都成为数智时代的参与者、受益者和创造者，这也是互联网企业履行社会责任的重要体现。2022 年，同济大学人工智能语言研究院、Trans On 等共同发起“语言大白”志愿者行动，为助力防疫工作提供语言支持、关注公共应急状态下外籍人士等在华现状，建立防疫工作期间工作人员的语言沟通绿色通道。Trans On 用语言的力量践行社会责任，以“云+同传”语言服务为公益赋能，通过与政企、高校、组织社会各方的协同跨界合作，建立起多语言互联网公益平台响应体系。通过线上智能平台、自动匹配派单系统、志愿者服务系统等一系列数字化工具和机制，提高公益服务供给能力和效率，覆盖更多“指尖公益”项目人群。②“云+同传”语言服务模式也同样适用于 ChatGPT，成为“指尖公益”活动中的“语言帮手”，在提供便捷的云端多语种即时应急翻译服务的同时拓宽了服务的行业和领域，为“指尖公益”活动中有语言沟通需求的人免费提供解决方案。

二、技术层面

1. 综合“云+网+端”生态优势

人工智能依托于云计算、大数据、物联网、移动终端等构建的“云+网+端”生态，在“PPO 算法”的强力支撑下，人工智能大模型通过自动抓取、精确识别、自动分类和高度模拟系统，能够对海量信息进行归类和整理。它深度的语言交互能力、高效的信息驱动能力以及精密的算法运行

① 中国日报.《中国数字公益发展研究报告（2022）》重磅发布，Trans on 与阿里等企业入选［EB/OL］.（2022-09-20）［2023-10-10］. http://cn.chinadaily.com.cn/a/202209/20/WS63298330a310817f312eef97.html.

② 中国日报.《中国数字公益发展研究报告（2022）》重磅发布，Trans on 与阿里等企业入选［EB/OL］.（2022-09-20）［2023-10-10］. http://cn.chinadaily.com.cn/a/202209/20/WS63298330a310817f312eef97.html.

能力，可以充分满足公益慈善行业的数字化要求。首先，精准化的公益需求捕获。人工智能低门槛、多元化、智能化的优势，强大的语言算法系统，能够让人工智能模型全方位了解“指尖公益”客户的不同年龄阶段、不同能力阶段的需求。基于简单的问答和指令系统，能够较好地弥补数字鸿沟，使老年人、低教育水平等群体得到帮助。精准化的需求捕捉同时能使得救助更加精准化。另外，精准化的需求捕捉也能极大地降低公益组织汇总和汇报的成本，有利于组织进行更好的决策及内部管理调整。其次，提高公益行业监管精准度。在内部监管方面，在“指尖公益”组织绩效考核自动评分体系方面，人工智能技术可以对服务工作相关的历史数据和案例进行自主学习并挖掘出相应的行为特征，基于这些特征建立相应的评分模型，形成一套服务绩效考核自动评分体系，从而实现对服务绩效指标的准确量化和评估、反馈，对服务工作进行智能监管。同时，它还使得组织能及时发现和纠正服务与绩效管理中的问题，从而提高监管的科学性和精准度。在外部监管方面，人工智能技术可以与公众实时共享公益项目进度，提升“指尖公益”组织透明度与社会公信力。最后，风险预警提前。人工智能技术根据现有数据库建立风险数据模型，可以通过实时监测数据关键指标的变化趋势，提前发现、预警和应对各种风险及突发事件，为“指尖公益”组织提前做好风险预案。

2. 提升公益活动的效率和质量

人工智能超强的文本分析能力和内容自主生成能力，完全可以胜任公益组织内部会计、财务分析和审计等程式化和模块化的工作。同时人工智能超强的数据分析和预测的能力可以在一定程度上解决公益组织内部标准不一、信息通用性差等影响组织协作的问题，精减组织机构，促进公益组织间信息流通和合作，提升公益组织管理的效率和效益，实现针对“指尖公益”组织反馈信息学习的大规模预训练语言模型。

人工智能具备自然语言处理和理解的能力，它可以通过与志愿者、受助者或捐助者进行对话，帮助解答问题、提供建议和支持，提升“指尖公益”活动的效率和质量，减轻公益组织的负担。因此，在技术层面，人工智能大模型可以被理解为“聊天生成器”。提供智能客服机器人等产品的服务商“快商通”的联合创始人李稀敏曾对ChatGPT进行了一次智能客服的试验，他先用一个长句告诉ChatGPT是牙科客服，目标是要获得顾客的电话号码。它很快进入角色，先安抚顾客，并适当地给出了需要对方联系方式的原因，逻辑清晰。顾客的问题中包含了复杂的意图，从它的回答来看，准确地理解了所有意图。这和以前的NLP（自然语言处理）技术相比，是一个很大的突破：传统人机对话技术需要使用十多个单功能自然语言处理模块组装构建机器人，而对于ChatGPT只需要一个角色扮演的命令，加少量的信息设定，即可完成相同的任务。①

3. 增加“指尖公益”的国际化应用场景

过去5年，人工智能与各行各业加速融合，在很多场景释放价值。人工智能大模型本身蕴含了大量泛知识内容，能够以更灵活的回答应对各种公益情况。人工智能还能带来使用体验上的升级，不同于传统机器人千篇一律的回答，人工智能大模型面对同一个问题可以生成不同风格的对话内容，同时也能够基于用户的个人信息和历史交互，提供更个性化的回答。此外，人工智能的知识存储能力也将对现有的知识图谱生态造成冲击。例如：ChatGPT能大跨度地进行多轮对话，随意切换聊天主题，这也突破了传统人机对话系统对话管理能力的天花板。此外，技术提升也增加了人工智能赋能公益的应用场景，比如ChatGPT的翻译能力可以支持跨语言的客服服务，在公益组织的国际化场景上很有潜力。例如，以ChatGPT、Sora等为代表的人工智能产品在国际中文教育的口语测评方面的应用价值十分巨大，有望构建“基于交互能力”的语言测评新模式，进而实现未来国际中文教育中汉语测评的革命性突破。

人工智能所具有的“多轮会话”能力，助力中文走向全球，为语言测评带来了机遇。人工智能大模型能够进行多次话语转换并保持对前几轮会话的“记忆”，展现出更拟人的会话模式，其会话内容可有效反映使用者的口语水平和交际能力。如果将现有的语音合成（Text to Speech）和语音

① 深燃 . ChatGPT再出“王炸”，客服都要下岗了？［EB/OL］.（2023-03-04）［2023-10-10］. https：//www. tmtpost. com/6435810. html.

识别技术（Automatic Speech Recognition）与ChatGPT相结合，便可得到语音版的ChatGPT。在国际中文教育中，便可运用连续性人机智能会话实现口语测评的目的。同时，新版GPT-4基于原先的图像处理能力，辅以数字虚拟人技术（Digital Human），将实现动态的人机视觉对话，带给用户更真实的语言交流和情感互动。如此一来，基于交互能力的TestGPT便不再遥远，第二语言学习者也可轻松获得机器“语伴”，有效解决外语习得环境匮乏等问题。据统计，目前已有70多个国家将国际中文教育纳入本国国民教育体系，汉语教师缺口较大，未来如果TestGPT得以问世，将进一步推动国际中文教育的工程化进程。人工智能应用在汉语口语交互能力的国际化场景上，将是对中文走向世界的一次新的巨大助力。

三、推广层面

1. 自身条件

人工智能已产生一些非常成功的从技术研发到工程化，再到点燃大众对“指尖公益”热情的经典案例。它的应用和推广离不开公益初心、组织文化、反馈机制、项目策划等因素。例如当前，ChatGPT与云计算、大数据等技术的融合不断深入，围绕着数据处理、模型训练、部署运营和安全监测等各环节的工具链不断丰富，这也使得人工智能研发管理体系日益完善。

（1）公益初心。ChatGPT的开发公司OpenAI从致力于学术研究的小型非营利性实验室起家，一直承诺公开所有研究，将所有技术开源。这些对透明度的承诺充分体现在公司的名称OpenAI中。时至今日，OpenAI依旧秉持着崇高的创立原则，例如保护人类文明，防范不受限制的人工智能所带来的威胁等。在不断投入研发的过程中，开发者并没有改变创立ChatGPT的公益初衷。① ChatGPT当前虽然成为OpenAI吸引客户的重要工具，帮助改善OpenAI严重亏损的状态，但ChatGPT仍肩负着“确保创建和采

① 天府对冲基金学会.ChatGPT背后，是硅谷“黑帮”支持的公益事业［EB/OL］.（2023-02-20）［2023-10-10］.https：//mp.weixin.qq.com/s/sbus-e9pfIEzlXl1Ez-9ew.

用安全有益的通用人工智能，造福全人类”的使命。这一使命也与“指尖公益”的慈善宗旨相契合。

（2）组织文化。OpenAI 等人工智能公司吸引了一大批高水平的人才，在没有任何商业 KPI 的情况下心无旁骛地开展研发工作，最终取得了重大的突破。ChatGPT 利用自己的内容生成能力创作有趣、有影响力的故事和内容，吸引更多人关注和参与公益事业。ChatGPT 的开发公司 OpenAI 将“人工智能对人类是安全的”作为核心，投入两年时间研究如何确保最先进的机器学习系统不会失控。在成立 OpenAI 之初，OpenAI 团队 Elon Musk、Sam Altman 提出的愿景是：OpenAI 构建安全的人工智能以造福人类。Sam Altman 也曾经表示，OpenAI 的目标是建立“人工智能的安全性、透明性和可控性”，并将 AI 技术带给大众。①

OpenAI 致力于为大众提供人工智能技术，消除他们创造、完成新任务的障碍，并推动人类解决他们真正感兴趣的问题。Sam Altman 说，“所有真正可持续的经济增长都来自技术进步，而社会政治管理和文化可以帮助我们实现技术进步。因此，我们正在推进如何去帮助剩下的人，未来我们的技术还会更进一步，我相信技术是提升每个人生活质量的关键”。②

（3）反馈机制。通过公益组织和用户的使用，人工智能大模型可以获得用户对于模型优劣和使用体验的反馈，形成模型使用到体验反馈的闭环，从而进一步优化模型。此外，在 ChatGPT 诞生之前，OpenAI 曾不惜花大力气启动奖励机制来加强用户反馈，甚至还组织专门的反馈竞赛，鼓励用户针对回答中的风险危害、新颖程度等方面给予反馈，参赛者有机会赢取 500 美元的 API 积分，并可兑换相应奖品。人工智能完善的反馈机制也是促进其应用于“指尖公益”的重要因素之一。

例如：ChatGPT 技术处理用户反馈的首要任务是理解用户的意见和建议。ChatGPT 在设计上通过多种方式收集用户反馈。这种反馈可以是对 ChatGPT 回答的评价，譬如有多少答案是正确的、是否有对话逻辑错误等。

---

① 中国企业家杂志 . OpenAI 创始人：“我们的愿景是 AGI 对全人类有益”［EB/OL］.（2023-08-05）［2023-10-10］. https：//www. sohu. com/a/709211272_ 121681595.

② 同①.

在收集这些反馈之后，ChatGPT技术利用机器学习算法来处理，并将其纳入模型的训练中。这意味着OpenAI团队会根据用户的反馈信息对ChatGPT进行修正和优化，以提高其回答的准确性和内容质量。通过类似的反馈方式，人工智能大模型可以不断学习和成长，使用户的体验得到持续改善。

（4）项目策划。在“指尖公益”项目策划上，我们可以用人工智能大模型进行各种工作并构建各种场景，方法独特而有用。例如，ChatGPT可以生成多种语言的项目，可以适应不同的风格和语气，可以处理多个主题和领域，并且可以过滤掉不恰当或有害的内容。首先，ChatGPT与公众的积极互动是“指尖公益”项目设计的一个成功示范。ChatGPT在平台上的问答和多轮对话形式，很好地激发了大众对“指尖公益”活动的热情和创造力，大家基于各自感兴趣的话题自由发挥，或幽默搞笑或严肃认真，可以使一场公益活动在朋友圈和媒体上屡屡刷屏。GPT-3出色的写新闻、写诗歌、翻译、编代码等能力，在社会上产生了热议和讨论。这种很好地与公众互动的项目设计策略，很值得我们学习。包括之前AlphaGo的围棋大战、DeepMind破解蛋白质折叠结构难题，都是很好的议题任务设置。①

利用Sora、文心一言、ChatGPT等人工智能大模型策划的“指类公益”项目方案，可以极大地提高日常工作效率，帮助项目团队在制定众筹项目前进行更深入的市场研究，了解目标受众的需求和偏好，帮助团队制订更为精准的营销策略和众筹计划，更是优秀的语言润色工具。ChatGPT可以准确识别支持者的需求和问题，并快速作出回应，提高与支持者的沟通效率和满意度。②

2. 创意内容生成

Sora、文心一言、ChatGPT等人工智能大模型的强大的语言生成系统（含知识库）可以生成各类“指尖公益”项目文本，包括新闻稿、社交媒体帖子、募款文案等，这些都可以大大提高“指尖公益”组织的内容生产

---

① 王强．十个有关ChatGPT的基本问答［EB/OL］．（2023-02-10）［2023-10-10］．https：//mp. weixin. qq. com/s/P-_ wN0nL6d-wYH-kA4hWSw.

② Gadget Labs. 如何利用ChatGPT支持海外众筹？［EB/OL］．（2023-03-18）［2023-10-10］．https：//mp. weixin. qq. com/s/BD53kfQqPZyZ83TB_ 1Dwlg.

效率，同时保证内容的质量和一致性。“艺术创作和艺术推广”也是人工智能大模型的特色内容，具备灵活推进“指尖公益”平台的大规模宣传的能力。2023 年，ChatGPT 3.5 升级为 ChatGPT4.0，最大的变化是支持图片的输入和分析，拥有更强的推理能力，支持更加复杂的指令，并更加具有创造性。人工智能给艺术带来的冲击 2018 年已初露端倪。一幅名为 Edmond Belamy 的人工智能画作，基于 GAN 算法创作，收集了来自 14 世纪至 20 世纪期间多达 1.5 万幅肖像画的数据，最后在慈善拍卖会上以高达 43.2 万美元的价格售出。

当下的一些“指尖公益”项目缺少的就是具有强烈艺术感染力的宣传，而人工智能大模型在创作影视脚本以及创作影视作品上展现了较强能力。Sora 能够根据已有的剧本、台词等，根据用户的需要快速写出一个视频的脚本，或者直接做出一个视频。优秀的公益宣传能够使观看者留下深刻的印象，不仅能够增加获得公益慈善投资的概率，而且能够通过人传人从而获得更大的知名度。我们要正视人工智能艺术创作的事实，接纳 AI 的艺术创作，这不仅能够给我们带来更多的艺术创作灵感，而且对于未来“指尖公益”平台的大规模宣传也是非常有必要的。

四、设计层面

1. 个性化定制

人工智能大模型可以通过对“指尖公益”用户的需求和偏好进行分析，为用户提供更具针对性的建议和信息，它的设计实现了对用户的友好感和个性化定制，能增强用户的参与感和满意度。除了生成内容的丰富性，与搜索引擎相比，人工智能大模型在“指尖公益”产品设计层面还具有许多功效与优势。首先是互动性，人工智能大模型通过对话的方式与公益用户进行实时的互动。相比于搜索引擎的静态搜索结果，可以提供更加个性化、实时的回答和建议，更能满足“指尖公益”用户的多样化需求，并且还可以用它来创建创意性的和有趣的内容，如诗歌、歌词、笑话等。另外，人工智能大模型能够进行上下文理解，并根据对话的进行作出相应的回应，不是简单提取关键词而是生成更准确而有深度的内容。

例如ChatGPT与医疗界融合的“指尖公益”产品定制让稀缺的医疗资源唾手可得。2023年4月28日，医联App宣布成功研制出基于Transformer架构的国内首款医疗大语言模型——MedGPT，并在2023年5月25日正式发布。医联MedGPT首次突破了AI医生无法与真实患者连续自由对话的难点，并在医疗问诊场景中支持多模态的输入和输出，在疾病的预防、诊断、治疗、康复4个重要环节全面实现智能化。随后，MedGPT的开发人之一举办了一场MedGPT医生与三甲医院主治医生的PK。比赛中，MedGPT医生和真人医生共同接诊了120多名患者，由来自顶尖医院的7位专家教授担任裁判，最终，真人医生获得了7.5分，而MedGPT医生获得了7.2分。[①] 有专家表示，在知识储备上，MedGPT医生可能已经超过了一些经验不太丰富的医生。虽然MedGPT会给医生这一行业带来巨大的冲击，但MedGPT旨在给公益医疗带来新的可能。这位开发者同时创办了一个AI社群，旨在通过这一平台为患者提供相互支持和帮助。

2. 情感交流与鼓励

人工智能大模型能够提供教育与启发，给予“指尖公益”用户所需的情感价值，进行情感交流和鼓励。它可以通过对话的方式传递知识、提供教育资源，帮助公众更好地理解公益慈善事业的重要性和影响力，激发公众的关注和参与。如果用户的身份是公益慈善的策划和执行者，他也能够从人工智能大模型中得到多领域知识。在情感交流上，人工智能大模型甚至能够给予“指尖公益”策划者创新的思路，不断改进和优化“指尖公益”项目的设计和执行；这些都有助于提高项目的可持续性和效果。由于大模型兼具可扩展性、可持续性、个性化等特征，既能够与时俱进、服务公众，又能够助力公益组织，有望成为推广“指尖公益”平台的有力工具，对“指尖公益”行业极具创新性和影响力。例如，毕业于英国格拉斯哥大学临床心理学的Jill Dunbar博士与ChatGPT展开了一场关于情感交流和咨询的试验，模拟来访者分别向ChatGPT和咨询师寻求心理咨询。最后

① 封面新闻．与三甲医院医生诊断医学一致性达到96%，医联MedGPT通过首次公开大考［EB/OL］．（2023-07-03）［2023-10-10］．https：//baijiahao.baidu.com/s?id=1770370948410438863&wfr=spider&for=pc.

Dunbar 对 ChatGPT 的回答作出的评价是：ChatGPT 提供的信息适用于寻求基本建议和策略的人，它可以帮助需要实用信息的人，也让更多人接触到这种创新的心理咨询。另一名咨询师也对 ChatGPT 进行了测试，它在情感交流中的表现也得到了部分认可。①

综上，人工智能大模型可以作为一种信息源，帮助公众了解到更多关于“指尖公益”的有效信息，提供个性化的情绪价值和公益资源。虽然人工智能大模型无法替代公益咨询师，但它其实已经在咨询行业悄悄立足。有相关平台已在人工智能赋能咨询领域作了不少探索。现阶段人工智能大模型作为辅助“指尖公益”活动的工具，能够进一步提高“指尖公益”活动咨询的质量和效率。与此同时，标准化的服务体系也为模型训练提供了较为高质的数据。这部分模型也将对提高公益咨询师的胜任力有所帮助，可以让咨询师提供更优质和专业的服务，也将为公益咨询师提高 1~2 倍的工作效率。

第四节 人工智能赋能“指尖公益”的风险与挑战

一、误导性回答

人工智能的发展虽然引起了广泛关注，但是仍有一些研究揭示了这些 AI 模型在应用中存在不可靠的问题。美国哈佛医学院附属的布里格姆妇女医院的研究人员发现，ChatGPT 在生成癌症治疗方案时存在着明显的错误和混淆。曾有研究表明，ChatGPT 生成的治疗方案中约有三分之一的回答包含错误信息。更令人担忧的是，ChatGPT 有时将正确和错误的信息混合在一起，这给专家识别错误带来了很大的困难。这对于医疗领域来说是一个关键的安全问题，因为错误的医疗建议可能对患者的生命造成重大威

① 半学究心理. ChatGPT VS 心理咨询师，谁更胜一筹？韩国权威媒体给出评论［EB/OL］.（2023-02-10）［2023-10-10］. https://baijiahao.baidu.com/s?id=1757415148951073557&wfr=spider&for=pc.

胁。① 同样，在“指尖公益”领域也会面临同样的问题，尽管人工智能在推出后获得了巨大的成功和用户关注，但这项研究提醒我们，生成式人工智能模型还不是那么可靠。尽管人工智能在各个领域展示出巨大潜力，但在赋能公益慈善中的准确性和可靠性尚待进一步提高。只有通过不断的研究和改进，才能确保这些技术在提供公益服务方面的质量和安全性。

由于人工智能大模型是基于大量的训练数据生成的回答，会在某些情况下提供不准确或误导性的信息，甚至对公益慈善活动产生负面影响。例如，现在的ChatGPT本质上只是对大规模语料库的概率建模，并没有超脱现有深度学习算法的局限性。超大的规模让ChatGPT似乎涌现了某种智能，但仔细使用，你会发现它会犯很多事实性错误、逻辑错误，前后不一致。它的推理能力很有限，需要人工给予很好的提示，而且会有很多不符合道德规范的回答。因而，ChatGPT在短期内不会替代搜索引擎。长期来看，有可能通过交叉融合，形成新型的搜索引擎。目前，ChatGPT给出的答案参差不齐，尽管它可以给出很多问题的简要答案，甚至能写一篇符合初级规划师水平的产业规划报告，但也不可避免地经常出现“一本正经地胡说八道”的情况，这使得其置信度还需进一步提升。所以，真正超越人类智慧的人工智能，短期内还实现不了。不过对人工智能应用的伦理法律规范必须高度重视。这不是因为当前的人工智能破坏性强，而是因为它的滥用可能带来很多社会问题，不分良莠的信息会对人类社会造成冲击。

二、社会伦理问题

1. 缺乏情感和同理心

尽管人工智能大模型可以模拟对话、文本，但它缺乏人所特有的真实的情感和同理心，在一定程度上影响公益用户的情感连接和公益参与度。人工智能大模型也面临人工智能长期以来面临的问题，如歧视等伦理问题，被滥用于电信网络诈骗、伪造身份等安全问题，以及知识产权问题。

---

① IT之家．研究：ChatGPT给出的癌症治疗方案充满错误信息［EB/OL］．（2023-08-27）［2023-10-10］．https：//baijiahao. baidu. com/s？id=1775341953480718258&wfr=spider&for=pc.

最近，OpenAI 表示，正考虑在 ChatGPT 中添加模型水印，即检测模型可以识别的特殊标记，以降低模型滥用的问题。

战“疫”时期，美国饮食失调协会，即美国最大的为饮食失调群体提供服务的非营利组织，为了解决求助需求激增、员工和志愿者人手不足的问题，其领导层推出了人工智能聊天机器人 Tessa，并随后解聘了热线上的工作人员。[①] 而这一“机器替代人”的做法，有可能产生严重的负面后果。首先，聊天机器人本身无法感知求助者所经历痛苦的细微差别，也无法为求助者提供急需的共情关怀。在常见的支持性咨询场景中，求助者的肢体语言和语调是很重要的观察指标，然而，依赖文本互动的聊天机器人还无法捕捉并理解此类非语言的沟通形式。其次，聊天机器人和其他人工智能技术，仍需要针对人类互动及偏见进行更精细的设计和测试，以降低实际运行中可能产生的风险。虽然使用聊天机器人提供咨询服务看似可行，但这并不意味着该聊天机器人经过了精心设计或充分测试。最后，采用人工智能技术绝不能成为管理层的一个裁员借口。人类专注于深度活动，而机器人执行重复性任务，缺乏情感和同理心。[②]

2. 应用失范

所谓“技术的中立”，永远无法保证对应行为的合法性，更不用说实现科技的伦理“善”。[③] 例如 ChatGPT 在同作为法律主体的受众个体及该个体的行为发生关联时，由于算法偏见的存在以及程序模块背后可能的资本裹挟，极易导致网络炒作（虚假高人气）、侵犯网络隐私、恶意发帖跟评、制造垃圾邮件、编写恶意软件、实施不正当的商业营销等一系列社会副作用的发生。现实应用中，ChatGPT 在减轻互联网群组负责人工作量和实现技术赋能的同时，也引发了一系列网络乱象。譬如某明星微博取得 1 亿转发量的幕后推手便是利用了社交机器人来制造流量和控制娱乐风向。同

---

① 站长之家（ChinaZ. com）. 美国饮食失调协会解雇所有员工，并用 AI 聊天机器人取代 [EB/OL]．(2023-05-29) [2023-10-10]．https：//www. sohu. com/a/680003168_ 114774.

② 艾莉森·费恩，贝丝·坎特．公益慈善组织如何使用 ChatGPT？[EB/OL]．(2023-07-29) [2023-10-10]．https：//mp. weixin. qq. com/s/A4F2aUr0RY42exMAeGBOtg.

③ 龙柯宇．生成式人工智能应用失范的法律规制研究——以 ChatGPT 和社交机器人为视角 [J]．东方法学，2023 (4)：44-55.

样，在社交机器人的帮助下，Cynk 科技公司的股票从每股 0.10 美元一跃涨到了每股 20 美元，公司市值增长了近 200 倍，升至 60 亿美元。即便是在公共卫生领域，社交机器人也频频介入电子烟禁售等话题讨论中。此外，不法之徒也盯上了人工智能大模型，用其创建无代码的虚假内容，以此实施技术诈骗、恐吓、诽谤等网络犯罪。[①]

此外，人工智能大模型操作简单、可定制性强、应用场景广泛，降低了原本需要分工进行的链条式犯罪的难度，因而被黑客利用的危害性极强。2023 年 4 月，杭州市公安局网络警察分局在网上浏览巡查发现，有企业支付账号存在异常，疑似支付密钥被非法获取。警方通过大量数据分析和追踪溯源，侦破利用人工智能聊天机器人盗刷企业账户资金案，全国共有受害企业 575 家，涉案金额近千万元。经查，犯罪嫌疑人谢某利用系统漏洞非法获取相关服务器所属企业的支付密钥后，利用 ChatGPT 编写用于批量盗刷的提款程序，实施批量盗刷企业账户资金的犯罪活动。[②] 针对这样的应用失范问题，我们要防范境外人工智能聊天机器人风险，规范生成式人工智能服务开发，强化系统安全保护与软件更新。国家互联网信息办公室于 2023 年 4 月 11 日发布的《生成式人工智能服务管理办法（征求意见稿）》则明确了国家对生成式人工智能产业的支持和鼓励态度，并首次就相关监管治理给予了较为详尽的规定。基于此，有必要穿透人工智能的技术表层，将零散式的法律责任探究代之以体系化的逻辑考量，取之以科学规制路向。[③]

三、安全问题

过于强大便利的反馈交流体系如同一把双刃剑，在自回归模型提供便利的生成机制的同时，也使数据重构攻击和数据成员推断攻击成为可能。

---

① 龙柯宇．生成式人工智能应用失范的法律规制研究——以 ChatGPT 和社交机器人为视角［J］．东方法学，2023（4）：44-55.

② 中国青年报．浙江杭州警方侦破利用 ChatGPT 盗刷企业账户资金案［EB/OL］．（2023-08-24）［2023-10-10］．https：//baijiahao. baidu. com/s？ id=1775094885355474928&wfr=spider&for=pc.

③ 同①.

人工智能大模型的受捧，一度促使相关公司的股价暴涨，从而诱使一些互联网公司投入人工智能大模型产品的研发，以期借助人工智能的热度并从中分得一杯羹。但当谷歌展示其类 ChatGPT 产品时，该机器人的一个错误回答便导致谷歌公司股价瞬间暴跌。由此可见，新技术的安全可控性对科技公司的影响巨大。

除此之外，人工智能大模型还存在泄露用户隐私数据的潜在风险。人工智能大模型训练数据中存在大量的个人隐私内容，即使过滤流程中已经征询过获取信息来源用户的许可，仍然存在很多公开网络上个人信息被他人恶意曝光的数据，而这将对个人或者“指尖公益”平台造成难以估计的损失。更加致命的是，在中文认知领域，人工智能大模型很可能会混淆主体。因为人工智能大模型主要的语料和价值体系都来自西方，这导致了 AI 生成的内容不一定符合中国的价值观。有关于中国集体公益方面的问题很有可能会被理解成意识形态问题，甚至被西方国家利用来做意识形态渗透。

四、成本以及其他问题

在成本方面，人工智能大模型只有针对公益组织的个性化知识库进行详细训练，才能更好地赋能“指尖公益”。例如，国盛证券在报告《ChatGPT 需要多少算力》中提到，ChatGPT 背后的回归语言模型（GPT-3）训练一次的成本约为 140 万美元，对于一些更大的大型语言模型（LLM），训练成本介于 200 万美元至 1200 万美元之间。[①] 也就是说，在现阶段公益组织想要大规模应用 ChatGPT 将面临大额成本问题。此外，公益组织对人工智能大模型的个性化训练还需要人工智能大模型在云端开放其训练能力，并且要求公益组织将自己的知识库上传到云端做训练。但人工智能大模型训练一次的费用对公益组织来讲是一个天价，因此人工智能的公益化需要将模型裁剪到合适的规模，在合理的费用和时间内完成训练，

① 动脉网．爆火出圈，ChatGPT 在国内医疗的应用与思考［EB/OL］．（2023-02-20）［2023-10-10］．https：//baijiahao. baidu. com/s? id=1758320218497395889&wfr=spider&for=pc.

这样才能适应公益组织的需求。但裁剪的同时，又需要保留原有的问答体验。

正如学者田凤占所说，虽然 OpenAI 宣布“ChatGPT 和 Whisper 模型现已在 API 上提供”，但提供的也仅仅是应用层面的调用。如何面向公益领域提供垂直个性化的训练，且保证低成本、数据安全，依然是不可回避的问题。

第五节　人工智能赋能“指尖公益”的应用模式创新

人工智能与公益的结合，必将持续共创社会价值，跨界共建慈善新格局。人工智能将解放人们去做一些软件难以做到的事情。例如教学、照顾病人和赡养老人。社会的健康和养老负担将会减轻，而公益事业也会因此得到发展。自 2020 年 12 月 30 日启动以来，腾讯 Light · 技术公益创造营已经成功连续举办两届，吸引了超 2000 支队伍近 7000 位开发者报名参与。借助腾讯云智能开放的 300 多项 AI 原子能力，不少优秀的公益项目已经落地生根，持续帮助我们解决社会问题。腾讯 Light 技术公益创造营通过持续探索技术与公益的结合，已经打造出了包括推进公众参与中华白海豚保育的公益计划、使用 AI 技术助力新生儿黄疸诊断的“高危儿拯救计划”等一批优秀项目。[①] 在“指尖公益”组织和平台中，虽然人工智能大模型代替不了员工和志愿者，但可以协助员工进行志愿者招募和管理，同时开展线上培训，与志愿者进行对话，并为组织的运营提供有用的建议。此外，创意活动和会议的举办都可以得到人工智能大模型的帮助，它甚至能够成为“指尖公益”的筹款和宣传助手。当前，人工智能大模型在医疗、教育、生态等越来越多的公益细分领域都创新了应用模式。

---

① 上海洄澜心理咨询中心 . Light · 技术公益创造营，开营了！［EB/OL］.（2023-02-09）［2023-10-10］. https：//mp. weixin. qq. com/s? _ _ biz = MjM5OTgwNzc5Mg = = &mid = 2656720389&idx = 1&sn = 434aac4513ff5cd8e4ce281db7ae4adc&chksm = bc9b285a8beca14c037576bb3658fc14600f5bf18990ea4108d7fdd374653aca04511776f361&scene = 27.

一、医疗帮扶助力“指尖公益”

首先，人工智能大模型帮助卫生保健工作者充分利用时间，为他们处理某些任务，比如提交保险索赔、处理文书工作，以及起草医生的查房记录。在这个领域将会有很多创新。人工智能大模型甚至可以让患者自己进行基本的病情鉴定，获得处理健康问题的建议，并决定他们是否需要寻求治疗。因此人工智能可以在一定程度上扩展医疗资源，为患者提供更全面的医学知识和服务，提供更加精准、高效的医疗服务，有助于提高健康管理的效率和质量，从而更好地服务于“指尖公益”和社会发展，进一步推动健康医疗领域的数字化升级。除了帮助护理，人工智能还将大大加快医学突破的速度，预测副作用并计算出剂量水平。盖茨基金会在人工智能方面的优先事项之一是确保这些工具被用于解决影响世界上最贫困人口的健康问题，包括艾滋病、结核病和疟疾。同样，政府和慈善机构应该制定激励措施，鼓励企业分享人工智能对贫困国家人民种植作物或饲养牲畜方法的建议。人工智能可以根据当地条件，帮助开发更好的种子；根据当地的土壤和天气，为农民提供最好的选种建议；并帮助开发用于牲畜的药物和疫苗。随着极端天气和气候变化给低收入国家的自给农民带来更大的压力，这些进步将变得更加重要。①

二、智能教育服务“指尖公益”

OpenAI 联合创始人 Greg Brockman 在接受采访时说，“如果我没有创办一家 AI 公司，可能就会去开一家编程教育公司。试想一下，如果未来能够为孩子们提供一位真正了解他们的老师，愿意花时间去了解他们，知道怎样去激励他们，且这位老师全天候免费服务，这将是很棒的事情”。可汗学院（Khan Academy，一家非营利教育机构）已经开始采用最新的 GPT-4 并将其运用到课堂上，适时引导这项技术，使其成为一个有用的导师。如

① 比尔 · 盖茨 . 比尔 · 盖茨谈 ChatGPT：人工智能时代已经开始［EB/OL］.（2023-04-04）［2023-10-10］. https：//mp. weixin. qq. com/s/lDtcCH1n8_ p8LmdOzSRGPg.

果学生对它提出“帮我做作业”的要求时，它会说“不，我不能这么做”，并且还会试图去弄清楚学生对什么感兴趣以及如何真正激励他们去做更多的事情，现在 OpenAI 正在进入如何充分使用它的阶段。①

预测在未来 5~10 年，ChatGPT 驱动的软件将最终实现改革人们教学和学习方式的承诺。它会了解你的兴趣和学习风格，从而为你量身定制内容，保持你的参与度。它会衡量你的理解能力，注意你何时失去兴趣，并了解你倾向于哪种激励方式。它会给出即时反馈。ChatGPT 可以在很多方面帮助教师和管理者，包括评估学生对某一学科的理解，并就职业规划提供建议。教师已经在使用 ChatGPT 这样的工具来生成学生写作作业的评语。当然，ChatGPT 还需要大量的培训和进一步的发展，才能理解某个学生学习的最佳方式或其学习的驱动因素。

乐观主义者认为，人工智能大模型是颠覆性的创造，将大大改变人类社会的形态。指的是人工智能大模型可以改变传统的教育模式，使得课堂教学、课外辅导、考试评估等方面都发生变化。在某些情况下，它甚至可以影响教育的内容和目的。尤其是随着人工智能的进一步发展，有可能出现通过人工智能讲师来提供课程讲解的情况，这可能对传统的教育模式造成冲击。然而，这种影响和挑战是否是颠覆性的，取决于我们如何利用人工智能来改善教育。在这个方面，重要的是继续探索和发展人工智能，同时充分考虑人们的需求和期望，并确保人工智能在教育领域得到有效和合理的使用。② 当前，部分学校和“指尖公益”组织已开启人工智能改善教育的实践。2023 年 5 月 31 日，由四川职业技术学院与成都知了汇智科技有限公司联合举办的《AIGC 和 GPT 时代下，大学生就业的机遇与挑战》主题公益课堂开讲，紧密结合了人工智能和职业发展，旨在帮助学生了解人工智能技术的应用场景，并为他们提供实际操作和实践经验，为四川职业技术学院的学生提供了一次独特的学习机会。这一创新公益课程以大学

---

① 中国企业家杂志．OpenAI 创始人：我们是一个非常追求真理的组织［EB/OL］．（2023-08-06）［2023-10-10］．https：//www.163.com/dy/article/IBGBEH1Q0550ANUU.html.

② 李志民．ChatGPT 本质分析及其对教育的影响［J］．中国教育信息化，2023，29（3）：12-18.

生就业为导向，通过应用人工智能技术赋能教育，为他们打开了新的职业发展可能性。①

人工智能对家庭教育以及"指尖公益"文化也有所渗透。为帮助家长做好新时代家庭教育思想转变，明确家庭未来发展方向，创造幸福快乐的家庭环境，2023 年 4 月 16 日上午 9 点，在长沙市妇女联合会、雨花区妇女联合会指导下，雨花区家庭教育指导服务中心、雨花区妇女儿童活动中心、长沙市雨花区群英公益发展促进中心联合渡渡鸟·湖南站开展"雨润万家——雨花区家庭教育指导服务中心之'ChatGPT 时代的妈妈哲学'家庭教育公益讲座"活动。通过这一公益讲座活动向参与者解答新时代下家庭教育培养、家风家训建设等内容。20 年前，科学技术与哲学研究专家共同体就已预判，有一天，人类会拥有人工智能的完全辅助。等到这个时候，学习、教育、职业在哲学上都面临重新定义。人工智能大模型的到来，让人们开始正视这个时代的到来。②

三、生态评估激发"指尖公益"

随着全球气候变化日益严峻，实现碳达峰碳中和已成为全球社会关注的焦点。在这个挑战性的任务中，人工智能技术作为一种智能对话系统，能够发挥重要的作用。通过与用户进行对话和交互，人工智能可以增强环保意识和行动力，提供碳排放量的计算和评估，创造有趣和有益的内容，以及在其他方面帮助实现碳达峰碳中和的目标。人工智能可以通过 OpenAI App 与人类进行对话，提供有关气候变化的信息，帮助人们理解其原因和影响，由此增强人们的环保意识。人工智能能够理解用户输入的信息，并计算出相应的碳排放量。通过输入活动类型、时间、地点、人数等精确信息，人工智能可以准确计算个人或组织的碳排放量，进而提供减排的方案

① 汇智知了堂 . ChatGPT 助力大学生就业：创新技术为职业发展打开新可能［EB/OL］.（2023-06-08）［2023-10-10］. https：//www. zhiliaotang. com/dynamic/3990. html.

② 长沙群英会 . 雨润万家 | ChatGPT 时代的妈妈哲学家风家训公益讲座，助力家庭成长！［EB/OL］.（2023-04-18）［2023-10-10］. https：//mp. weixin. qq. com/s/jIe-Ox9zWsQ0HHhVVtY0lw.

和目标，如鼓励使用公共交通或购买电动汽车。通过提供这些信息和建议帮助用户认识自己的碳足迹，增强环保意识并采取相应的行动减少碳排放。除了提供科普信息和计算碳排放量，人工智能生成式模型还可以创造有趣和有益的内容，以增加人们的乐趣和幸福感，减少对物质消费的依赖。比如，它可以生成环保主题的故事、游戏、歌曲等，让人们在娱乐的同时了解环保的信息，通过这种方式激发人们对环保事业的兴趣，促使他们积极参与减排行动。

四、技术创新赋能“指尖公益”

人工智能在“指尖公益”领域有很多潜在的应用模式，可以帮助公益组织提高效率、扩大影响力并更好地服务社会。以下是一些多领域的应用模式：

1. 赋能阿里平台、云上贵州，实现“指尖公益”知识库的共建共享

人工智能生成式模型丰富的知识储备能够以绝对的理性回答问题。同时，云上贵州作为阿里巴巴主要的数据储存载体，具有巨大的容量，在云平台中植入人工智能，将进一步拓展其功能性。一方面，对阿里巴巴旗下的“指尖公益”组织而言，人工智能大模型通过对实时信息的反馈、最佳实践方法的提供以及新数据的统计，形成一个具有时效性、真实性的大型知识库，供组织工作者、志愿者参考，进而提升组织整体工作效率，优化工作路径。另一方面，对社会整体而言，人工智能也可以促进不同“指尖公益”组织之间的合作与协同，在公益慈善领域形成“人工智能+组织合作”的格局，共享资源和经验，共同解决社会问题。

2. 赋能新媒体平台，实现“指尖公益”筹款、宣传智能化

随着社交网络的不断发展，新媒体在近几年如雨后春笋般涌现，大到数字广播，小到微信公众平台，都成为宣传的主阵地。对于组织而言，人工智能将新媒体平台作为宣传载体，可以帮助“指尖公益”组织设计相关的筹款以及资料宣传活动，通过撰写新闻稿、博客文章和社交媒体内容，提高公众对慈善项目的关注度与支持度，而捐款活动的智能化也能提升公

众捐款意愿。对于个体而言，人工智能将新媒体平台作为各主体间互动的载体，可以为“指尖公益”组织创建在线社区，鼓励捐赠者、志愿者和受益者互动交流，分享经验和故事，增强彼此的联系。与新媒体平台结合，将“指尖公益”活动以大家喜闻乐见的形式融入日常生活当中。

3. 赋能公益平台“云端硬盘”，实现“指尖公益”全程管理

云端硬盘作为谷歌旗下的办公产品，是一个跨平台、跨装置的工具，可以为工作者提供一个云端工作平台，具有档案同步、团队协同合作的功能，与人工智能的理性思维互补。在“指尖公益”项目开展前期，人工智能可以协助制订项目计划、预算和时间表，在云端硬盘中将其展示出来；在项目开展过程中，云端硬盘对“指尖公益”项目进度进行实时展示，同步监控项目执行情况，及时调整项目规划，确保项目按时、按质、按量完成。在项目结案后，通过云端硬盘对项目总体推进过程的呈现，人工智能收集并分析工作者的工作数据与习惯，生成项目报告和评估结果，为后续项目的决策及人员选择提供依据。

未来，人工智能很可能改变现有“指尖公益”的交互方式，以更自然的对话方式，改变现有的工作方式和应用交互规则，推动产业发展进入新阶段，创造多样化的应用前景。人工智能未来有望在教育、医疗、广告营销、电子商务、市场和战略咨询、企业服务、编写代码等“指尖公益”服务领域，成为更为专业的人类助手，不仅可以生成内容，还可以调用各种专业能力，甚至替代部分初级的专业工作。面对人工智能赋能“指尖公益”带来的一些技术和社会伦理挑战，我们应该用结构化、系统化思维考虑更好的“人机协同发展”，用更多的好奇心、同理心、表达力和判断力，培养和提升人工智能的公益素养。

第五章 “指尖公益”社交众筹拓展公益慈善赛道

“指尖公益”使慈善捐赠不再是高净值人士的特权，而是逐渐飞入寻常百姓家。2020 年，时任民政部副部长王爱文在出席“2020 中国互联网公益峰会”时指出，互联网公益极大地丰富了公益慈善的参与渠道，创新了慈善形式，显著提高了公益慈善资源的配置效率。自疫情发生以来，“指尖公益”社交众筹平台在多次抗疫、抗洪、抗震、救灾中展现实力，体现筹资价值。对于日益成为捐赠主体的 80 后、90 后、00 后，他们接触微博、微信、抖音、小红书等指尖社交工具的时间长，喜欢在互联网上利用新媒体献爱心、做公益；适应他们接受、传播信息的习惯，具有公信力的“指尖公益”平台成为公益筹款项目和资源的聚集地。“指尖公益”社交众筹平台通过将公益项目推广至全球，让更多的人参与公益事业，成倍地放大圈子的影响力，促进共同富裕。同时，社交众筹平台也在实现公益事业的同时，创造就业机会，推动第三次收入分配。

第一节 社交众筹的意义

一、社交众筹积极践行科技向善

社交众筹为“指尖公益”践行科技向善提供了新思路和新途径。通过互联网和人工智能技术，社交众筹平台能够更好地推广公益事业，增加公益项目的曝光量和影响力，促进公益事业的发展。同时，社交众筹平台也可以帮助公益组织更好地管理和分配公益资源，提高公益事业的效率和透明度。瑞森德副总监曹亦萍表示，通过社交众筹公益项目、人际传播等，不断扩散，实现筹款，传播并逐渐形成圈子，这也是对发起人公益梦想的投资，具有创新、快乐、正能量等元素。总之，公益平台运用科技升级转型，成为慈善组织创新发展新风尚。

二、社交众筹助力国家共同富裕

共同富裕和第三次收入分配的实现，需要广泛的社会参与和支持，而社交众筹正是一种可以发挥作用的方式之一。首先，从社会福利的角度来看，社交众筹对推动社会福利事业的发展，促进资源的合理配置，减少贫富差距，实现共同富裕具有重大意义。通过社交众筹，公益项目能够提升自身的社会关注度，进而获得更好的资金物质支持。这有利于提高公益资源的利用率。其次，社交众筹通过推广公益事业和提高公众参与度，利用社交媒体和互联网技术，可以更好地传播和推广公益项目，吸引更多人广泛参与公益事业。最后，社交众筹可以提高社会公益事业的透明度，让公益事业得到有效监管，从而提高其效率和公信力。通过加强平台审核和监管，社交众筹可以提高公益项目的真实性和可信度，有效避免公益资源浪费，提高其利用率，为共同富裕和第三次收入分配提供有力支持。

三、社交众筹助力第三次收入分配

与传统公益相比，“指尖公益”社交众筹平台不局限于捐款捐物，而是深入产业链条，通过深度产业融合，调动要素资源配置，提高社会生产力，实现公益自循环。这是未来公益慈善大势所趋，也与第三次分配以及我国共同富裕的愿景相向而行。我国社交众筹平台践行第三次收入分配，走在世界前列。腾讯公益平台发起的“99 公益日”每年创新主题，不断新增以国家与社会重大关切为主题的捐赠类别，包括共同富裕、人类命运共同体、教育助学、生命救助、银发科技、碳中和、青少年体育七大主题日，以助力解决发展不平衡不充分的问题，加强对低收入、欠发达地区提供全面公益帮扶。此外，“指尖公益”社交众筹平台聚焦共同富裕、助力碳中和，更加注重对公益项目的长期运营及低收入、欠发达地区帮扶，体现了新形势下对公益项目和内容的不断升级创新，积极发挥主观能动性助力第三次收入分配，落实共同富裕理念。

第二节　社交众筹国内外研究综述

随着数字技术的发展和社交媒体的普及，社交众筹公益慈善逐渐成为一种新型的慈善模式，受到越来越多人的关注和支持。国内外纷纷对社交众筹开展研究与思考，包括：社会媒体对社交众筹活动的影响，社交众筹中的诚信问题，社交众筹的现状和发展趋势，社会福利和数字技术的互补性，社交众筹在医疗服务领域的广泛应用，等等。中西方学者从不同的角度对社交众筹进行了探讨和分析，为我们深入了解社交众筹的概念、发展、平台提供了有益参考。同时，这些研究也为社交众筹平台的建设和监管提供了一些可行的建议和方案。

一、国内研究综述

国内学者聚焦社交众筹，通过研究熟人社交的信任程度、社交媒体的作用、数字化技术、网络社交众筹平台的信任问题、“指尖公益”的创新建构和发展思路、与科技企业的合作、公益慈善事业的规范化和制度化程度等方面，提出了社交众筹发展的困境与解决方法，比如如何提高社交众筹效率和质量、如何加强对社交众筹平台的监管等。

1. 关于社交媒体的信任危机的研究

国内学者研究的切入点一般是社交媒体对社交众筹的作用，吴智兰在研究中发现，轻熟人社交对社交众筹参与行为具有显著影响①，而社交媒体也是影响社交众筹的重要因素。网络社交众筹平台存在信任危机，但是可以通过改进平台以提高用户的信任。② 金雯和孙梓琪提出了改进众筹平

① 吴智兰．轻熟人社交下慈善众筹参与行为影响因素研究［J］．大学图书情报学刊，2019，37（5）：20-26.

② 金雯，孙梓琪．网络社交众筹平台信任危机及改进对策分析［J］．现代商贸工业，2021，42（22）：104-105.

台的对策，包括提高平台透明度、加强用户隐私保护、加强风险管理等。王向阳和邢韵龄研究了基于社交网络的大病众筹信任问题，并分析了从“指尖公益”到眼前质疑的过程和机制。研究表明，信任是众筹的核心问题之一，而社交网络可以为公益慈善众筹提供一个信任的基础，从而提高众筹的成功率。①

2. 关于社交众筹数字化趋势的研究

谢琼指出，数字化是公益慈善未来发展的趋势，可以通过数字技术提高社交众筹的效率和透明度。网络社交众筹平台存在着信任危机，这主要是由于平台的信息不透明和风险难以评估所致。② 李慧敏在场景理论视域下指出，社交众筹网络平台场景因网络技术的局限性导致捐赠缺乏临场感，而基于区块链技术建设的社交众筹之元宇宙场景可以实现从第三方信任的“人治模式”转向技术信任的“技术模式”，通过塑造场景信任来推动社交众筹公益发展。③

3. 关于社交众筹发展困境的研究

张卫和张硕研究了社交众筹的新模式，分析了其中的内在逻辑、多重困境和对策。④ 贾识渝则探讨了社交众筹面临的困境及对策，认为社交众筹也面临着许多困境，如网络公益合法性缺失、网络慈善物资分配不均衡等，因此需要加强监管，提高社交众筹的透明度和规范性。⑤

4. 关于众筹平台和数字技术相互赋能的研究

臧宝瑞（2022）认为，社交众筹和数字技术可以相互赋能，以提高公

① 王向阳，邢韵龄．基于社交网络的大病众筹信任问题研究——从“指尖公益”到“眼前质疑”的过程—机制分析［J］．四川轻化工大学学报（社会科学版），2022，37（2）：53-68.

② 谢琼．公益慈善数字化的现实审视与未来发展［J］．人民论坛·学术前沿，2022，No.254（22）：86-99.

③ 李慧敏．场景理论视域下社交众筹元宇宙场景的数字力构造［J］．理论月刊，2023（4）：119-130.

④ 张卫，张硕．“互联网+慈善”新模式：内在逻辑、多重困境与对策［J］．现代经济探讨，2021，No.479（11）.

⑤ 贾识渝．“互联网+慈善”面临的困境及对策的研究［D］．武汉：华中师范大学，2018.

益慈善的效益和质量。王泽昊（2019）探讨了“指尖公益”的创新建构和发展思路，指出了其在社交众筹中的作用。李文萱研究了互联网时代下社交众筹的发展，并对此提出建议。[①] 他指出，公益慈善事业需要加强与科技企业的合作，借助科技企业的技术和资源来提高社交众筹的效率和透明度。同时，需要加强社交众筹的规范化和制度化，提高公益慈善平台的社会认可度和可持续性。

5. 关于企业社交众筹效益的影响的研究

李凯研究了互联网企业社交众筹公益实践对企业效益的影响路径。他认为，互联网企业开展营销式社交众筹活动，需要注意公益性质、企业形象和社会责任感的体现，以赢得公众的信任和支持。[②]

二、国外研究综述

国外学者主要研究社交众筹与企业发展的相互作用。不少学者对欧洲企业投资者保护法中的众筹规定进行了研究，并对其内容、影响和批评进行了分析。欧洲学者认为，企业投资者保护法的出台，既是对投资者权利的一种有效保护，又是对社交众筹发展与规范的一种推动。此外，他们还认为，企业投资者保护法的实施也可以促进企业和投资者之间的良好合作，从而实现资源共享、共同发展。

1. 对众筹发展历程的研究

（1）众筹的类型和特征

众筹方式有股权、收益、捐赠、债权等。权益式众筹是投资人付出一定的代价来换取股份，收益式众筹则是投资人在投资过程中得到一定的回报。捐赠式众筹是投资人为了某种目的或者感情上的需要而出资资助某一项目。债权式众筹是投资人将资金借给创业者，并收取一定的利息。众筹的特征包括：依托于互联网平台实现，集中投资者，减少信息不对称；降

① 李文萱．互联网时代下中国公益慈善事业的发展研究［D］．哈尔滨：哈尔滨理工大学，2022.

② 李凯．互联网企业营销式公益实践对企业效益的影响路径研究［D］．苏州：苏州大学，2020.

低成本，避免了传统的烦琐流程；能够帮助新兴企业在市场上建立声誉和品牌认知度。

（2）众筹对新兴企业的影响

众筹是一种能够帮助初创公司树立品牌形象的行销方式，在与粉丝们的交流中，企业也可以获得一些有价值的信息，比如客户的需求等。同时众筹给创业公司带来了一个崭新的融资渠道，它可以降低融资的门槛，提高创业的积极性，增加创业的信心。众筹平台为企业提供了一种开放性的创新氛围，可以吸引更多的创新资源（如人力资本）。同时，通过众筹方式，可以有效地激励创业人员的创意，也为公司提供合作与共同创新的机会。

（3）未来发展

虽然众筹已经成为当前创业企业、中小企业管理领域的热门话题，但对于众筹的研究还存在以下几个问题：对于不同类型众筹的研究不够充分，需进行更深入的探讨；对于众筹平台的选择、构建和管理等问题，需要更多实证研究支持；众筹与传统融资方式的比较研究尚不充分，有待进一步探索。因此，众筹作为一种新的创业和小企业融资方式，在未来的研究中仍具有广阔的发展前景。Crowdfunding Success through Social Media：Going Beyond Entrepreneurial Orientation in the Context of Small and Medium-sized Enterprises① 一文探讨了社交媒体对于众筹成功的影响。该文通过对30家小型和中型企业的案例研究发现，这些企业在众筹过程中通过社交媒体的宣传和互动能够更好地吸引投资者，并最终实现众筹成功。该文认为，除了企业的创业意愿和创新能力，社交媒体的运用也是众筹成功的重要因素之一。

The Regulation of Crowdfunding in the German Small Investor Protection Act：Content，Consequences，Critique，Suggestions 一文重点分析了德国

① SAHAYM A，et al. Crowdfunding Success through Social Media：Going Beyond Entrepreneurial Orientation in the Context of Small and Medium-sized Enterprises［J］. Journal of business research，(2019).

《小型投资者保护法》中有关众筹的规定。[1] 该文认为，该法案中的众筹条款相对于其他国家的法规来说还是比较保守的。同时指出，虽然该法案中对众筹平台的监管要求十分严格，但并没有提供更多的对投资者的保护措施，这可能会导致一些投资者面临风险。该文最后提出了一些建议，以进一步加强众筹的监管和投资者保护。

2. 关于线上社交众筹的研究

Yuan，Gong 和 Liu 在 2019 年的 Research on the Operation Mechanism of Online Public Welfare Crowdfunding Model Based on Network Externalities 一文中，探讨了基于网络外部性的在线社交众筹模式的运作机制，并指出基于网络外部性的在线社交众筹模式具有更好的可持续性和高效率，能够有效缓解信任问题，提高捐赠者参与度。该文献以网络外部性为基础，分析了用户行为和筹款结果之间的关系，对于线上众筹的运作方式进行了深入探讨。此外，该文献还分析了众筹平台的角色和影响力，并提出了一些相关建议和对策。

3. 关于科技赋能公益众筹的研究

在 The Role of Technology in Enabling Social Impact：A Review of Seminal Works and a Research Agenda 中，Papic 和 Malkoc 旨在回顾关于技术在促进社会影响方面的重要性、先驱性工作，并提出未来的研究议程：探索技术如何影响社会目标的实现，深入了解数字技术对不同类型的社会目标的影响，以及这些目标如何与技术应用相互作用。研究技术创新的社会影响，更深入地理解数字技术创新对经济社会发展产生的影响。研究技术生命周期的社会影响，考虑数字技术的整个生命周期，从设计到废弃，以便深入了解技术对社会和环境的影响。探讨技术与社会变革之间的关系，探索数字技术如何促进社会变革，并概述技术如何影响社会结构和权力平衡。

---

① KlÖHN L，HORNUF L，SCHILLING T. The regulation of crowdfunding in the german small investor protection act：content，consequences，critique，suggestions ［J］. Social science electronic publishing，2015.

第三节 社交众筹的相关概念和理论基础

一、社交众筹相关概念

1. 众筹

众筹的概念最初来源于一个叫“Kickstarter”的美国网站，此网站为需要资金的人提供了融资平台，这是众筹最初的存在方式。大多数情况下，众筹模式被运用到经济学领域，利用互联网将参与项目投资主体的资金聚集到一起，从而产生互利互惠的结果。在众筹模式中，包含众筹平台、项目发起方、投资人和政府等多个方面。众筹是一种新型的融资方式，也是一种新型的公益模式。众筹是人们通过互联网媒介对某一个项目实施金钱资助，每个个体付出的金钱数额可大可小，但能够起到聚沙成塔、集腋成裘的效果。按照不同的标准，可以将众筹分为多种类型。根据对项目投资人回报内容，众筹可分为股权众筹、产品众筹、债权众筹、混合众筹、社交众筹五类。①而网络客户端的社交众筹，主要包括以下三种方式：

（1）双微端为主的原生众筹②

原生众筹即筹款方通过微信、微博端一手发布公益筹款项目，自主编辑项目内容，生成相关众筹信息，并最终整合公布于其账号下的一种原生众筹模式。此类模式常以微信公众号文章，如《罗一笑，你给我站住》及长微博、微博头条文章等便于浏览、分享、传播的形式呈现，具备高度原生性及便捷传播性。

---

① 李香．社交媒体社交众筹影响因素的研究［D］．呼和浩特：内蒙古大学，2019.

② 传播匠阿匠学姐．社交媒体“公益众筹”走向：是救命还是骗钱？［EB/OL］．（2019-07-23）［2023-10-10］．https：//zhuanlan. zhihu. com/p/74821532.

（2）第三方众筹网站社交分享链[①]

专业性众筹网站为筹款方提供模板较为规范、内容较为详尽的公益众筹项目申请指导。筹款方通过专业性众筹网站提供的社交分享链将公益众筹项目分享在社交网络上，以促成圈层传播及六度人脉理论下的裂变传播。

（3）社交媒体众筹衍生服务[②]

社交媒体依据长期积累的用户基数优势纷纷将公益众筹纳入自身发展版图，为基于社交媒体的用户群提供了公益众筹衍生服务，其众筹项目通常为规模较大、时间跨度较长的民生公益项目。如支付宝中的动物庄园捐赠爱心公益活动。

2. 社交众筹

社交众筹是一种通过互联网进行的公益筹款活动。与其他众筹方式不同，社交众筹不追求实际资金回报，也没有对投资金额的特定规定。社交众筹将传统的公益模式转化为具有公益性、互动性和创新性特征的互联网活动。在我国，社交众筹发展较早，从 2011 年国内首个众筹网站“点名时间”的推出开始，众筹就在我国拉开了发展序幕。之后，出现了许多网络众筹平台，如迎梦网、众筹网、淘宝、京东、苏宁和绿色未来，平台数量不断增加，规模不断扩大，内容也更加丰富。社交众筹的参与主体包括项目发起者、捐助者和平台。

截至目前，我国对社交众筹这一概念的专业研究并不多，很多学者先前的研究聚焦于互联网“微公益”。本研究认为社交众筹是指主要由非官方组织发起，通过网络社交平台广泛动员社会公众参与的众筹模式，即利用互联网技术和社交媒体，社交众筹将社会个体作为捐助主体，以微小的个人捐款方式积少成多，汇集成强大的社会力量。

---

① 传播匠阿匠学姐．社交媒体“公益众筹”走向：是救命还是骗钱？［EB/OL］．（2019-07-23）［2023-10-10］．https：//zhuanlan. zhihu. com/p/74821532.

② 同①.

二、社交众筹理论基础

1. “粉丝经济”理论

“粉丝”是英文“Fans”的音译，台湾娱乐界首先称呼追星族为“粉丝”，特指喜爱、追随某一特定明星、偶像的族群。互联网经济时代，粉丝形成文化，主导创意社会，引领消费潮流，并且力量强大，因为粉丝意味着影响力，更意味着经济价值。[①] 张嫱在其著作《粉丝力量大》中给“粉丝经济”下了定义，“粉丝经济以情绪资本为核心，以粉丝社区为营销手段，不断增值情绪资本。粉丝经济以消费者为主角，由消费者主导营销手段，从消费者的情感出发，企业借力使力，达到为品牌与偶像增值情绪资本的目的”。[②] 例如，《流浪地球2》的周边衍生品众筹发行项目就利用“粉丝经济”在短短1分钟完成众筹目标，收获了1.18亿元的众筹金额。

2. 涨落效应理论

涨落效应理论对社交众筹提供了理论支持。涨落效应，是热力学系统和控制论中描述系统运作过程中出现随机波动状态的概念。将这一概念运用到“指尖公益”平台的分析中，可以发现“指尖公益”平台的运作也具有涨落效应。“指尖公益”平台的募捐容易受到网络舆论和公共事件的影响，导致人们的捐款行为和捐赠数额出现波动。涨落效应的原因主要有三个方面：突发社会事件的影响、人为因素的干预以及群体心理的变化。突发社会事件可以激发人们的善意和慷慨，导致捐款数额的快速增加。而人为因素的干预，如宣传推广、明星参与等，也会对募捐行为产生影响。此外，群体心理的变化也会引起募捐行为的波动，当有更多人参与捐款时，会激发其他人的参与欲望，形成一种“涨”的趋势；相反，当募捐行为减少时，可能会引发其他人的不参与情绪，形成一种“落”的趋势。

---

① 马孝辛，辛红娟．粉丝（Fans）在中国的接受流变研究［J］．理论月刊，2013（2）：88-91.

② 张嫱．粉丝力量大［M］．北京：中国人民大学出版社，2010.

3. 长尾理论

长尾理论（Long Tail Theory）是互联网时代兴起的一种新理论，由美国《连线》（*Wired*）杂志总编辑克里斯·安德森（Chris Anderson）在2004年的《长尾》（*The Long Tail*）一文中最早提出。安德森认为：只要存储和流通的渠道足够大，大量的低回报产品占据的份额就可以和少量的高回报产品所占据的份额相匹敌，甚至更大，这就是长尾理论。安德森还认为，网络时代是关注"长尾"、发挥"长尾"效益的时代。长尾理论运用了信息技术的沟通优势、数字传播和强大的搜索技术，组合成了一种新力量，改变了传统的营销模式和理论。① "长尾"实际上是统计学中幂律（Power Laws）和帕累托分布（Pareto distributions）特征的一个口语化表述。Google网站、亚马逊商城、苹果iTunes都是体现长尾理论经营模式的经典案例。

长尾理论是对传统"二八定律"的有效补充。"二八定律"（又称20/80法则）认为20%的顾客带来了80%的利润（或者说80%的大额捐赠来自20%的重要客户），当然，20%和80%并不可能是绝对准确的数字，只是通过这一组数字对比，来说明少数群体带来的影响更大。长尾理论统计的是销量，并非利润。甚至有些学者认为长尾理论是对"二八定律"的彻底颠覆。但实质上，长尾理论应该是对"二八定律"的修正。克里斯·安德森认为：在网络时代，由于关注的成本大幅降低，人们得以通过很低的成本关注到正态分布曲线的"尾部"，而关注"尾部"产生的总体效益甚至会超过"头部"。

在长尾理论的实践基础上，"指尖公益"社交众筹平台满足捐赠人的差异需求，围绕捐赠人需求量身定制捐赠项目；推广品牌活动，增强捐赠吸引力；推进供给侧结构性改革，创新捐赠人反哺机制；放大长尾效应，培育潜在大额捐赠人；完善监督反馈，建立健全激励捐赠的政策法规。

4. 社会偏好理论

20世纪70年代以来，经济学研究者从涉及公平、互惠、利他、不平

---

① 克里斯·安德森．长尾理论2.0［M］．乔江涛，石晓燕，译．北京：中信出版社，2009：13.

等厌恶等社会性因素的社会偏好视角出发，解释了经济学中的非自利行为，而随着行为经济学与心理学、社会学、管理学等学科的交叉研究，社会偏好理论不断发展成具有公平偏好、利他偏好和互惠偏好等多种类型的成熟理论体系。在所有社交众筹类别中，医疗救助型众筹是最能体现社会偏好理论内涵的一个种类。很多贫困的家庭在面对重大疾病时，通过水滴筹、轻松筹、无忧筹等平台进行众筹申请，一方面，通过互联网获得陌生人的捐赠，另一方面，通过自身的社交网络获得熟人的捐赠。而这些人之所以发起捐赠行为，是因为那些在经济分配中占据较少份额的家庭本来就承受着社会不公平，而他们的无偿捐赠行为既是希望能够改变这种不公平造成的困境，也是希望能够通过自身行为产生利他的结果。

5. 小额捐赠理论

小额捐赠，是指社会公众日常生活中的一部分零钱定期或不定期地向困难群体捐赠的慈善行为，这是一种面向社会大众、门槛低、额度小、途径便捷的长效筹款方式。小额捐赠为应急、救灾、特定目标等的大型募捐活动和民间自发慈善行为提供了超大规模的全国汇集通路；转瞬间，互联网便可积聚来自四面八方的筹款，然后集中投放到特定项目或目的地。近年来，随着移动互联支付技术的广泛使用，捐赠触手可及，弹指之间便可挥洒爱心，推动了小额捐赠在中国以前所未有的速度蓬勃发展。小额捐赠有如下特征：

（1）单项捐赠额度小

小额捐赠受制于捐赠人的经济能力和心理特征。大众初次捐赠都是从小额捐赠开始，捐赠人需要有一个对公益组织以及公益项目的认同过程，这也是金字塔的塔基和长尾的尾部对于整个捐赠系统的价值所在，小额捐赠构成了整个捐赠系统的基础。网络捐赠模式由于对捐赠者和慈善组织都没有门槛，发展势头最为迅猛。

（2）捐赠品种多

小额捐赠在教育、医疗、扶贫、创业等行业均显示出迅猛态势，涉及科、教、文、卫、体等多个领域。社交众筹的小额捐赠数量越多，说明该公益组织的营销能力与后期拓展捐赠人关系的可持续性越强。另外，捐赠项目数量多会产生凝聚效应，吸引更多的公众参与该公益项目或公益活动。在经济转型的大背景下，小额捐赠登上历史舞台，发挥独特的捐赠作用，变成了慈善捐赠领域的新主力。

（3）维护成本高

小额捐赠面对的群体大、数量广，但单项回报额较低，维护成本偏高。一些众筹组织偏向于大额捐赠效益，倾向选择维护大额捐赠人关系；也有一些众筹组织根据资源配置能力，选择对小额捐赠维护的广度与深度。小额捐赠人关系是高校拓展捐赠市场的基础，所以社交众筹平台还是应该汇总和分析小额捐赠的资料，作出选择并投入适当的人力物力财力维护；如果没有达到预期效果，就尽早调整思路；如进展顺利，就追加投入。

（4）小额捐赠的社会影响与效应分析

慈善事业经过30多年的实践推进，我国小额捐赠与国际小额捐赠的发展状况日趋接近，国内外小额捐赠筹款模式互为借鉴。由于各类“社交众筹”平台对小额捐赠项目的重视和开发，新平台新技术的助推，具有号召力的慈善项目的不断推出，小额捐赠在社会生活中的影响力和号召力不断增强，逐渐被老百姓尤其是都市年轻一族青睐。小额捐赠在创新慈善行业募捐方式、拓宽公益投入、培育公民慈善习惯等方面发挥了越来越重要的作用。

第四节　社交众筹捐赠模式调查分析

一、众筹平台类型及特点

1. 众筹平台类型

（1）文化创意类众筹平台。以支持各种文化创意项目为主要目的，向创作者或创业者提供各种资源和资金支持，从而促进文化产品成功落地。

（2）生活梦想类众筹平台。聚焦用户的日常生活领域，主要通过资金支持普通人的小愿望。

（3）慈善救助类众筹平台。以帮助慈善事业为主要目的，捐赠者通过捐赠资金来支持相关组织或个人的慈善项目。

（4）金融创业类众筹平台。主要为创业者提供资本，以帮助他们融资和实现商业计划。

2. 众筹平台特点

（1）文化创意类众筹平台

① 创意性强。文化创意类众筹平台主要支持原创、创意和创新的项目，这些项目通常在市场上具有巨大的创意性和独特性，或者涵盖前沿、新颖的科技和设计理念。

② 公众参与度高。与金融创业类众筹平台相比，文化创意类众筹平台的参与门槛相对较低，社会公众更容易理解、接受和参与其中，从而创造出更多机会。

③ 品牌效应强。这类众筹平台通常拥有较高的品牌效应和影响力，这些品牌和平台的贡献使创意项目得到更多的关注和支持；同时，具有良好声誉的平台本身也可以成为有前途、高投资价值的创意和创新的项目途径。

（2）生活梦想类众筹平台

① 贴近生活。生活梦想类众筹平台聚焦日常生活领域，如一场旅行、一次聚会、一次画展等，都是与生活密切相关的。

② 以个人为主。生活梦想类众筹平台的发起者主要是个人，向众筹平台发起自己的愿望众筹，经过各种社交渠道的扩散完成筹款。

③ 筹款金额少。生活梦想类众筹因为是个人发起、贴近生活，所以筹款金额往往较少，不会影响人们的正常生活。

（3）慈善救助类众筹平台

① 目的明确。慈善救助类众筹平台的主要目的是为慈善事业提供支持，使得资金能够更加有效地流向有需要的人。

② 以个人为基础。众筹平台项目的发起人通常是个人或组织，通过各种社交渠道，向整个社会发起筹款，从而筹集到足够的资金来完成一项慈善计划。

③ 开放性。平台通常是开放的，任何人都可以参与其中，通过捐赠资金来支持慈善事业。这种开放性使得社会上更多的人能够参与其中，将自己的力量转化为实实在在的慈善结果。

④ 透明性。由于涉及资金的流动和使用，慈善类众筹平台通常非常注重透明度，将捐赠的资金用于具体的项目，对资金的流向和使用公开披露，让参与者更加清晰明确地了解所捐赠资金的去向，从而增加捐赠者的信任和支持。

（4）金融创业类众筹平台

① 项目性强。金融创业类众筹平台主要关注的是项目的实施和商业价值，通常会限定项目的目标收益，并要求项目方提供完整的商业计划和投资回报方案。

② 风险性高。由于初创企业的投资风险高、创业成本高，因此投资类众筹的风险性较大。但是，相对于传统的投资方式，众筹投资可以降低融资成本，同时可以更广泛地推广项目，扩大市场影响。

③ 投资门槛高。相比普通众筹，金融创业类众筹的投资门槛较高，通常需要投资者进行一定的风险和资产评估，并提供较高的投资金额。

④ 投资方式多样。投资类众筹平台通常提供多种投资方式，如股权投资、债权投资、奖励投资、预约投资等，投资者可以根据自己的需求进行选择。

⑤ 盈利模式透明。投资类众筹平台以分散投资为基础，以分红或溢价等方式为投资者提供回报，同时提供投资风险控制、股权管理和资金安全保障等服务。

二、社交众筹捐赠模式分类

社交众筹作为互联网经济时代的一种新兴公益平台筹款方式，最常见的众筹模式有四种：捐赠众筹、回报众筹、债权众筹、股权众筹。

1. 捐赠众筹

捐赠众筹主要是指慈善机构或非营利组织对特定项目进行的募捐活动，它具有一定的社会公益性质。筹款程序透明，赞助商并没有得到什么实质性的回报。一个很好的例子就是Global Giving，它为全球各地的捐助者提供捐助的机会，并收取15%的中间商佣金。在我国，微公益是在捐赠众筹网站中表现较为出色的一种，它是一种新型的公益模式，充分地发挥了社会的正能量，推动了整个社会的和谐发展。目前，我国的捐赠型众筹网站还处于不太成熟的起步阶段。

2. 回报众筹

回报众筹是当前国内比较受欢迎的一种融资方式。在这一模型中，融资方向投资方许诺将来的产出或有形或无形的收益。回报式众筹在本质上是一种预先购买与奖赏相结合的方法，投资人对项目的资助本质上是一种购买，而非投资。目前，国内外众筹网站多为回报式众筹，例如“点名时间”“众筹网”等，以Kickstarter、Indiegogo为代表。

3. 债权众筹

债权众筹是一种融资模式，融资方承诺在一定期限内支付其投资金额。投资者除了能得到本金的回报，通常还能得到利息。这个模型可以被划分为两种情形，一种是没有支付利息，另一种是支付利息，比如，Kiva没有支付利息，而Prosper and Lending Club支付利息。债权众筹在国外早已被法律认可，而在我国，尽管存在着债权众筹的模式，但其法律地位还处于初级阶段。

4. 股权众筹

股权众筹，一种解释是指公司通过互联网渠道发布融资信息，并以让渡部分股份的方式，吸引众多的投资者进行投资。这些投资者基于对公司发展前景的判断，进行投资入股，以期在未来获得收益。另一种解释就是股权众筹是私募股权互联网化。客观来说，股权众筹与公司IPO相似，都是为了解决公司资金问题而进行的融资活动。只是，股权众筹是一种互联网商业新模式，主要借助网络渠道和平台进行私募股权投资。

三、用户对众筹的关注程度研究

1. 基本情况

本研究从百度指数官网获得用户以“众筹”“众筹平台”作为关键词

进行的搜索记录，如图 5-1 所示。可以看到用户对众筹关注的高峰时段主要是在 2015—2016 年，2015 年全国平均每天 6000 条搜索记录，2016 年全国平均每天 3854 条搜索记录。主要是因为 2014 年时任总理李克强提出“大众创业，万众创新”的倡议，于是形成了“万众创新”“人人创新”的新态势，众筹公益行业也随之蓬勃发展。同年，聚焦于公众健康保障的社交众筹平台——轻松筹也吸引了广大公众的关注，社会对公益众筹的关注形成高峰。后期，随着公益众筹发展的日益成熟，公众对公益众筹的理解更加深入，对于相关概念的了解需求就逐渐减少，搜索记录也呈现下降趋势。

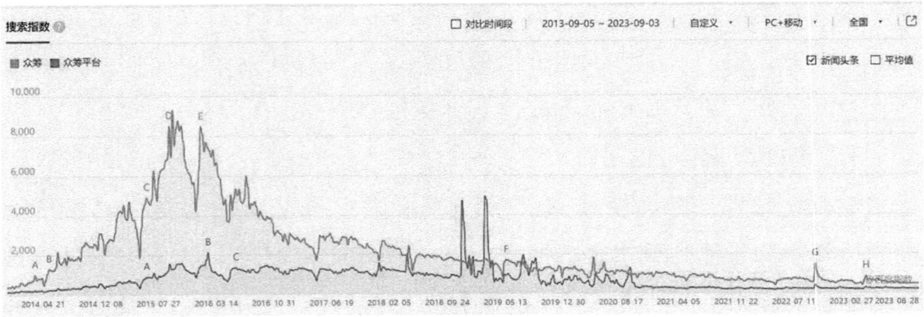

图 5-1 “众筹”“众筹平台”百度浏览记录统计图

（图片来源：百度指数官网 https：//index. baidu. com/v2/index. html#/）

2. 公众对众筹平台关注存在类别差异

本研究从文化创意类、生活梦想类、疾病救助类、金融创业类的众筹网站中选取一个典型平台进行搜索趋势对比，总结出以下几点内容。第一，发现 2019 年底到 2022 年初公众对疾病救助类众筹平台的关注始终高于平均水平，而这个状况和新冠疫情的发生有重要关联，新冠疫情的发生需要公益慈善组织发挥作用，而轻松筹、水滴筹等疾病救助类众筹平台本身具备的属性让其在新冠疫情期间获得更广泛的关注；第二，发现疾病救助类和金融创业类众筹远高于其他两类众筹平台，轻松筹和创业邦近十年的平均搜索记录分别为 2387 次和 1102 次，而摩点网和追梦网近十年的平均搜索记录只有 257 次和 350 次。这恰好反映出公众对众筹平台关注的差异，即一是在互惠、公平、利他等心理的引导下公众有向疾病众筹、大病众筹等进行免费捐赠的意愿，二是金融创业类众筹往往以股权众筹的形式向公众筹款，所以在逐利心理的驱动下公众也愿意将创业类众筹作为一种投资方式。

四、众筹平台发展状况分析

1. 众筹平台基本信息描述

表 5-1　众筹平台发展状况频数表

项目名称	类别	频数	百分比
众筹平台类型	疾病救助类	4	4.3
	文化创意类	21	22.6
	生活梦想类	11	11.8
	金融创业类	47	50.5
	综合类	10	10.8
平台融资情况	没有融资	55	59.1
	天使轮融资	18	19.4
	A 轮融资	12	12.9
	A+轮融资	2	2.2
	B 轮及以上	6	6.4
媒体传播渠道	5 个以下	73	80.2
	5~10 个	10	11
	10~15 个	2	2.2
	15 个以上	6	6.6
平台诉讼情况	0 个	41	44.1
	0~10 个	26	28
	10~20 个	6	6.4
	20 个以上	20	21.5

根据表 5-1，共收集了 93 个众筹平台四个方面的数据，在众筹平台类型中，金融创业类众筹平台占总数 50.5%，文化创意类众筹平台占总数的 22.6%；在所有平台的融资情况中有近六成的平台没有进行融资；在媒体传播渠道构建方面有近八成的平台媒体传播渠道小于 5 个；在平台诉讼情

况中，有44.1%的平台没有出现法律诉讼案件，出现0~10个和20个以上法律诉讼案件的平台分别占28%和21.5%。

2. 众筹平台法律诉讼情况影响因素分析

表5-2 众筹平台法律诉讼情况影响因素的有序多分类Logistic回归参数表

	模型	−2对数似然	卡方	自由度	显著性	伪R方
拟合优度	皮尔逊		11.685	11	0.388	
	偏差		13.818	11	0.243	
模型拟合信息	仅截距	52.755				
	最终	42.384	10.371	1	0.001	
平行线检验α	原假设	42.384				
	常规	41.543	0.841	2	0.657	
伪R方	考克斯-斯奈尔					0.106
	内戈尔科					0.115

由表5-2可知，在模型拟合信息中，$P=0.001<0.05$，说明模型显著成立，即最终模型优于只含截距的模型；拟合优度检验结果中$P>0.05$则说明模型拟合较好；伪R方系数表明模型预测有10%左右的准确率；平行线检验中，$P=0.657>0.05$则接受原假设，认为不管因变量的分割点在什么位置，模型中自变量的系数都保持不变。

表5-3 众筹平台法律诉讼情况影响因素的有序多分类Logistic回归分析表

影响因素	β	OR	P	OR 95% CI
[法律诉讼情况=1]	0.149 1.435	1.160672989	0.545	0.717~1.878
[法律诉讼情况=2]		4.199645009	0	2.373~7.434
[法律诉讼情况 = 3]	1.82	6.17185845	0	3.31~11.508
平台融资情况	0.552	1.736722993	0.002	1.229~2.455

由表5-3可知，众筹平台融资情况的OR值为1.737，说明平台的融

资状况越好法律诉讼案件就越多，当平台融资情况上升一个等级时，平台法律诉讼案件提高一个级别的可能性是原先的1.737倍。而平台融资状况越好则诉讼案件就比之前越多，是因为企业不断扩大，涉及的业务越广泛，产生的问题就越复杂，导致企业的法律诉讼案件不断增多。

3. 众筹平台媒体传播渠道构建影响因素分析

表5-4 众筹平台媒体传播渠道构建情况影响因素的有序多分类Logistic回归参数表

	模型	-2对数似然	卡方	自由度	显著性	伪R方
拟合优度	皮尔逊		7.879	8	0.445	
	偏差		8.288	8	0.406	
模型拟合信息	仅截距	40.911				
	最终	29.898	11.013	4	0.026	
伪R方	考克斯-斯奈尔					0.114
	内戈尔科					0.153

由表5-4可知，模型拟合信息中，$P=0.026<0.05$，说明模型显著成立，即最终模型优于只含截距的模型；拟合优度检验结果中$P>0.05$则说明模型拟合较好；伪R方系数表明模型预测有11%~15%的准确率。

表5-5 众筹平台媒体传播渠道构建情况影响因素的有序多分类Logistic回归分析表

影响因素	β	OR	P	OR 95% CI
[媒体传播渠道 = 1]	1.345	3.838186541	0.083	0.838~17.584
[媒体传播渠道 = 2]	2.424	11.29093284	0.004	2.208~57.685
[媒体传播渠道 = 3]	2.779	16.10290998	0.001	2.965~87.444
疾病救助类众筹平台	2.59	13.3297716	0.035	1.203~147.673
文化创意类众筹平台	0.565	1.759447783	0.537	0.293~10.58
生活梦想类众筹平台	-0.88	0.414782912	0.491	0.034~5.073
金融创业类众筹平台	-0.604	0.546620774	0.499	0.095~3.142
综合类众筹平台（参照组）	1.000			

由表 5-5 可知，传播渠道构建状况方面，文化创意类众筹的表现好于综合类众筹平台，至少提升 1 个等级的可能性更大。文化创意类平台是综合类众筹平台的 1.760 倍；在众筹平台类型中，生活梦想类众筹平台的 OR 值是 0.415，说明生活梦想类众筹平台的媒体传播渠道构建状况不如综合类众筹平台，存在至少提升 1 个等级的空间。生活梦想类平台是综合类众筹平台的 0.415 倍。另外，金融创业类众筹平台的 OR 值是 0.547，也说明金融创业类众筹平台的媒体传播渠道构建状况不如综合类众筹平台，媒体传播渠道构建状况至少提升 1 个等级的可能性，金融创业类平台是综合类众筹平台的 0.547 倍。

疾病救助类众筹平台传播渠道构建状况远远好于其他众筹平台的原因于此。一方面，疾病救助类众筹项目具有情况紧急、耗时较短等特点，所以需要平台通过媒体传播渠道的构建来大范围地宣传项目以尽快获得捐赠；另一方面，疾病救助类众筹平台的发展符合公众对美好生活的向往，对社会发展有重要推动作用，平台媒体传播渠道的构建也反映了公众的需求状况。

综上，用户对众筹的关注度和众筹平台的发展程度都存在差异，在网时长与信息关注程度存在相关性、公益众筹目标人群也存在差异；融资状况和平台的法律诉讼案件存在相关性，平台类型和媒体传播渠道构建也存在相关性，疾病救助类平台获得关注和平台建设方面都优于其他类型的平台。

第五节　社交众筹发展现状与困境分析

一、社交众筹发展现状

1. “熟人圈层”展现蝴蝶效应

2023 年中国互联网公益峰会数据显示，截至 2023 年 5 月，已经累计超过 510 亿人次参与互联网慈善，公众募集善款超过 350 亿元，线上捐赠规模增长超过4倍①。在互联网社交媒体的加持下，社交众筹正朝着稳中向好方向发展。一方面，互联网社交媒体的出现构建了一种新型人际关系网络，求助者可以通过自身社交中的强关系网络传导到其他弱关系网络中，而这一过程中的每一个个体都成为关系网络节点互动中的一只“蝴蝶”，带领众筹项目突破“熟人圈层”的限制，形成巨大的蝴蝶效应，推动社交众筹的发展②。另一方面，互联网具有传播速度快、穿透性强的特点，所以“指尖公益”社交众筹不仅依托互联网和社交媒体突破了时空限制，而且能够以较低的成本挖掘出更多的潜在募资对象，促进“人人公益”“全民公益”的生态形成，推动共同富裕。

2. 数字化创新慈善生态

郑功成在“2023年中国网络文明大会数字公益慈善发展论坛”上指出“数字化已经为我国公益慈善插上了腾飞的翅膀，以互联网为载体的公益慈善数字化将各界各方参与主体和亿万爱心人士连接在一起，形塑了全新的公益慈善生态”。互联网的发展不仅让社交众筹变得方便快捷，也让大数据、云计算、区块链等信息技术手段在公益慈善领域得到日益广泛的应用。首先，各大众筹平台都尝试通过新媒体营销和网络推广来提升知名度和影响力。比如通过微博、微信、抖音、小红书等社交平台发布相关信息和活动，吸引更多人参与和了解社交众筹。同时，公益慈善机构也借助社交众筹平台在用户流量方面的优势，推广公益项目和相关信息，不断扩大公益慈善的影响力。其次，众筹平台通过大数据分析技术对用户的需求和行为进行了解，优化慈善众筹项目的设计和实施过程，提高项目效率和成效。

3. 网络传播普及快

社交众筹是利用社交网络平台实现众筹的一种方式。它在社交网络的基础上，通过朋友圈、微博、微信、抖音、快手、小红书等渠道，将个人创意或项目分享给广大用户，以达成资金募集的目的。如今，随着移动互

---

① 舒迪．我国互联网公益慈善成就举世瞩目［N］．人民政协报，2023-05-23.

② 袁爱清，吴思嘉．“公益”与“共意”：社交网络时代的社交众筹研究［J］．新闻爱好者，2023（4）：18-20.

联网技术的发展和用户对社交网络使用的普及，社交众筹获得越来越多的流量。同时，公众对社交众筹的接受程度也在不断增加。社交众筹为那些需要帮助的人提供了一个更广阔的舞台，也可以让那些有意愿捐赠的人更加便利地了解到需要帮助的人。当前社交众筹在大众中的认知程度和接受程度正在逐步提高，并且有着广阔的发展前景。随着社交网络的不断普及以及移动支付技术的不断完善，社交众筹将会越来越成为一种重要的众筹方式，为创业者、公益组织等提供更多的资金来源。

二、社交众筹困境分析

1. 法律监管不足

"指尖公益"社交众筹从 2011 年开始已经历了 12 年的发展时间，相关的法律法规还处在建设和不断完善阶段。首先，我国还没有专门规范社交众筹领域的立法，网络社交众筹这一新型慈善模式仍处于法律空白地带，在实践活动中监管缺失，处于尴尬境地。其次，社交众筹的监管机构不明确，根据《中华人民共和国慈善法》规定由相关民政部门对慈善机构的慈善项目捐赠情况、所募集资金的管理运作等进行监管，但社交众筹作为新生事物并没有被慈善法纳入规制，导致民政部门对于社交众筹的相关监管不明确。最后，法律追究责任机制缺失，慈善法只规定在募捐过程中，对于一些组织或者个人出现的违法违规行为，由民政部门通过警告、责令停止、罚款等方式进行处罚，但是却并没有设立对违规方的法律责任追究机制。而惩罚机制的缺失大大降低了违法成本，对违法行为缺乏震慑作用，所以导致了诸如"罗一笑事件""吴鹤臣百万众筹事件""四川冰糖橙众筹骗销案"等骗捐、诈捐案件的出现①。

2. 公众信任危机

社交众筹平台的项目审核和监管机制相对较弱，导致一些不良商家或个人通过虚假宣传、诈骗等手段达到不正当的利益目的，损害了投资人的权益。这使得投资人对社交众筹平台的信任度降低，影响了社交众筹行业

---

① 张梅．论我国网络社交众筹的法律监管［D］．成都：西南财经大学，2023.

的发展。首先，由于社交众筹缺乏监管机制，很多诈骗分子利用这种方式来欺骗投资者。他们可能会通过伪造项目细节、虚假陈述和不实承诺来吸引更多的投资。其次，即使是诚信的社交众筹发起人，也可能面临资金管理问题。他们可能会不慎浪费募集到的资金，或者无法按照承诺将其用于特定目的。最后，社交众筹平台的管理漏洞也是公众信任危机的一个方面。社交众筹平台如果自身定位错误，将经济效益作为追求的目标，那么就会出现诸如“水滴筹”志愿者挨家挨户扫楼劝募，引导患者筹款以赚提成，轻松筹和水滴筹为抢病人客户而大打出手的事件，不仅让平台失去公众信任，也会影响社交众筹的发展。

3. 社会监管缺位

社交众筹是一种新型的互联网金融模式，它通过社交网络平台来进行资金募集和投资。然而，在社交众筹的发展过程中，社会监管缺位造成了发展困境。首先，由于社交众筹项目的信息透明度相对较低，给了不法分子可乘之机，他们可以利用社交众筹平台进行虚假宣传，欺骗投资者资金，导致投资者的财产受到损失。其次，社交众筹的资金流动难以监管。社交众筹平台通常采取第三方支付机构来进行资金的划转，但这并不能完全避免资金流动的问题。在资金流动中可能存在虚假交易、黑市交易等违规行为，这些行为会增加社交众筹平台的操作成本，影响其正常运营。最后，社交众筹平台的管理和监督也面临一定的困难。目前，我国还没有出台专门针对社交众筹平台的法律法规，这使得社交众筹平台在管理和监督上存在一定的漏洞。一些社交众筹平台为了牟取更高的收益，可能会对项目信息、投资者行为等进行不正当操作。

4. 大资本进入挤占发展空间

首先，互联网头部金融企业卷进赛道。从 2011 年我国第一个社交众筹平台“点名时间”上线，淘宝、京东、百度、苏宁、字节跳动、美团等互联网巨头企业纷纷开始涉足互联网众筹，而这些本来拥有互联网优势的巨头企业的加入，既利用本身庞大的用户群吸引了公众的目光，也利用自身的互联网技术形成了垄断优势。其次，社交众筹募捐信息发布权被少数平台操控掌握。据不完全统计，全国登记在册的共有 10000 多家慈善组织，具有公开募捐资格的有1000多家。但是根据民政部公示，截至2023年9月，只有32家互联网平台具有网络社交众筹和募捐信息发布的资格，也就是说，同为慈善组织却存在差别待遇的不平等情况①。

5. 项目质量低影响众筹结果

“指尖公益”社交众筹平台具有传播速度快、门槛低、影响大等特点，虽然为更多人提供了参与公益的机会，但也带来了一定的风险。由于项目发起人的背景、专业性、执行能力以及对众筹成效、众筹金额的要求存在差异，导致项目的质量参差不齐。有些项目可能缺乏充分的计划、执行和管理，导致效果不佳甚至无法顺利实施。例如，获得45.44亿元票房的春节档电影《满江红》，在2023年2月13日晚上8点利用电影周边在摩点网开启众筹。然而，酷似风波亭的“红了樱桃创意沙漏”、酷似“十二道金牌”的“令”牌香熏石等产品直接被骂上热搜，此众筹项目持续不到19小时就匆匆下线。

第六节　社交众筹捐赠提升路径

一、政府层面

1. 完善法律法规建设

社交众筹作为一种互联网经济的新事物，相应的法律法规也需要跟上其发展速度。首先，《中华人民共和国慈善法》应该将社交众筹明文纳入规制，对其中区别于传统慈善的地方进行创新性和细节性规定，保证社交众筹有法可依；其次，要明确社交众筹的监管主体，作为“互联网+慈善”的新型慈善模式，民政部门的单一监管并不能满足“社交众筹”的发展需求，要引入新的监管部门，与民政部门形成监管合力，最大限度地保证社交众筹在法律的覆盖范围内和监管主体的监管范围内合理合法运行；最

① 张煜．转移和突破：互联网影视众筹中的权力关系［J］．中国集体经济，2022（11）：131-133.

后，要健全违法行为的惩罚机制，对于伪造信息诈捐、虚报募捐金额、募捐资金另作他用等行为制定明确的惩罚制度，不仅要退还筹款所得，还要在征信、法律备案各个方面给予惩罚，对于情节严重、影响恶劣的案件还要考虑纳入刑事诉讼环节，既要保证捐助者的合法权益，也要保证正当募捐不被负面报道、负面行业影响，促进"指尖公益"社交众筹生态建设健康发展。

2. 支持引入区块链技术

我国正处在从 Web 2.0 向 Web 3.0 升级的阶段，诞生于互联网的"社交众筹"也要借助新的互联网科技向新阶段迈进。"十四五"规划提出建立全国统一慈善大数据平台，要求加强与人工智能接轨，促进慈善捐赠和救助数据共享，实现社交众筹网络平台的场景创新。首先，可以引入区块链技术来保证社交众筹的公开透明，作为一个拥有公开透明、去中心化、不可更改等特点，可以存储海量信息的数据库，区块链就相当于一个分布式的共享账本，保证了链上信息的公开透明，不仅可以使不同部门进行可信任的协同合作，而且区块链的不可更改性也可以用作证据保全和溯源①。其次，可以利用区块链技术搭建社交众筹元宇宙场景，将虚拟的互联网场景转变成虚实结合的空间场景，增加捐赠者的临场感②，拉近众筹发起者和捐赠者的距离，推动众筹的群众参与。但是因为区块链技术作为发展初期的技术，运用它需要大量的成本技术支持，所以要在政府的资金支持和政策引导下将其运用于社交众筹的发展过程中。

二、社会层面

1. 众筹发起者提升道德素养

社交众筹模式属于社会公益慈善领域，本身就是为了扶危济困，而不是为了获取经济效益。作为"指尖公益"的发起端，项目发起者一定要加

---

① 高舰，沈薇，袁梦迪，等．区块链技术于"指尖社交众筹"的推动作用与不足［J］．法制博览，2021（15）：33-34.

② 李慧敏．场景理论视域下社交众筹元宇宙场景的数字力构造［J］．理论月刊，2023（4）：119-130.

强思想道德建设，牢记诚信为本的准则，对于可以自行承担的公益不利用众筹模式挤占社会资源。如果需要进行众筹，也不要为了获取利益而刻意隐瞒信息或欺骗社会公众。在项目的制订过程中，应该制订详细的项目计划，明确资金用途、预算和时间表，要实事求是地制订出合理的众筹方案；在项目众筹阶段，要做好信息的披露工作，钱款物资的用途、去向和使用情况都要及时更新，让捐赠者可以实时了解众筹发展情况；在项目完成之后，也要接受公众监督，对于多余的钱款物资可以进行二次捐赠，将善意发散到更广阔的地方。在获得社交众筹之后，要怀抱感恩之心，积极推动公益慈善事业的发展。

2. 发起者打造高质量众筹项目

众筹项目的质量是社交众筹能否取得成功的关键因素，所以在发起众筹项目之前一定要认真设计、合理评估，保证项目成功上线运营。第一，作为一个互联网众筹的项目必须是符合国家法律的，所以众筹发起者一定要仔细了解国家相关法律法规，在法律的框架内对项目进行设计；第二，社交众筹项目涉及范围往往较大，需要多个环节、多元主体相互配合，尤其是当今泥沙俱下的市场，好的众筹项目更需要具有专业性、独特性，因此可以请专业的设计团队对项目进行设计，保证项目能够成功运转；第三，项目设计完成不意味着众筹就能够成功，在众筹过程中总会出现各种各样的状况影响众筹成效，所以在项目完成后还要进行风险评估，对于一些可能产生的状况提前设计解决方案，让项目不会因为突发状况而终止。

3. 捐赠者发挥主体作用

捐赠者既是整个社交众筹环节的下游，也是众筹实现与否的最终决定者，所以捐赠者一定要做好最后的把关人。一方面，要提高辨别虚假项目的能力，在社交众筹发展的短短几年内，就出现了"萧山女子诈捐""水滴筹志愿者扫楼""水滴筹骗捐产业链"等案件，所以捐赠者在了解众筹项目时一定要保持冷静，仔细查看众筹发起者提供的项目信息的真实性、时效性、准确性，在完成捐赠之后也要对钱款物资流向进行了解，对项目运行、资金使用等情况进行监督，一旦发现虚假众筹的发生要及时向有关部门进行举报。另一方面，资本的进入让社交众筹变得不再纯粹，很多资本会将社交众筹项目作为圈钱的手段。尤其在社交众筹背景下，资本运营变得更加方便，营销号、水军等都可以为资本运营提供机会，所以捐赠者不能盲从，要拥有质疑并查证的能力。

三、平台层面

1. 文化创意类众筹平台

(1) 多元化内容创新

目前主流众筹平台的项目呈现形式主要是“文字+图片”的形式，静态化的浏览模式妨碍捐赠者对于产品的感知，影响捐赠效果的呈现。所以要对项目呈现形式进行创新，利用视频、音频等多种表达形式对项目内容进行呈现，一方面，可以将文化内核直观地传达给用户，加深捐赠者对项目的了解从而提高捐赠意愿；另一方面，新奇有趣的呈现方式可以刺激捐赠者的转发意愿，利用社交媒体的转发、评论、点赞扩大传播范围提高众筹效率。如《大鱼海棠》众筹之际，梁旋微博的一条众筹样片，将中式怪诞的场景、精心制作的幕后、旁白对剧情的简要介绍通过视频、音频生动地呈现出来，让用户看到中国动漫的未来走向，也为众筹带来良好结果。

(2) 趣味功能开发

文化创意类众筹不同于其他类型众筹，文化创意类众筹产品最终要及时广泛地进入市场，所以在项目预热和筹款过程中都要注意采纳用户反馈，将用户纳入产品的价值创造环节中，平台可以通过留言区、私聊等功能的开发方便捐赠者和项目发起者之间的交流，既可以让用户的想法快速传达给发起者，了解用户需求挖掘出潜在的捐赠者，也可以让发起者能够迅速给用户反馈，提高用户对产品的期待和信心。其中和用户互动做得较好的是众筹出版类项目，如《流浪地球电影改编绘本》项目，在收到用户反馈苹果系统无法扫描书中二维码的时候，出版社迅速反应并与苹果公司对接解决用户诉求①。

---

① 鲍娴，管慧勇．触达、重构、突破：众筹出版实践三大启示［J］．中国出版，2023（8）：35-38.

（3）沉浸式场景体验

在乡村振兴号召下，乡村文化、传统非遗文化等文化众筹类项目也日益增加，然而，别具一格、形式独特的民间文化仅仅依靠文字、图片并不能带给用户足够的冲击。社交众筹平台可以利用AR、VR等数字技术加强虚拟现实场景开发，让用户通过线上平台体验到线下文化的特色，如果民间文化能够像故宫文化一样通过虚拟现实技术打造故宫博物院，给用户更真实的体验，就能够促进文化众筹项目目标实现，也能够吸引更多潜在用户了解、宣扬、传承我国传统民间文化。

2. 生活梦想类众筹平台

（1）在线社区开发

生活梦想类众筹大多聚焦在普通人的日常生活领域，这些项目与生活密切相关，大多只是发起人的小愿望，如一次说走就走的旅行，一次梦想中的画展等。而这些项目往往也容易因为过于普通，没有挑战性、刺激性而被用户忽视。通过在线社区的设立，用户可以互相交流自己的想法，让这些普通人发起的普通项目在交流过程中被发现，在众多想法的包装下成为可以成功众筹的项目。这个过程不仅能够帮助用户发现小而美的项目①，让普通人的小愿望落地实施，也可以通过用户的自主筛选过滤掉一些信息虚假、质量低下、执行困难的项目，减少平台的审核任务，节约社会资源。

（2）捐赠激励机制

在所有社交众筹种类中，生活梦想类众筹是受众基数最大、项目最多、目标用户最分散的一种，每个人都可以成为项目的发起者，而且因为生活梦想类众筹项目小、流程简单、筹资金额相对较少，容易得到用户支持，只是捐赠行为持续进行却是一个需要解决的问题。所以平台可以构建用户激励机制，通过积分兑换的形式将用户的每一次捐赠行为计入积分，积分高的用户可以享有项目优先推广的权利，当积分达到一定程度可以直

① 梁诗敏．互联网公益品牌：从中国经验到全球示范［J］．青年记者，2023（4）：105-107.

接兑换成自己的生活梦想项目资金。通过这种激励手段既可以促进生活梦想众筹项目捐赠行为的可持续发展，也可以呼吁更多人成为自己梦想的创造者，激活社会氛围。

（3）捐赠回馈机制

生活梦想类社交众筹项目能够得到捐赠支持，主要是社会压力过大，人们每天忙于工作丧失了享受生活的机会，对别人的梦想进行捐赠是希望能通过他人对生活的享受获得心理安慰，因此此类众筹的闭环不是获得资金完成项目，而是将项目成果分享给捐赠者。所以平台可以设立打卡制度，让获得捐赠的项目在执行中通过 vlog、图片分享、寄明信片等形式及时反馈给捐赠者，通过在线感受给予捐赠者心理慰藉。目前较火的“举着队旗参加音乐节”也是一种新的分享形式，项目发起者转变为团队代表，捐赠者也成为整支队伍的一员，尽管因为现实原因捐赠者没有实际加入项目落实环节，但仍然可以获得参与感。

3. 医疗救助类众筹平台

（1）形成众筹合力

医疗救助类社交众筹项目往往在病情危险、时间紧急情况下被发起，而经济状况较差的家庭本身容易受到现实社交圈子差序格局的影响①，即使在众筹平台上发起项目也因为自身社交网络的匮乏导致项目进展缓慢。如果各个平台自成一家，例如水滴筹和轻松筹这两大头部平台因为抢夺志愿者在医院大打出手，无疑会给需要帮助的家庭和个人造成极大伤害，也违背了医疗众筹防止家庭因病致贫、因病返贫的初衷。所以平台之间应该通力合作，对危重症患者进行多平台转发筹款，节省患者转发求助时间，同时微信、微博等社交媒体也可以通过和社交众筹平台合作，设立众筹专栏、开放捐款端口，让平台竞争转变为众筹合力，让众筹项目最大程度地惠及社会。

---

① 王向阳，邢韵龄．基于社交网络的大病众筹信任问题研究——从“指尖公益”到“眼前质疑”的过程—机制分析［J］．四川轻化工大学学报（社会科学版），2022，37（2）：53-68.

（2）建设专业团队

医疗救助类社交众筹项目，需要根据病情严重程度、所需治疗费用等进行专业性判断，这对于平台的一般审核人员或者平台用户来说并不是容易的事情。所以引导专业医疗机构工作者组建成监管队伍，可以在求助者病情描述、费用预估等方面发挥更具积极建设性的作用。平台积极创造合适的工作机制和参与渠道来积极引导更广范围内的医疗机构专业人士参与这一专业性极强、门槛较高同时又极其重要的专业信息筛查，从而多角度确保大病众筹项目信息真实、准确、可靠，为社会公众放心参与这一人人皆可参与的“指尖公益”社交网络大病众筹模式奠定可靠的信息基础①。

（3）构建众筹生态榜

医疗救助类社交众筹是依赖于公众同情、悲悯心理进行的项目，但是因为门槛低、追责难等，容易出现虚假众筹事件，生病就筹、小病大筹、借病骗捐等行为也屡禁不止，极大地破坏了众筹生态，同时极易造成众筹信任危机的出现，所以社交平台要设立好第一道惩罚门槛。设立红黑榜的目的在于打击虚假众筹、促进社交众筹良性循环，上红榜的是信用好的发起人，平台可以帮助其多平台发布众筹信息；上黑榜的是利用众筹谋取私利的用户，平台后续既要对其进行严格审核，限制其众筹权利，也要与政府部门联动，情节严重的纳入失信黑名单，甚至可移交公诉。

4. 金融创业类众筹平台

（1）完善风险评估机制

金融创业类社交众筹项目发起人往往是小微企业或者初创团队，具有筹集资金数额大、运营周期长、投资风险高等特点，所以对发起者声誉和项目质量要求很高。众筹平台作为众筹项目和捐赠者产生联系的重要媒介，首先，在项目上线之前，平台应该进行严格的审核和筛选，确保项目有足够的信息、可行性和合规性。平台可以建立一支专业的审核团队，负责对项目计划、团队背景、风险评估等进行综合审查。其次，对项目发起

① 王向阳，邢韵龄．基于社交网络的大病众筹信任问题研究——从“指尖公益”到“眼前质疑”的过程—机制分析［J］．四川轻化工大学学报（社会科学版），2022，37（2）：53-68.

者也要进行严格的背景调查，一定要通过严格背调来核实其过往项目经验、教育背景、业界声誉等信息，确保其有足够的能力和诚信来完成项目。

（2）开设案例工坊

随着经济社会的发展，金融创业类社交众筹平台成为小微企业或初创团队融资的重要手段，但是因为此类众筹具有专业性要求高、风险性高等特点，对项目的要求也很高。但是初创团队往往面临着架构简单、专业人员缺乏等问题，所以，首先，金融创业类社交众筹平台可以设立优秀案例分享板块，提供成功完成众筹并获得好评的众筹项目，激发项目发起者的灵感并提供专业化模板；其次，众筹平台也可以通过创作工坊作为众筹项目孵化地，提供培训、指导和资源，帮助发起者完善项目，推动项目顺利完成众筹落地实施。例如，奇点公益网就是一个可以为产品提供战略价值定位、产品设计、传播推广、可持续发展的公益数据共享网站。

（3）构建多元伙伴关系

建立伙伴关系可以提升平台影响力、专业性，吸引更多用户和投资者，为众筹挖掘潜在用户，促进平台的可持续性发展。首先，平台要找合适的合作伙伴。如 2023 年公益传播月启动活动上，腾讯、阿里、字节跳动、支付宝、微博、B 站等国内几大互联网平台同台路演，就是互联网企业建立伙伴关系的尝试。其次，要注意资源共享。众筹平台的最大目的是为项目提供支持，建立伙伴关系将多方知识背景、用户共同吸引到一个项目中才能更好促进众筹成功。最后，保持良好的沟通与合作。通过沟通改进伙伴关系，持续发展合作，可以实现更多价值创造。

第七节 社交众筹未来展望

数智时代的社交众筹不仅可以解决资金、短期物流停滞的问题，在货品的趣味性打造、用户积累、品牌传播上也可以起到极大的推动作用。尤其是社交新媒体，更是让公益产生了新的火花，“指尖公益”社交众筹在互联网上取得了如火如荼、星火燎原式的发展。众筹模式的去中间化特点，在机制设计上，有助于肃清腐败因素，构建更清廉的众筹。社交众筹不仅仅是一个筹资模式的创新，还是一个商业模式的创新，用资金链来引导创新链，能进一步通过支撑产业链和优化就业链来提升价值。在现阶段，受客观条件和认知的局限，一些社会资源的不均衡、封闭的传播环境、缺失的媒体素养等，都难以满足个体求助者的全部需求。未来，在“指尖公益”社交众筹平台方面，我们还应在以下几方面努力尝试。

一、多元化筹款方式

随着社交众筹平台的不断发展和创新，未来社交众筹的筹款方式将会更加多元化。除了网络平台发起众筹，社交众筹平台还将采用更多的筹款方式，例如线下活动、捐赠箱等。捐献者往往会根据自己的支付习惯，选择自己喜欢的社交众筹平台，也可以选择在当前的平台上进行操作。这些多元化的筹款方式将会更好地满足不同人群的需求，同时也会推动公益事业的发展。

二、规模化整体筹资

一些社交众筹企业和平台，随着业务的开展，范围逐渐扩大，根据不同的项目，众筹范围由个人众筹发展为团队众筹、企业众筹。团队众筹可以使更多的人参与公益事业，促进社会福利事业发展与创新。在公共福利基金的平台上，企业可以以多种形式承担企业的社会责任及对商业信誉的整体经营。企业与社会团体的积极接触，可以使其得到更大的发展与壮大。这也是企业社会责任的一种反映，使企业和福利机构达到双赢的局面。

三、数字化管理和运营

未来社交众筹平台将会更加注重数字化管理和运营。在技术支柱、数字技术持续迭代和广泛应用上为平台推动社交众筹发展提供不竭的创新动能。社交众筹平台将会通过数据分析和挖掘，更好地了解用户需求和行为，提供更加个性化、更加精准的服务。同时，数字化管理和运营也可以帮助公益组织提升管理和运营效率，取得更好的公益事业效果。

四、专业化信息保护

未来，国家政策与法治保障这两驾马车将双轮驱动，以保障公益慈善从规范发展迈向高质量发展。社交众筹平台将会更加注重安全性和可信度的提升，加强对筹款项目的审核和监管，建立更加完善的资金管理规范和信息披露机制，保障公益事业的效果和捐赠人的权益。同时，平台还将加强对用户信息的保护，以避免用户隐私的泄露及受到网络攻击。

综上所述，未来的“指尖公益”社交众筹组织和平台将会更加多元化、团队化、数据化和安全化，将成为公益事业发展的重要推动力。此外，还将对社交众筹平台、众筹信息、众筹反馈进行及时的更新和维护，以保持项目内容在众筹平台上的活跃度，让项目支持者和关注者能够不断获得最新信息，保持社交众筹强大的活力和凝聚力。

第六章　营造数智时代的“指尖公益”社会生态

数智时代，数字赋能，“指尖公益”从捐赠平台迈向可持续生态。几年来，在抗击疫情、应急救灾、脱贫攻坚、乡村振兴等行动中，“指尖公益”平台不仅筹款筹物，还充分发挥数字化优势，创新公益实践，精准对接需求和供给，带动了更多社会力量参与。网络捐赠数据的不断增长折射出“指尖公益”平台在社会覆盖面、公众凝聚力、筹资效率等方面的优势，尤其在重大应急与救灾中，“指尖公益”的作用日益显现。可以说，依靠“指尖公益”平台的生态优势和“指尖公益”平台的资源、技术、信息等能力，将一次次爱心帮扶升级为互联网公益解决方案，为打造可持续的中国公益生态加持赋能。① 在数字化、多元化、便捷化的多重加持下，“指尖公益”逐渐从中国经验到全球示范，成为“中国样本”。在取得成效的同时，“指尖公益”也存在项目发展不平衡、品牌生态管理不协同等问题，需要通过数字赋能、商业与公益协同并进来营造数智时代的“指尖公益”生态，为全球公益慈善事业贡献更多中国智慧与力量。

第一节　“指尖公益”呈现“中国样本”

以习近平同志为核心的党中央高度重视公益慈善事业发展。党的二十大报告提出：“构建初次分配、再分配、三次分配协调配套的制度体系。”

---

① 许维娜，初梓瑞．数字赋能 互联网公益从“捐赠平台”迈向可持续生态［EB/OL］．(2021-09-08)［2023-10-10］．http：//gongyi. people. com. cn/n1/2021/0908/c151132-32221681. html.

“引导、支持有意愿有能力的企业、社会组织和个人积极参与公益慈善事业。”“指尖公益”中国样本作为领先全球、植根中国、具有特色的公益慈善发展新模式，在促进全体人民共同富裕、物质文明和精神文明相协调、人与自然和谐共生、促进人类命运共同体建设——中国式现代化新征程上发挥着重要作用。

“指尖公益”中国样本是中国式的互联网公益慈善发展的道路，是在党和政府支持与指导下，基于互联网发展所涌现的技术创新、移动互联、数实融合等优势，由互联网平台推动公益与用户日常生活场景的深度结合、推动公益行业信任机制与透明化的数字转型、推动扎根县域和基层的共同富裕生态圈建设，在全球范围内实现了公益参与门槛最低、公益交互方式最丰富、公益杠杆作用最显著的全民公益发展新路径。

“中国样本”有何中国特色？中国互联网协会与北京师范大学中国公益研究院联合发布的《互联网公益慈善“中国样本”：迈向高质量发展的中国公益慈善发展新模式》报告（2023 年 5 月）认为，“中国样本”是中国式的互联网公益慈善发展道路，是立足于中国经济高速增长、技术创新驱动的公益慈善发展新模式；是壮大于平台企业、学习创新海外有益经验，主导促进慈善人人可参与的公益慈善发展新模式；是下沉于基层、助力区域经济与乡村振兴的公益慈善发展新模式；是扎根于中华优秀传统文化、构建中国全民善意文化的公益慈善发展新模式；是服务于全体人民共同富裕、助力推进中国式现代化的公益慈善发展新模式。

“中国样本”的形成发展是经济、技术、治理、文化四大支柱共同支撑、相互促进的时代产物。互联网公益慈善“中国样本”拥有巨大发展机遇，但也面临透明度与社会信任度不够、组织数字化程度有限、社会公益文化不足等诸多挑战。互联网公益慈善“中国样本”大致经历了萌芽起步（20 世纪 90 年代—2007 年）、蓬勃发展（2008—2016 年）及逐渐成形（2017 年至今）三个阶段。当前，在《中华人民共和国慈善法》、共同富裕特别是党的二十大精神指导下，中国互联网公益慈善的发展特征日益鲜明、模式日益清晰，因而，在互联网公益基础上发展的“指尖公益”的“中国样本”也逐渐成形。“指尖公益”在发展壮大中积极提升数字技术，打破信任壁垒和“黑箱”，塑造慈善新生态，同时推动透明机制持续升级，探索公益治理新模式。

第二节　“指尖公益”生态现状

依托互联网工具与数字技术，“指尖公益”立足中国公益慈善事业发展实际、系统探索解决行业发展痛点、难点、堵点的可行方案：一是缓解传统公益慈善“可及性”痛点，实现“人人公益”普及。二是化解传统公益慈善“透明性”难点，推动“透明公益”建设。三是疏解传统公益慈善“效能性”堵点，共创“数字公益生态”。

一、全民参与公益

2009 年，中国乡村发展基金会在成立 20 周年之际，首次提出“全民公益”的理念。到 2023 年，经过数十年的发展，我国公益事业已经进入全民参与的互联网公益时代。

1. 公民的公益认知不断提高

随着时代发展，移动支付技术的出现，“指尖公益”平台的兴起——这些在很大程度上降低了公益参与的门槛，拓宽了公众视野，提升了公益认知，促使公众逐渐形成正确的公益观，将公益看作一种公民习惯。“微公益”“随手公益”“人人公益”逐渐成为社会常态，人们也在日常生活中养成公益习惯、增强公益意识。蚂蚁森林、共享单车、支教助学、环境保护、儿童成长、无偿献血、捐步数等微公益活动一方面拉近了公众与“指尖公益”的距离，提升了对“指尖公益”的认知，另一方面也便利公益实践，大幅提升公民参与“指尖公益”的意愿。2022 年中国互联网峰会数据显示，“指尖公益”达成了“双百亿”的成绩：连续 3 年，每年都有超过 100 亿人次点击、关注和参与互联网慈善，2022 年通过互联网募集善款近 100 亿元，比 2021 年增长了 18%。

2. “指尖公益”参与程度提高

早在 1887 年，“公益”一词就在中国出现并使用，改革开放之后，我国公益事业得到显著发展。诺贝尔经济学奖得主克里斯托弗·皮萨里德斯对我国“指尖公益”的评价是：“中国成为利用互联网科技进行小额捐赠的先行者。”根据2023年中国互联网峰会发布的数据，我国累计有超过510亿人次参与互联网公益捐赠，募集善款350亿元人民币。2022年8月发布的《2021年民政事业发展统计公报》显示，截至2021年底，全国共有90.2万个社会组织，共有2227.4万人次在民政领域提供了6507.4万小时志愿服务①。根据中国青年报社社会调查中心对2006名受访者进行的一项调查显示，61.8%的受访者认为，互联网使公益的参与方式更简单，公众的参与度更高了。

二、网络公益成为社会风尚

1.“指尖公益”项目遍地开花

腾讯公益慈善基金会刘琴称，“从2021年开始，北上广等相对富裕的城市不再是公众捐款的‘宇宙中心’，以河南、重庆等地为首的慈善基金会动员体系，显示出对当地公众调动资源参与公益的热情”。《2022年99公益日筹款数据盘点》报告显示，河南省慈善联合总会、重庆市慈善总会、陕西省慈善协会与湖北省慈善总会势头强劲，2022年9月7日—9日的筹款金额约为7.44亿元，占慈善会体系筹款总额的74%。其中，河南省慈善联合总会、重庆市慈善总会、湖北省慈善总会99%以上筹款额来自本地慈善会体系组织合作，呈现出明显的慈善会体系“内循环”特点②。与此同时，“99公益日”的品牌项目“乡村振兴”区域公益专场，2023年已在重庆、云南、湖北、陕西等地举办9场“乡村振兴”区域场活动，更多区域性公益机构收获了成长机遇。

2.“指尖公益”遍布社会各个领域

随着我国经济社会不断发展，社会主要需求也从物质文化需求转变为

① 皮磊．《2021年民政事业发展统计公报》发布全国社会组织捐赠收入达1192.5亿元[N]．公益时报，2022-09-06（3）．

② 周南．区域公益生态建设的守正创新：北上广不再是捐款中心，山东省特点突出［EB/OL］．（2022-12-07）［2023-09-01］．https：//www.chinatimes.net.cn/article/123219.html.

对美好生活的需求，“指尖公益”遍布环境保护、健康与医疗、乡村振兴、共同富裕、可持续发展等各个社会领域，逐渐成为助力社会发展的重要力量。《中国数字公益发展研究报告（2022）》选取了在普惠教育、养老助老、乡村振兴、社区治理、扶残助残、应急救助、医疗健康、生态环保、游戏公益9个公益领域共计24个数字公益典型案例，既包括了腾讯、阿里巴巴、网易等头部互联网公司，也包括了一些成长型科技公司与公益组织近年来的创新探索，揭示出在数字技术的推动下，“指尖公益”呈现出多元参与主体、多样公益议题、多种公益场景、多种公益模式的鲜活创新样貌。

三、数字技术赋能释放慈善活力

中国互联网发展基金会秘书长杨春艳认为：当公益事业与互联网、数字技术相融相生，释放出的能量就是如此巨大。公益与数字化深度结合，数字技术为公益注入了强大的驱动力①。

1. 数字技术赋能公益人才成长

“指尖公益”定位在技术，核心在人才，要想“指尖公益”在数字技术的引导下良好可持续发展，公益人才是数字赋能实践的起点，“培养数字化人才→掌握数字化技术→发展数字化公益”正成为数字技术赋能的重要环节。腾讯的“数字人才开放计划”就是一个好的探索，这个由腾讯公益与中国西部人才开发基金会于2022年7月共同发起的项目，联合了国家行政学院、清华大学、复旦大学等高校，为公益领域骨干与公益媒体人提供系统的公益筹款实战、传播能力建设以及前瞻性战略培训课程②。

2. 数字技术赋能公益组织发展

连续举办8届的中国互联网公益峰会已成为各方共创共建互联网公益慈善生态的重要平台，峰会上的《中国大型慈善组织数字化建设研究报告

---

① 郑硕，赵明鑫，张艳秋．互联网公益千帆竞发，共益未来不止歇［EB/OL］．（2023-05-29）［2023-09-01］．https：//new. qq. com/rain/a/20230529A04TFW00.

② 郑硕，董珮瑜．王振耀：公益人才培养仍有发展空间［EB/OL］．（2023-05-25）［2023-09-01］．http：//www. infzm. com/contents/249650？source=147&source_ 1=103.

（2022）》显示了我国大型慈善组织在战略部署、办公自动化、协同智能化与数据资源转化四个层面积极的数字化转型态势①。同时《2023年公益组织数字化洞察报告——针对中小公益组织数字化现状及期待的研究》显示，在调查的1212家公益组织中，有超过八成的组织已经采用了数字化解决方案。这些公益组织主要在信息公开、志愿者工作和沟通交流等工作场景使用数字化解决方案，达成了行政效率提高、时间成本降低、影响力和知名度提升等目的。同时有60%的组织以订阅付费的方式购买数字化工具或服务，这也从侧面表明，数字化解决方案已是公益组织的刚需，“指尖公益”已经成为社会公益的发展趋势之一。

四、公益与商业协同并进

1. 商业为公益发展注入活力

首先，商业发展为公益事业提供经济基础。如果不是“蚂蚁森林”公益的商业化运作模式为项目提供了大量资金，仅靠公益组织是难以完成的事情。其次，“商业+公益”模式改变了我国公益状况。我国公益事业起初是行政式公益、接受式公益、垄断式公益的糅合体，没有自我成长式公益，依靠行政支撑的公益是难以科学良性发展的。而通过商业化运作让公益组织拥有自我造血能力，不仅能够自力更生获得更大的公益自主权，而且能极大减轻财政压力维持社会长治久安，为公益事业发展营造良好社会氛围。最后，社会企业成为“指尖公益”发展的引领者。在“指尖公益”发展过程中，以互联网平台公司为代表的企业正在积极探索企业承担社会责任的路径，构建“指尖公益”发展新业态新模式。如腾讯就是走在助力公益发展前列的企业。从企业公益到全民公益，从承担社会责任到创造社会价值，腾讯不断探索互联网科技企业的履责内容，试图扩展互联网科技企业的履责边界，并通过确立可持续社会价值创新战略、构建可持续社会价值创新方法论、开展可持续社会价值创新实践等举措，打开了腾讯履行

① 王勇.《中国大型慈善组织数字化建设研究报告（2022）》正式发布［EB/OL］.（2022-12-22）［2023-10-10］. http：//www.gongyishibao.com/html/yanjiubaogao/2022/12/22797.html.

社会责任的新局面，也为企业实现社会价值和商业价值的融合、共促提供了新方法①。

2. 公益让商业价值更凸显

对于“指尖公益”组织而言，履行社会责任是第一位的。如通过举办各类公益主题活动可以帮助商业组织回馈社会，履行社会责任，展示其对社会问题的关注和关怀，还可以提升组织的形象和声誉，同时吸引更多的顾客参与，提高顾客的黏性和忠诚度，实现企业商业价值的长期化。尤其在疫情后经济下行的情况下，更多的商业组织开始探索公益与商业相互融合协同并进的路径，所以对于这些“指尖公益”组织而言，公益营销的未来方向或将是既符合主流价值观，又能契合项目定位。如上海兴业太古汇、印力中心、合生商业、凯德集团等联动旗下项目，纷纷通过频繁的公益主题活动让“美德”越发多元，不仅勇担社会责任，更构建出了有温度、有人情味的商业空间，创造了全新暖心的生活方式。

第三节　“指尖公益”生态困境

一、公益生态圈参差不齐

1. 感性思维影响生态圈可持续发展

微信、微博、抖音、快手、小红书、微信视频号等新媒体平台的出现让各种公益信息得以广泛传播，也导致热衷于社交平台推送刺激的用户容易在感性驱使下产生冲动的行为。如果感性思维引导下的公益行为仍然是主流，那么就容易导致“盲从公益”“无脑公益”现象的出现，影响“指尖公益”生态的可持续发展，所以理性公益才应该是未来公益的发展方向。腾讯公益平台上线了“拦着不让你捐款”的“冷静器”功能，在这个功能下可以看到项目立项时间、进展、执行效果和财务披露状况，让用户

① 侯明辉. 腾讯：持续迭代，创造可持续社会价值［EB/OL］.（2023-08-23）［2023-10-10］. http：//www. infzm. com/contents/255326？source=131.

在冷静分析和理性判断之后进行决策，既是对冲动公益问题的反拨，也是“指尖公益”透明化的新尝试。

2. “名人效应”衍生公益生态圈乱象

所谓“名人效应”就是通过社会权威人士、公众人物的行为、言论或形象对大众的行为、意见和态度产生影响。如腾讯“99公益日”就是由腾讯、知名企业家、明星名人等共同发起的一年一度的全民公益活动，这些活动在“名人效应”的引导下确实取得了不错成就，但是也显现出其独有的弊端。粉丝将公益生态圈作为明星的“秀场”开展比拼，肆意点评明星的捐赠行为，造成公益生态圈乱象。如2023年涿州特大水患灾害，众多明星纷纷捐款捐物的行为既吸引了众多粉丝加入公益活动，也引发了粉丝间的攀比和道德绑架行为，让公益染上娱乐圈“饭圈”的陋习。

3. 炒热度行为扰乱公益生态

“指尖公益”与传统公益的一个显著区别就是公众不仅是公益的参与者，也变成了公益的发起者、传播者，而这也导致了很多的个人和组织以“公益”之名，行“吸引热度”之实。大量虚假公益的行为不仅造成公益公信力下降，而且给“指尖公益”治理造成压力。如2023年夏季连续暴雨导致多省份谷物收割遇到困难，此事一经互联网发酵，就有众多网红“闻风而动”，于是各社交媒体平台就出现了穿着光鲜亮丽，手持直播机器的网红直播割麦，但是众多网红或情绪高亢地直播，或悠闲地对劳作的农户进行拍摄，使割麦这一公益行为成了吸引流量的噱头。这些行为不仅干扰了正常的抢收工作，也让个人公益的公众形象大打折扣。

二、公益项目发展生态不平衡

1. 公益项目资源分布不均

截至2021年底，我国已经有90.2万个社会机构组织，环境保护、教育支持、公益宣传、社区服务、活动志愿等非营利性公益项目也层出不穷，与此同时出现了项目资源分布不均的问题。对知名度较高、娱乐性较强的“指尖公益”项目，人们的参与意愿、募捐意愿都高于知名度低、工作相对枯燥的项目。如音乐节、演唱会等活动报名的志愿者人满为患，而社区、福利院等机构却志愿者紧缺。再如，因猥亵女童入狱的南宁网红“豆浆王子”刑满释放不久便有一个公益组织创办了“帮助豆浆王子回家”的活动，甚至为此举办了新闻发布会，尽管负责人称帮扶活动完全是出于公益目的，但是如此高调的帮扶行为还是受到众多网友的质疑与批评，让该公益组织的公信力大受影响。

2. “马太效应”存在且持续发展

“马太效应”是指一种强者越强、弱者越弱的社会现象，这种现象在“指尖公益”中长期存在且会持续发展。尽管从项目数量上看，我国“指尖公益”平台均上线了超百个公益项目，而且涉及教育助学、环境保护、生命保护等多个领域，但是其中稳定发展、贡献卓越的主要还是头部互联网平台旗下推出的项目。如依托支付宝公益平台的蚂蚁森林、蚂蚁庄园等蚂蚁公益系列活动仍在持续推进中；2022 年，腾讯公益推出的“99 公益日”活动统计参与用户超过 1 亿人，捐赠累计超过 5816 万人次，公众筹集善款人民币总额超过 33 亿元。

三、品牌生态管理不协同

为了不断推动“指尖公益”品牌前进，就需要不断创造、丰富品牌产品和服务。在“人人公益、人人参与、人人受益”的公益生态下，一些大企业提升生态品牌战略思维，持续升级迭代，积极带动各方共同参与公益事业，展现作为大企业的社会责任担当。然而，“指尖公益”品牌建设仍然存在互联网经济学长尾理论中的“二八效应”，不同企业和组织对公益品牌建设认识、投入资源、宣传力度等各个方面都存在明显差异，如头部平台因为具备先天的流量优势，所以在品牌建设和宣传方面能够有更明显的成效，而一些中小型组织在品牌建设方面则稍显落后。

1. 品牌建设投入存在差距

南方周末公益研究中心通过访谈发现，一些“指尖公益”机构能用于品牌建设的预算和资源非常有限，所以导致“指尖公益”品牌建设投入不足，而大企业有成熟的品牌战略建设思维和较大的盈利，自然拉开了与其他机构的投入差距。如腾讯公益推出的“99 公益日”不仅设计了专属的小红花形象，通过微信、QQ、腾讯视频、腾讯会议等线上产品进行宣传，而且通过公交站台、楼宇电梯、全天候播放主题广告牌，邀请众多明星、社会知名人士对活动进行宣传预热，利用多种渠道建设品牌、宣传品牌，推动公益品牌渗透进公众日常生活中。

2. 品牌传播力差异明显

南方周末公益研究中心发布的《中国公益品牌观察报告（2021—2022）》中指出“指尖公益”品牌的实际有效传播存在较大差距，在调查的354家公益基金会和175个公益项目中，仅3家基金会的微博粉丝达到百万级以上；与此同时，有60%的基金会官方微博账号粉丝数在1万以下；甚至有9家基金会的官方微博账号虽然在持续运营，但粉丝数未破百①。一方面，是因为一些规模较小的“指尖公益”组织虽然有扩大品牌影响力的需求，但是受限于资金、人员配置等因素出现难以入手、宣传效果不佳等问题；另一方面，是因为一些传统社会组织传播思维落后于快速发展的全媒体时代，无法有效下沉到规模巨大的社会群体当中。

第四节　“指尖公益”新生态营造

一、个人层面：理性参与公益

1. 提高公益认知

在参与项目之前，要通过多渠道了解“指尖公益”，掌握相关知识，扩展自己的视野，关注相关法律政策的变化，了解“指尖公益”发展动态。在专业知识的引导下详细了解公益项目的目标、计划、效果和风险。在参与项目之后，要总结经验和体会，形成公益闭环；通过论坛、研讨会和讲座等形式与同伴、领域大牛进行交流，形成“指尖公益”思维，不断提高对“指尖公益”的专业认知。如《中国慈善家》杂志、《公益传播十

① 南方周末公益研究中心．中国公益品牌观察报告（2021-2022）：公益需要品牌，品牌需要生态［EB/OL］．（2023-02-03）［2023-10-10］．http：//www. infzm. com/contents/243040?source=131.

讲》书籍等都包含丰富的公益知识，可以在其中获得很多对“指尖公益”的专业见解。

2. 参与可持续性项目

经过长时间的发展，“指尖公益”呈现出项目数量多、涉及领域广、发展不均衡等特点，所以也要求参与者具备选择项目的能力。首先要选择可信任的“指尖公益”平台和组织，保证自己的努力不会被浪费；其次，要对项目进行评估，在对项目的风险和影响作出评估之后选择一个能够长期参与的项目，经过理性判断而非兴趣冲动选择出来的项目才更有可能产生持续性的投入，也更可能产生实质性的影响。

3. 以能力为导向

一方面，合理评估自己的时间和资源，确保可以合理投入“指尖公益”事业而不影响正常的生活和职责，经过反复权衡保证参与“指尖公益”不会给自己和他人带来负担；另一方面，明确自己的知识、技能和兴趣，找到相匹配的“指尖公益”项目，以便能够更好地投身于公益事业。这样不仅可以更好地发挥自己的长处，还能为公益事业带来更有价值的贡献。因此，以能力为导向的参与，不仅有助于个人的有效投入，也能够对公益事业发展产生更深远的影响。

二、平台层面：加强数字赋能公益慈善

1. 将区块链技术引入监管

区块链本质上是一个去中心化的数据库，是分布式数据存储、点对点传输、共识机制、加密算法等计算机技术的新型应用模式。基于分布式、难篡改、可溯源的三大特点，区块链可以尽可能地在物资捐赠及分发等全流程摆脱人为因素，以算法与技术重塑信任机制，使成本更低、效率更高、解决信任问题更加可靠，可以在资金监管和物资调配方面发挥显著作用。如支付宝公益推出的“链上公益”，捐赠方和受益方都可以登录小程序，查看捐赠的每一个细节，随时跟进项目进展和捐赠流向。再如疫情防控期间，杭州互联网公证处参与的“善踪”平台，借助区块链的技术特点，平台通过将捐赠信息上链，一旦发布将不可篡改、删除，为信息的真

实性提供了保障。

2. 利用虚拟现实技术打造数字公益圈

传统公益有一个显著缺点就是参与者缺乏临场感。在Web1.0时代，人们只能通过界面、文字的浏览来获得公益信息，但是这些静态信息带给公众的刺激不足，导致公众缺乏参与公益的热情。随着Web2.0和Web3.0时代的到来，各种虚拟现实技术日新月异，元宇宙从概念走向现实，互联网也可以利用这些技术将虚拟和现实结合起来，让人们不仅能够看到“指尖公益”项目的相关信息，也可以切实体会到各种项目的实施细节和成效。如故宫博物院推出的VR博物馆，就是利用VR全景技术展现故宫博物院以及每个宫殿的样貌，让观众云游故宫有身临其境的观感。

3. 强化技术保障用户隐私

互联网吸引公众参与“指尖公益”事业发展的同时，也让个人隐私面临着被泄露的风险，所以“指尖公益”平台在建设过程中要时刻注意用户隐私，建立用户信任，保障公益活动的有效开展。第一，要保证用户的自主控制权，提供用户自主管理和控制自己数据的选项，例如允许用户选择分享哪些信息、是否接收推送等，同时要响应用户需求，确保用户能够随时查询和管理自己的个人数据。第二，及时更新和维护平台的技术设施，保证操作系统、数据库和安全软件的正常运行，确保系统的安全和稳定，杜绝因系统问题造成用户隐私泄露的问题。第三，对于敏感信息要采取匿名化和加密技术，确保用户信息传输和存储的安全，即使被泄露也难以解读。

三、组织层面：加强商业化反哺公益

1. 进行用户参与激励

企业作为“指尖公益”发展的重要主体，带动用户参与“指尖公益”是推动公益发展的重要手段。首先，企业可以设立奖励制度提高用户参与“指尖公益”的积极性，可以通过物质奖励、名单上榜等形式对积极参与公益的用户进行激励。如“饿了么”推出“无需餐具”的“蓝色星球”环保公益计划，对全国使用此功能最多的城市中使用次数最多的用户进行奖励。其次，通过加强公益宣传提高用户对“指尖公益”的认识和理解，让用户了解“指尖公益”的重要性和意义，从而积极投身公益大军。

2. 构建战略合作伙伴关系

2023 年 8 月 18 日，中国慈善联合会传播委员会推动的“好事传千里”公益传播月启动活动上，腾讯、阿里、字节跳动、支付宝、微博、B 站等国内几大互联网平台同台路演，这是近年来各互联网大厂为“指尖公益”首次联手，在自家的公益平台同步推广同一个主题。企业的这一举动正是响应了章新新委员提出的“中国慈善传播共同体”的概念，通过企业联手整合资源、优化模式，打造一个“劲往一处使”的局面。耿小勇表示：“大家的目的都是一样的，是希望利用互联网平台做好模板，做好‘指尖公益’传播，做好项目倡导。”平台打破壁垒携手合作，既是减少大量交叉重复性工作对资源的消耗，让有限的资源更多地投入公益事业中；也为探索普适性发展标准提供机会，提高“指尖公益”平台建设质量，与此同时，多家互联网头部平台的联合一方面获得流量吸引更多公众参与“指尖公益”，另一方面多家企业的信誉共同担保增加了公众对“指尖公益”的信任，提高了公众参与公益的意愿①。

四、项目层面：设计高质量的“指尖公益”项目

1. 打造公益品牌项目

对于“指尖公益”，品牌是提升产品核心竞争力的源泉，是扩大产品影响力的重要因素。公益品牌在某种程度上属于社会影响力，它代表着公众对“指尖公益”的公信力的认可度。打造“指尖公益”品牌是一个复杂且持续的过程，涉及战略规划、品牌定位、传播策略等多个方面，首先需要有明确的价值观和目标受众，确定项目的核心目标，了解目标受众的兴趣、需求和价值观，然后通过品牌定位区分于其他公益项目，通过简洁、有意义、新颖的标识获得关注，通过社交媒体进行广泛传播。如 2022 年腾

---

① 龚怡洁．平台打破壁垒，公益 9 月不再耗于内卷？[EB/OL]．(2023-08-21) [2023-10-10]．https：//baijiahao. baidu. com/s？ id=1774804320931427891&wfr=spider&for=pc.

讯公益和泡泡玛特首次联合推出MOLLY小红花的专属公益形象，利用泡泡玛特的独特IP吸引专属受众参与支持乡村学校美育公益项目。

2. 促进项目生态可持续性发展

上海卓越公益事业评估中心理事长徐本亮接受采访时指出，好的“指尖公益”项目应该要和机构使命一致、要能够正确界定项目的服务对象、有明确的目标、要有实施项目的资源和能力、要创新、要有成果、要充分整合利用社会资源。这些不仅是衡量一个项目好坏的重要指标，还是一个项目实现可持续性发展的重要因素。一个能够可持续性发展的项目应该是在组织综合衡量自身实力的前提下，结合自身服务特点和当下发展需求推出的，如喜马拉雅集团就根据自身的优势推出了用声音服务美好生活的系列创新项目：《故事中国》将全国各地的传统民间故事打造成音频“地方志”；“有声乡村”项目将“互联网智能广播”引入基层；科技助残利用声音的优势，帮助残疾人获得新职业。

在全面贯彻党的二十大精神的开局之年，民政部以“携手参与慈善 共创美好生活”为主题，引导支持社会各界积极参与“指尖公益”事业，推动公益慈善事业发展成果更多更公平惠及全体人民，更好地服务党和国家中心大局。在全民公益的数智时代，倡导人人公益，铸就公益慈善生态的价值底色；倡导联合共建，繁荣公益慈善生态；倡导信任机制，守护公益慈善生态的生命线。“指尖公益”还会将重心进一步回归互联网公益平台的价值本色，将公益从“共识”变“共创”，携手各界共创美好，为建设多元、包容的互联网公益慈善生态添砖加瓦。“指尖公益”将在推进公益慈善事业可持续发展上用力，汇聚更多善意，驱动无限新“益”。

第七章　数智时代的“指尖公益”模式创新实践

从2008年汶川地震至今，“指尖公益”经历从“捐”→“助”→“创”的3.0时代，其在数智时代迅速发展，公益影响力也在全球持续传播。数智时代，国家在政策层面将数字技术的发展应用提升到优先级，深厚的公益“土壤”，调动了我国14亿人民，迸发出强大的公益力量。数智时代，数字化转型、科技赋能成为“指尖公益”创新发展的新动能、新风尚，重塑并创新公共服务模式。智能化、跨媒介、互动式、体验式成为数智时代“指尖公益”传播的新特征。数智时代，“指尖公益”创新实践正成为中国公益事业的活力源泉和重要推动力，这一创新实践不仅为公益事业带来了新的机遇和挑战，也为社会的可持续发展提供了新的思路和路径。在这个充满活力和可能性的数智时代，“指尖公益”模式创新正成为学界关注的热点和响应第三次收入分配的着力点。

第一节　政府层面

政府在数智时代“指尖公益”模式创新实践中，主要发挥引导、支持、协调和监管作用，具体表现为制定政策和法规、提供支持和资源、促进公益各方合作与协调、监管与评估的作用；并且充分提供政策支持、税收优惠和资金扶持，政府引导互联网企业参与公益事业，鼓励创新和合作，促进共同富裕。

一、行业监管和潜力释放并重

1. 建立监管机制

2020年中共中央印发的《法治社会建设实施纲要（2020—2025年）》提出，深入实施中国好网民工程和网络公益工程，营造风清气正的网络环境。同时，《中华人民共和国慈善法》规定了公益组织的注册、募捐、资金管理等方面的要求，对违法违规行为进行处罚。此外，民政、工商、税务等相关政府部门也会对“指尖公益”组织和平台进行定期检查和监督，规范“指尖公益”组织的运作和管理，确保公益资源的合理利用和公众利益的保护。国家政策和法律也在不断修订和补充关于互联网公益监管的条款，营造合法合规的运营生态。

政府在监管的同时，还引入了监管评估体系，运用监管影响评估，推进互联网平台监管的成本收益分析，综合考虑监管的长期经济和社会效益，有效降低监管成本、减少监管失误、提高监管效益。同时，运用区块链、元宇宙、人工智能等，以及采用智慧监管新方式新方法，降低监管成本，推进线上监管（非现场监管）与线下监管（现场监管）无缝衔接，实现互联网平台监管的网络化、智能化、嵌入化、敏捷化、精准化，全面增强监管的针对性和科学性。例如，河南省民政厅每年会对慈善公益组织进行“双随机、一公开”（随机抽取检查对象、随机选派执法检查人员，将抽查情况和查处结果及时向社会公开）抽查，并且向社会公布抽查结果，规范了慈善公益组织的行为，提升了慈善组织服务能力。

民政部、中央统战部、中央网信办等11部门联合于2023年6月开展了打击整治非法社会组织专项行动，到2023年8月19日，已核查涉嫌非法社会组织线索700余条，有效线索402条。其中，取缔34家，劝散144家，自行解散20家，引导登记17家，在查案件170起。专项行动实现了规范公益组织行为，净化公益组织环境的作用。

2. 完善信息公开披露制度

提高信息的透明度可以增加公众对“指尖公益”组织的信任度，促进公益事业的发展。我国慈善法第四十二条规定：捐赠人有权查询、复制其捐赠财产管理使用的有关资料，慈善组织应及时主动向捐赠人反馈有关情况。这以法律的形式规定了慈善组织有信息公开的义务。该法第七十二条规定：慈善组织应当向社会公开组织章程和决策、执行、监督机构成员信息以及民政部门要求公开的其他信息。例如，新疆维吾尔自治区出台的《慈善组织信息公开办法》第十四条规定：慈善组织应当在统一信息平台为每年的年度工作报告和财务会计报告、每个公开募捐活动和慈善项目建立相对独立的信息条目。在民政部的官方网站上，也设有慈善信息公开栏目，其中包括民政部指定的慈善组织互联网募捐信息平台，以及各类慈善公益组织的年度报告、公募项目和方案等信息。

3. 加强合作引导

党的二十大报告提出“引导、支持有意愿有能力的企业、社会组织和个人积极参与公益慈善事业”，将发展公益慈善事业作为完善分配制度、促进共同富裕的重要举措。《中华人民共和国企业所得税法》第九条和《中华人民共和国企业所得税法实施条例》第五十三条规定，企业通过公益性社会组织或者县级以上人民政府及其部门，用于符合法律规定的慈善活动、公益事业的捐赠支出，在年度利润总额12%以内的部分，准予在计算应纳税所得额时扣除，超过年度利润总额12%的部分，准予结转以后三年内在计算应纳税所得额时扣除。浙江省2021年推出的《浙江高质量发展建设共同富裕示范区实施方案（2021—2025年）》中提到“完善慈善褒奖制度。完善有利于慈善组织持续健康发展的体制机制，大力发展枢纽型、资助型、行业性公益慈善组织”。通过出台荣誉、待遇、优待等慈善褒奖制度，定期开展“浙江慈善奖”评选，引导企业、个人和社会各界积极参与公益慈善，不断扩大慈善事业的群众基础。

4. 提供专业培训指导

政府通过举办培训班、开展研讨会和提供咨询服务等方式，帮助“指尖公益”组织提升管理和运营能力，河北省建立专业的慈善行业协会或组织，为公益组织提供交流和学习的平台。例如，2023年8月由河北省张家口市民政局主办，张家口市图书馆、张家口市社会组织孵化中心联合主办，张家口市慈善义工联合会承办的社会组织能力提升培训第二十三期——“千人骨干”第七期公益培训班在张家口市图书馆开班。张家口市民政局社会组织管理科依托市社会组织孵化中心，定期为社区社会组织开展专项培训，提升了社区社会组织、社区志愿者的公益服务能力。

2023年8月，浙江省仙居县10支社会救援队伍参加了由应急管理局组织的技能培训班。救援队伍在中国红十字基地仙居搜救训练中心进行培训，县应急管理局对救援队伍进行了绳索技能、水域救援、通信报道等方面的培训，对救援队伍的救援知识、技能和宣传报道能力进行提升。同时，应急管理局还为救援队伍提供了无偿的救援设备训练，提升社会救援队伍的能力，以充分发挥社会救援力量在防灾减灾救灾中的作用。

5. 释放技术潜力

民政部早在2019年就指出，互联网募捐场景越来越多元化，相关平台推出行走捐、阅读捐、积分捐、消费捐、企业配捐、虚拟游戏捐等创新方式，受到公众欢迎。在元宇宙、区块链、人工智能等科技赋能下，日捐、月捐、零钱捐、一对一捐等捐款种类日渐多元，公众号推送、App 开屏广告、线下传单发送、自有新闻客户端报道、集团旗下 App 打包宣传等导流方式不断翻新，初步形成了一个鲜活的互联网慈善的“中国样本”，支持“指尖公益”项目的技术研发和推广应用，促进技术与公益的深度融合，提高公益事业的效率和影响力。

宁波市科学技术局和财政局于2023年发布《宁波市公益性研究计划项目管理办法（修订）》，旨在促进公益领域科技创新成果转化。其中第三条规定：公益性项目是市科技计划体系的重要组成部分，其项目资助经费纳入市科技发展专项资金年度预算。此外，浙江省科学技术厅下设浙江省基础公益研究计划项目，聚焦医疗健康、生态环境、公共安全、现代农业、实验动物、分析测试等社会公益领域。项目对支持公益领域的技术创新和成果转化具有积极的作用。

二、建立追踪、审计、评级机制

1. 追踪机制

“指尖公益”完善的追踪机制可以提升公益组织的透明度和信任度，

强化对公益项目的监管和评估以及公众的信任，更好促进公众参与和支持“指尖公益”。追踪机制可使“公益留痕”，确保每份公益去向可追溯，保证公益落到实处，让投身公益的人放心，推动公益事业的发展和传播。例如，四川省内江市民政局网站公开的2023年1—6月内江市儿童福利院关于社会捐赠款物接收使用情况，接收捐赠款6笔，共61466.66元；接收捐赠物资15批，折合价值38125.56元。

2. 审计机制

为确保“指尖公益”组织和平台的资金使用和项目执行的合规性，公益组织和平台定期接受独立的审计机构对其财务状况和业务活动进行审计，确保资金使用的透明度和合法性。2023年7月，民政部办公厅对慈善组织（基金会）进行抽查审计工作，由北京中路华会计师事务所有限责任公司、北京中天银会计师事务所对24个民政部登记的慈善组织（基金会）进行审计。审计重点在查看慈善组织（基金会）2022年度工作报告、审计报告、专项信息审核报告、会计报表、相关账簿、审批单据、财务票据、合同协议等资料，检查慈善组织（基金会）的内部治理、财务管理、专项基金、慈善项目、保值增值、信息公开等情况。

3. 评级机制

评估等级是对社会组织内部治理、活动开展、作用发挥等方面的专业评价结果，是体现社会组织自身发展状况的重要标志，也是客观反映社会组织发展质量，获取政府相关优惠政策资格的重要依据。《全国性社会组织评估管理规定》第六条规定：全国性社会组织评估结果分为5个等级，由高至低依次为5A级（AAAAA）、4A级（AAAA）、3A级（AAA）、2A级（AA）、1A级（A）。社会组织评估等级有效期为5年。我国已建立了比较完善的公益组织评估和评级机制，以评估和监督公益组织的运作情况和效果。一些官方认可的机构，如中国慈善联合会、中国社会组织政务服务平台等，有对公益组织进行评估和评级的资质，可根据其管理水平、项目执行情况、透明度等方面给予评价和评级，并且运用数据分析和数据挖掘的方法手段，实现公益活动和公益事业等公益领域的数据信息透明化，评估公益项目的效果和社会影响。政府可以建立评估指标和标准，提供数据分析和监测的支持和指导。例如，2023 年江西省高安市公益大联盟爱心平台，在高安市民政局社会组织等级评估中，被授予了“高安市 2022 年度社会组织等级评估 5A 级”单位。江西省高安市公益大联盟爱心平台成立于 2018 年 3 月 18 日，由单位会员及个人成员组成，目前注册人数 800 多人，参加过 1 次以上的有 700 多人。平台始终秉承“爱于心践于行”服务理念和“奉献、友爱、互助、进步”志愿精神，长期致力于和谐社会文明创建，团队服务对象关注“一老一小”类公益项目，主要开展扶贫、济困、扶老、助学、救孤、助残等。

三、“指尖公益”深度赋能社会治理

“指尖公益”精准“应急”公共服务，深化基层社会治理。基于基层社会治理创新的政策背景和社会基础，技术赋能，打造未来“互联网+公益”在基层社会治理中的应用场景。例如，“指尖公益”平台推动社会公益实现从“机构、企业搭台，公众看热闹”的 1.0 时代跨越到“全民参与、人人参与、共同创造”的 3.0 时代，推进社会公益在社区服务中实现立体、互动、多元、温暖的高质量发展。在常态化的疫情防控中，用好“指尖公益”活动平台，强化基层干部、社区工作人员的项目创新能力、资源整合能力。通过信息渠道的“垂直”沟通，形成“大数据+网格化”的集成融合优势，使街道、社区服务不仅应急精准，而且全面细致；综合提升基层公共服务能力，打通社会资源下沉基层治理的“最后一公里”。

2023 年 1 月，浙江省嵊州市依托一体化智能化公共数据平台，谋划建设了浙江省嵊州市“数据智治”系统。系统以三级数据仓体系架构（即市本级、部门和镇街级、村（社区）级三级数据仓管理体系）为基础，该平台集成实有人口分析模型、特色专题库、数据档案查询等功能模块，实现数据取之于基层、用之于基层。在嵊州市数据智治系统的投放使用中，根据智治系统计算出的老年人口分布情况和服务需求半径，精准确定了“爱心助餐”的规模和地址，力争打造“15 分钟居家养老助餐服务圈”。

2023 年 4 月，湖北省武汉市东湖高新区管委会与北京大学武汉人工智能研究院签约共建国家智能社会治理实验综合基地，同时与浪潮新基建科技有限公司、中国联通智慧足迹数据科技有限公司等 8 家公司签约，共同构建智能社会治理的“产学研用”生态。2023 年 8 月，上海市普陀区试点推广全市基层治理数字化平台，以数字化转型赋能基层，推进基层减负工作。市基层治理数字化平台通过建设“一个门户”“一个工具箱”“一个基层治理数据库”“一套标准体系”，推进深度社会治理。

四、“指尖公益”精准助力应急防控

“指尖公益”在疫情防控中不断凝聚社会力量，尤其重视运用“线上力量”，加大引导社会性的救助、电商、外卖、出行、社交、搜索等互联网公益平台，鼓励它们利用自身的供应链和物流调配、信息交流、资源整合等技术优势，在保障疫情物资供应、民生需求、中小企业帮扶、线上办公、复工复产等方面发挥更大作用，更加精准地助力疫情防控，不断提升全社会的应急管理和社会治理能力。

1. 精准“应急”物资调配，培养延伸长期供应链

一是发挥大型电商平台的全国仓储物流和高效调配优势，帮助城市“静默”期间的群众生活应急，并在此基础上延伸供应链，与政府应急服务体系联动。互联网平台拥有基于大数据驱动的仓储物流网络，确保疫情期间各类民生保障。电商平台发挥仓储体系全国 100% 区县覆盖优势，为短期激增的各类生活物资提供保障。外卖平台为中小商户提供“一键开通”在线采购通道，确保多数城市商品储备，及时将急需物品送到千家万户。二是发挥平台供应链优势，助力重点医疗物资的货源组织和运输保障。一些大型“指尖公益”平台开展医疗和应急物资的全球寻源和供应链协作，在国内外数百个地区组织产能，并依托自身物流渠道快速送达武汉、上海、北京等重要疫情防控地区。

2022 年，某出行平台在上海等地组建多个成规模的医护保障车队，接受统一调度、免费服务，有效补齐了社区服务的短板。2023 年江苏省张家港保税区运用智慧园区中心大数据底座，智能化分析重点应急场所的社会需求，灵活配置储备的物资和装备，工作人员通过电脑端和手机端实时查看、调阅储备的物资、种类和用途，实现了应急物资的集散储备、智能管

理和专业维护。运用5G传输互联、云端存储、物联网等先进技术，通过智慧应急管理系统，实现了应急物资的智能存取、远程实时管理、一键呼救和取用功能。

2. 精准“应急”中小企业复工复产，促进公益资源与商业资源有机整合

“指尖公益”平台主动帮扶中小微企业复工复产，尽可能减少损失。某外卖平台启动数十亿元专项资金和超100亿元的优惠利率小微贷款，为疫情严重地区中小商户直接减免佣金和年费。许多企业在大力开发商业资源的同时，不忘公益，通过线上、线下联动，实现资源利用最大化，激发更多可能性，推进可持续化。京东、淘宝、阿里、小米等公益网店被民政部指定为互联网募捐信息平台，探索“互联网+公益”的不同形式，拓展数字科技与公益行业并行前进的路径。在公益转型过程中，“公益金融”凭借便捷的网络技术以及雄厚的资金加持，在公益事业上，快马加鞭，优势凸显。例如，“微易贷”等互联网平台借助网络信息技术，在帮助用户在中介平台投资理财获取经济收益的同时，进一步彰显其社会价值，落实普惠金融，解决小微企业融资困难、物资短缺的问题。同时，理性引导网络募捐中的企业与公众行为，推进用户由单纯投资转向带有慈善公益性质的投资，更好兼顾金融回报和社会回报，达到经济收益与社会捐赠新的平衡。在此基础上，通过公益慈善和金融服务有效配合，达成双赢发展格局，将先富带后富落到实处，更好助力全民公益事业。

3. 精准“应急”项目捐赠，培育“人人公益”社会生态

2023年，我国通过互联网募集的善款接近100亿元，比2022年增长了18%。跨界、创新、融合是“指尖公益”平台的新特点。一批互联网企业积极履行社会责任，引领时代潮流。“随时随地的网络公益平台使公众行善有了更便捷的途径。”借助互联网平台技术的优势和移动支付的便捷性，网络公益慈善走向大众化、平民化，吸引了公众广泛参与。“公益直播”成为热词，许多人在网络“为鄂下单”、央视新闻“谢谢你为湖北拼单”……场景化的直播方式使“人人公益”的理念和价值快速扩散，网络公益扶贫大格局惠及了许多贫困群众。在网络扶贫过程中，各大电商企业

积极参与，将小农户与大市场连接，为农产品打开线上销路，有力促进贫困地区特色产业的规范化、品牌化建设，扶智、扶业、扶志，持续增强贫困地区发展的内生动力。拼多多启动“10万新农人培育计划”，打造一站式的产业助农新路径“多多农园”，力求“将利益留给农户、将人才留在农村”；携程推出“壮美山河扶贫计划”“智慧文旅”，助力特色乡村旅游资源开发，提高乡村旅游热度。建议对“指尖公益”加强监管，明确网络平台设立各类捐赠标准，并由金融机构托收监管，以高效透明的方式协助资金和物资专项募捐。同时，鼓励互联网平台设立并运营好公众监督疫情防控工作的举报平台，在社会应急管理体系启动后，协助政府提升社会治理透明度、深化公信力。

4. 精准“应急”数据共享，及时回应公众关切

一是鼓励“指尖公益”平台利用信息收集、分析处理能力为各级政府应急防控提供服务。战“疫”中，出于展现社会责任以及吸引流量的需要，不少“指尖公益”平台专设疫情防控专栏，定时向相关部门上报疫情数据及突发情况，为建立疫情人流监控态势感知系统提供服务。部分平台配合政府向全社会开设疫情物资捐赠，以及募捐诈骗、虚假信息等违法违规行为举报入口，降低疫情防控中的信息壁垒。二是利用一些公益平台免费开放共享数据、算力算法资源优势，在线上诊疗、流动人口监测、老年人居家照护、疫苗和新药研发、数字化辅助测试等方面提供支持。此外，鼓励综合性公益平台配合防疫部门参与流调工作，开展重点人群跟踪，实施物流人流大数据分析，跨领域数据共享，提高疫情监测和预警能力，特别是对网上虚假信息进行鉴别，回应大众关切。2022年9月中国科学院空天信息创新研究院主导研发的我国首个灾害应急数据区块链服务平台（Open Disaster Data Chain）正式上线。初步构建了覆盖我国主要减灾机构的区块链可信联盟体系，具有快速部署、高性能智能合约、多平台兼容等创新优势，为解决灾害应急过程中的数据确权凭证、版本管理、可信共享和溯源追踪等问题开辟了“区块链+”服务新模式。

第二节　组织层面

一、模式创新：推进新型公益平台能级提升

1. 平台能级提升

未来“指尖公益”的数字化平台能级提升，包含两层核心逻辑：通过数字化助力公益服务的模式创新及体验升级，并助力传统公益组织的运营效能和信任度提升，从而打造数字社会的公益服务及组织。“指尖公益”服务及组织的转型，需要以机构为本、平台互联和跨界共建等各方力量形成合力；整体上从内涵到外延，从内核分支到繁荣发展，形成“指尖公益”数字化发展的未来蓝图。例如，利用人工智能、大数据等技术，提供个性化的公益推荐和定制化的解决方案。以腾讯公益为例，2023 年腾讯公益宣布先后投入 1000 亿元资金，开展实施“可持续社会价值创新”等慈善计划，通过深入结合自身的数字和科技能力，在低收入人群增收、基层医疗体系完善、乡村振兴等领域持续提供助力。

2023 年 5 月，腾讯公益慈善基金会和中国互联网发展基金会举办了第三届 Light · 技术公益创造营项目路演，众多公益技术团队依托腾讯云智能开放的超过 360 多个 AI 原子能力，在“AI+公益”的浪潮中，洞察特殊群体需求，发挥创意、创想，创变出了多元化公益落地产品，如新生儿黄疸 AI 图像识别、AI 寻人、AI 物种保护等。同时腾讯公益还提供了质量云平台 WeTest 和底层开源操作系统 OpenCloudOS 底座生态支持，帮助公益队伍便捷地将 AIGC、图像识别、语音生成等多领域新技术应用到公益中。

2. 平台运营能力提升

“指尖公益”组织建立科学的平台运营机制，包括用户管理、项目审核、资金监管等方面的规范和流程，加强数据分析、评估，及时调整运营策略，提高组织架构与流程的效率和灵活性。运用如人工智能、大数据分析、区块链等新技术手段，通过优化资源配置，提升服务质量、公益项目效率和透明度，提高公益活动的组织和执行能力。例如，腾讯公益以前做

的是 B2C 模式，搭建平台，帮助公益机构连接海量的个人捐助者。现在，腾讯要做的是 C2B，让个人捐助者检验、倒逼公益机构，提高运作效率和透明性，以能得到市场认可，争取更多的资源。腾讯公益还在 2023 年推出了旨在推动公益机构和项目实现“指尖公益”，帮助更多公益组织提升公益数字化能力的“2023 年全年行业资助计划”。

目前“指尖公益”的数字化还是一个“痛点”和创新点，NGO 2.0 提出“借船出海”的方式，借助互联网已有平台和技术工具，为自身赋能，提高组织内部运营效率，实现可持续性运营。例如爱佑慈善基金会在成立之初就进行数字化布局，其将数字化分为了 5 个阶段。第一阶段，单一局部应用信息化。第二阶段，多部门实现信息化，有专门的 IT 部门。第三阶段，全流程信息化打通，建立数字化系统。第四阶段，组织内外部打通，数据驱动业务。第五阶段，形成全面协同智能驱动的数字生态。通过这 5 个阶段，爱佑慈善基金会依靠数字化解决发展中的困境和难题，提高公益组织的运营能力，推进公益组织持续性发展。

3. 平台合作能力提升

“指尖公益”加强与公益组织、企业、政府等各方的合作与协调，形成合力，共同推进公益事业的发展。通过建立合作机制、共享资源，提高公益平台的整体影响力和可持续发展能力。2023 年 8 月，中国慈善联合会传播委员会主办，联合腾讯公益、阿里公益、字节跳动公益、支付宝公益、微博公益、联劝网、B 站公益等各大“指尖公益”平台和中国乡村发展基金会、中华儿慈会、中华社会救助基金会、北京众一公益基金会、北京爱尔公益基金会等多家公益机构举办的“好事传千里”公益传播月联合路演在北京举行。中慈联传播委员会联合各大“指尖公益”平台和多家公益机构共同传播公益，对构建新的公益生态具有积极意义，也更好地整合了资源、协调各方形成合力，更好地放大了公益效果。

4. 平台社会影响力提升

2022 年腾讯公益“99 公益日”首次推出“一花一梦想”的新功能，实现公益项目的“逆向发起”和“全民共创”。“一花一梦想”活动支持了 16 个公益梦想，共计吸引 5954 万人次、3048 万人参与。首次捐花的新用户3021万人，占比99%，破圈效果明显，拉新成效显著。腾讯公益以新的公益模式，带动了更多人加入公益，对公益的社会影响力提升发挥了很大作用。这说明，“指尖公益”组织通过倡导社会公益价值观，通过有效的宣传和传播，提高了公益平台在社会中的知名度和认可度，引导更多的人参与公益活动，推动了公益影响力的扩大。根据腾讯研究院《2021年公益数字化研究报告》总结，近年来，“指尖公益”数字化围绕着“传播—捐赠—服务”呈现出3个阶段的螺旋式演进。展望未来，“指尖公益”以社会价值为中心，步入“公益服务创新”内核。意味着“指尖公益”已从分散式突破，逐步进入了深水区。

二、技术创新：关注行业焦点和痛点

1. 关注行业焦点

“指尖公益”的透明度和平台项目进展反馈一直是公众比较关注的焦点，也是公益组织可以获得公众信任和支持的关键。而数字化转型既可以促进公益组织自身发展，也可以解决公益组织影响力低、信息透明度低、缺乏公众信任与民众参与等诸多问题。

实现“指尖公益”的数字化转型，一是需要制订数字化转型方案，明确目标和战略，要有利用数字化提升组织能级、影响力的规划。二是需要关注数字技术最新发展和应用，应用最新技术，提升工作效率、创新公益模式、解决社会问题。三是需要充分运用数字化平台和技术，借助新媒体宣传公益以及利用区块链技术提高筹募善款的透明度，提升平台影响力与公众参与度。同时，也要有应对舆论风险的准备和能力。四是需要建设专业化团队，培训数字化人才，提升“指尖公益”组织成员的数字化能力。同时，还要加强组织成员、志愿者的管理监督，提升“指尖公益”组织的公信力，实现可持续性发展。腾讯公益在2022年的“99公益日”上推出了腾讯技术公益数字工具箱，为公益组织提供数字化资源，帮助公益组织提升效率，设有沟通交流工具，可以更好地进行组织内部交流和与公众的互动。另外，腾讯技术公益也设有微众区块链，为公益组织提供捐赠信息上链、数字证书上链、公益积分上链等功能，区块链技术可实现公益善款的透明、可追溯等，增强了公众对于公益组织的信任度。

2. 关注行业痛点

目前“指尖公益”数字化转型面临的痛点，主要是数字化基础薄弱、数字化人才缺失、信息安全与隐私保护、缺乏资金和技术、新数字技术运用困难等。公益组织普遍存在数字化需求，但是受限于成本预算、数字化应用困难、缺乏数据管理能力等，使得公益组织的数字化需求难以实现。同时，受到社会上的信任危机和一些公益负面消息的影响，公众对公益组织的信任度仍然不高，尤其对一些中小型公益组织。腾讯研究院发布的《2023 年公益组织数字化洞察报告》显示，中小公益组织对于数字化工具使用，存在产品学习成本高、缺乏产品使用培训等痛点，非中小型公益组织则是面临产品数据孤岛、登录账号体系复杂、数据安全性相关问题等痛点。具体问题上，还存在一些偏远地区组织人员办公自动化掌握情况差，数字化难以运用等问题。

从“指尖公益”平台的反馈来看，公益组织数字化的发展仍然不平衡。例如 2022 年 11 月，深圳市图鸥公益事业发展中心（NGO 2.0）执行主任张强列出了 10 条公益数字化发展面临的困境，包括数字化政策法规体系不完善；面向数字化的教育资源不多；组织决策者认知不到位；数字化需求表达不精准；公益数字化供需不匹配；行业基础数据不完备；公益组织之间差异大；公益数字化人才供给不充足；资金投入有限；主体之间协同不顺畅。Thoughtworks 中国区首席执行官张松也分析了目前公益组织所面临的三个问题：一是公益组织容易把“手段”误当成“目的”，盲目投入开发；二是组织之间需求类似，但实现的目标和重要性存在差异，需要更加有针对性的解决方案；三是缺乏以用户为中心的公益产品设计。针对这些公益组织面临的痛点，深圳市图鸥公益事业发展中心（NGO 2.0）执行主任张强倡导公益组织要善于借助互联网工具给自身、行业、服务对象赋能，提高组织内部运营效率，加强组织之间互助，实现资源整合，承担公益使命。目前，区块链技术凭借其可追溯、透明等特点带来的信任机制，可以有效推动慈善公益进入全民公益的 4.0 时代。腾讯公益也在 2021 年 12 月正式启动了“腾讯技术公益创投计划”，该计划旨在针对公益领域痛点，运用技术能力，倡导技术公益，以技术促进公益组织提升能力和效率。

三、业态创新：拓展公益新边界

“指尖公益”跨界合作，利用大数据分析和人工智能技术，发现社会问题的潜在解决方案，提供个性化的公益服务。还与其他行业的组织进行跨界合作，共同开展公益项目。例如，与科技公司合作开展科技教育项目，与媒体机构合作开展宣传和传播项目，与企业合作开展社会责任项目等。通过跨界融合，可以整合资源，拓展公益的新边界。

1. 商业公益边界拓展

在社会企业领域，社会企业可以作为商业及公益边界的拓展，将商业模式与社会价值相结合，通过创新的商业模式，实现社会效益和经济效益的双赢。例如，以环保为主题的社会企业可以通过推出环保产品、提供环保服务等方式，实现环境保护和商业利益的结合。2023 年，上海服装集团利用自身服装产业优势，在长宁区特殊职业学校挖掘有绘画特长的自闭症儿童，将他们的作品艺术再造，推出了独具特色的“向阳而生”公益联名系列周边，涉及宣传 T 恤、运动短袜、夏季防晒衣、环保帆布袋等多款产品。上海服装集团以其自身优势，实现了社会效益和经济效益的结合与双赢，让更多人关爱自闭症儿童，传递公益。

在社会投资领域，商业界通过投资社会项目来实现社会价值的创造。社会投资可以是直接投资社会企业，也可以是投资社会创新项目或社会公益基金等。通过投资社会项目，商业可以为社会问题提供资金支持和商业资源，同时也可以获得社会影响力和品牌价值的提升。

ESG（环境、社会、公司治理）是衡量上市公司社会责任感和可持续经营能力的重要标准，也是国际市场上主流策略之一，而“指尖公益”可以很好地推动 ESG 可持续发展，对企业长远发展具有重要意义。2022 中国企业慈善公益 500 强中，民营企业入围 311 家，占比 62.2%，慈善公益投入总计 496.7 亿元，占总体投入的 78.6%，其中前 10 名企业慈善公益投入总额 340.13 亿元，占比 53.82%。前三名是北京快线（美团）、小米、腾讯。快线投入146亿元，小米投入95亿元，腾讯投入20亿元。这三家企业有几个特点，第一是数字经济，第二是互联网产业，第三是商业服务业。这些投入充分表明越来越多的企业勇于担当自身社会责任，以及认识到了“指尖公益”对企业长远发展的积极作用。

2. 文化公益边界拓展

在社会艺术领域，“指尖公益”通过艺术和文化创作来传递社会价值观念和推动社会变革。社会艺术可以通过表演、展览、电影等方式，呈现社会问题和关注社会议题，引发公众对社会问题的重视和思考。同时，社会艺术也可以通过与公益组织的合作，为公益事业筹集资金和宣传力量。2023年5月，在北京正式开机的中国首部大型院线公益题材电影《青爱》，由青爱工程、北京电影学院、青年电影制片厂、上海圣舍影视传媒联合摄制，通过讲述抗艾故事，动员社会各界和全民关注青少年艾滋病患者的生存现状与困境，积极参与防艾、抗艾和关心艾滋病患者的行动。影片对关心关爱青少年艾滋病人群具有积极作用，可以让更多人了解和防范青少年艾滋病，更好地关注下一代健康成长。

在文化创意产业领域，“指尖公益”将文化创意产业与公益事业相结合，通过文化产品和服务来传递社会价值。文化创意产业可以通过设计、创意、传媒等方式，将社会问题融入产品和服务中，号召更多人参与公益事业。同时，文化创意产业也可以通过对公益项目的支持并与其合作，为公益事业提供资金和资源支持。2023年2月，联想集团和清华大学建筑学院合作的“新IT，新文遗：智慧应县木塔”项目正式启动，该项目从三维数据采集、三维模型重建、数字孪生体参数研究等方面，为山西应县木塔提供全生命周期的数字化保护方案。联想集团运用融合型技术手段，复刻3D木塔模型，构建“数字孪生应县木塔”，为研究和保护古建筑提供了技术保障。

第三节　个人层面

对于捐赠人而言，“一分”“一角”“一元”都能做好事；对于筹款者而言，“指尖公益”信息平台免费为慈善组织提供线上筹款服务。自2016年7月至2022年末，累计4.3亿捐款人通过水滴筹平台帮助277万大病患者，筹集医疗资金约569亿元。中国12亿网民中，每2人中就有1人通过网络渠道为他人施以援手，这深刻地改变了中国人的行善方式，延伸了“日行一善”的中国文化，营造了良好的社会公益氛围，提升其对公益项目的持续关注热度，增强了网民持续关注公益项目的意识。

一、增强公益关注度

1. 提升网民公益关注度

“指尖公益”通过社交媒体、在线平台等方式，建立互动的公益社群，让网民参与公益项目。腾讯公益的线上公益“捐步”App，只需用户日常走路并将微信运动记录的步数捐出，就可获得腾讯基金会及爱心企业配捐的公益金用于支持对应的公益项目。2023年7月，人民日报视界客户端、《和平精英》游戏、腾讯成长守护共同举办了“盛夏空投运动季”公益活动。玩家们通过线上参与趣味玩法，每完成一次目标任务就可以自动为“未来运动场”的公益捐建助力一次。当运动场助力值达到目标后，也就意味着乡村学校“未来运动场”将会在线下落地。14天的活动里有100多万玩家参与趣味活动，助力捐赠了两个“未来运动场”，以及22种共2576件运动器材的“运动空投包”，助力乡村儿童的体育运动。腾讯以网民喜闻乐见的方式，调动网民积极性，使得玩家在享受游戏乐趣的同时，参与公益事业，为乡村儿童体育发展作贡献，提升了网民的公益参与感。

2. 宣传优秀公益故事

“指尖公益”通过优秀的故事传播，可以增强网民持续关注公益项目的意识。通过讲述公益项目故事，将公益项目和参与者的真实经历、感受传递给网民。故事化传播可以激发网民的情感共鸣，引起他们对公益项目的兴趣和关注。例如腾讯公益设有“我的公益故事”板块，定期发布公益故事，让更多人看到公益项目以及公益志愿者的真实经历。《一块钱的故事》《看见爱的力量》《诗和远方的青春》等各类公益广告、短片、纪录片等影视作品同样助力了公益故事的宣传，让更多网民关注到公益，营造了更好的公益氛围。

3. 推荐个性化公益项目

“指尖公益”利用大数据和人工智能技术，对网民的兴趣、偏好进行分析，向他们推荐符合其兴趣的公益项目。个性化推荐可以提高网民对“指尖公益”项目的关注度，使其更容易找到自己感兴趣的公益项目，并持续关注和支持。同时，及时更新“指尖公益”项目的进展、成果和资金使用情况，向网民反馈公益项目的效果和影响。定期更新和反馈可以增强网民对公益项目的信任和关注，使他们更愿意持续关注和支持公益事业。支付宝公益平台涉及乡村振兴、爱老助困、应急救灾、生态保护、文化保育、青少年发展和志愿服务等多个领域，网民可以根据自身感兴趣的公益项目在手机平台参与公益，以更好地培养网民公益习惯，引导社会向善。

二、增强个人志愿服务传播

“指尖公益”利用社交媒体平台（微信、微博、抖音、快手、B站、QQ、小红书、Facebook等），积极宣传和推广个人志愿服务的活动和机会，吸引更多大众关注和参与志愿服务。

1. 建立在线志愿者社区

积极为志愿者提供交流和分享经验的平台。志愿者可以在社区中分享自己的志愿服务经历，互相鼓励和支持。这样可以增强志愿者的参与感和归属感，进而推动志愿者传播个人志愿服务的动力。如2021年5月重庆北碚区歇马街道缙云新居社区成立的“万马奔腾”志愿者联盟，在线上、线下构建有“6+N”志愿服务队伍，“6”是指治安巡逻、消防安全、民事调解、文明宣传、市容监督、便民服务6个方面的志愿服务队，“N”是指由教师志愿者、医疗志愿者、政法志愿者等组成的特色志愿服务队伍。志愿服务队之间有交流的平台，增强了志愿者们的交流互动，就可以更好地为社区居民提供志愿服务。

2. 借助榜样的影响力

榜样的力量是无穷的，与“指尖公益”榜样合作，借助公益榜样的影响力，可以更好地增强志愿服务传播，营造社会向善氛围，弘扬社会正能量。公益榜样可以带动公众参与公益的热情，让更多的人加入志愿服务行列，推动公益事业的发展。还可以通过与网络红人、社交媒体大V、公益明星合作，邀请他们参与个人志愿服务活动，并通过他们的影响力和粉丝群体，将志愿服务的信息传播出去。2020年新冠疫情中，韩红基金会发起了“韩红爱心驰援武汉”项目，韩红以其号召力呼吁明星参与捐款，在其号召下，王一博、鹿晗、刘涛等216位明星向韩红基金会捐赠，还有大量的民众捐赠，对支援武汉抗疫作出了重要贡献。2003年创办的“芭莎明星慈善夜”，目标为在中国精英群体和年轻人中推广慈善理念，推动中国慈善进程。慈善夜每年都会邀请众多明星参加，并为公益捐款。慈善夜以明星的影响力和号召力，增强了公益在年轻人群体中的推广传播。

2023年2月28日，由《中国慈善家》主办、微博联合主办的“坚韧的力量·2022年度中国慈善家盛典”在北京未来剧院举办。典礼设有年度人物、年度公益之星、年度榜样机构、年度优秀案例、年度责任品牌五大奖项，通过评选慈善榜样，充分发挥了榜样带动的作用，让更多人加入公益传播公益，营造社会良好公益氛围。

3. 借助新媒体公益传播

数智时代信息传播能力更强、方位更广、受众更多。“指尖公益”借助新媒体平台，宣传自己的公益项目和故事、普及公益知识、宣传公益正能量，让更多人能够热衷公益，体会到公益的价值和意义。同时，“指尖公益”可以借助广大的新媒体平台招募志愿者，让更多人有实际参与公益的渠道路径：如微信、微博、抖音、快手、B站、QQ、小红书等，发布自己的公益经历和感受，增强个人志愿服务传播，让更多人与公益志愿者同频共振，自愿加入公益活动。

2021年，字节跳动公益发起的“乡村守护人”计划，通过在抖音平台招募新“乡村守护人”，为其提供资源扶持和专项培训，并且通过电商、POI等产品功能，帮助“乡村守护人”带动乡村产业发展，助推他们的家乡实现可持续发展。乡村守护人通过发布视频宣传家乡，帮助乡村更好地发展，还可以吸引更多人投入乡村建设，为乡村振兴贡献力量和智慧。据统计，截至2022年底，有超过1.5万名主体加入“乡村守护人”项目中，覆盖全国31个省/自治区/直辖市，辐射全国2159个县级行政区。2023年3月，腾讯公益“公益侦探”计划向社会招募了60多名侦探，前往北京、云南、陕西、河南、重庆等地的10个城市，实地探访公益机构。公益侦探通过在社交媒体发布探访实录，展现各地公益成效，助力公益组织透明化。同时，在探访结束之后，侦探们还要进行一年的线上监督，为公益项目提供反馈。类似“公益侦探”这样的活动，吸引着更多人参与助力公益组织透明化的进程，为促进公益组织公信力作贡献。

三、勿以善小而不为

公众主动参与各种“指尖公益”志愿服务活动，无论是线上还是线下，都是为社会作出自己的贡献。网民在互联网上传递正能量，通过发表积极向上的言论、分享正能量的故事和图片等方式，影响他人的思想和行为，鼓励更多人参与公益事业。根据腾讯营销洞察（TMI）联合瞭望智库发布的《2022公益行为数字化洞察报告》，从公众参与公益的动机来看，主动性的参与原因占比约为77.9%，其中回馈社会、提升社会责任感是受调研群体响应程度最高的原因，另外，受调研群体期待通过“指尖公益”能获得自我价值的提升，社会公众自我意识与社会责任感得到进一步增强。

在2023年7月的河北涿州暴雨中，河北省保定市望都县抖音电商自媒体“小亚探店”负责人曹亚娟通过“望都爱心团队”微信群组织捐款，以实际行动帮助灾区群众渡过难关。群内的成员积极响应，通过发送红包和微信转账的方式进行参与，100元、200元、500元、1000元、3000元……最多的一位网友捐赠了5000元，短短3天就募集善款1.1万元，购买生活必需品后第一时间送往涿州、涞水等遭遇洪涝灾害的地区。也有众多的热心网友在微信群、朋友圈中进行募捐，再由专门的人送到灾区。这也是近些年来“指尖公益”行为的一个新的模式，不通过公益组织，而是直接

“点对点”式的“指尖公益”。

俗话说：“一分也是爱。”北京在遭受罕见强降雨导致洪涝灾害后，北京市红十字会于2023年8月2日发布了接受社会捐赠的说明。收到众多善款汇入，但不乏很多1分钱的捐款。红十字会对一分钱捐赠定义为恶意捐款并设定捐款下限为一元钱，从而引发广泛争议。公益事业捐赠法规定，任何个人或组织都有权利自愿捐赠财产用于公益事业。法律并没有规定捐款的下限，这意味着每一笔捐款都应该被尊重和接受。红十字会将一分钱捐赠定义为恶意捐款，并将捐款下限设定为一元钱，违背了公益事业捐赠法的原意。这种行为不仅违反了法律，也伤害了公众对公益事业的信任。

“有心为善，虽善不赏。”数智时代，“指尖公益”最大的意义在于唤醒良知和善良，保留人性的温暖，而不被冷冰冰的数字和机器埋没。行善从来就不是一门学问，而是一种有态度的行为。勿以善小而不为，每个人通过自己的力量和影响，为公益事业贡献一份力量，无论是大的行动还是小的举措，都能够产生积极的影响。每个人的贡献汇聚到一起，就是全社会一股强大的力量，支持人类的善行走向更远。

第四节　高校层面

一、高校大学生参与“指尖公益”的调查分析

本研究通过多种详细的问卷，调查了“指尖公益”场域中高校大学生的基本状态信息。问卷从大学生对“指尖公益”平台的认知，参与“指尖公益”的动机、频率、活动以及近一年参与“指尖公益”的捐赠金额情况几方面入手，进而进行大学生公益感测评，并为后续的深度访谈寻找合适的访谈对象提供支撑。调查问卷采用问卷星在线填写的形式，共面向江苏省内双一流、普通本科、专科三种办学层次的高校发放问卷719份，回收719份，结合问卷作答时长、题目作答认真程度、题项间是否存在矛盾等因素，剔除部分无效问卷后获得有效问卷645份，问卷

的有效率为89.7%，采用SPSS 26.0进行数据的统计与分析。其中公益感量表题目分数划分为5个等级，1分为“完全不符合”，2分为“不太符合”，3分为“不清楚”，4分为“比较符合”，5分为“完全符合”，使量表评分更为标准化，并依据大学生的公益感得分选取后续的访谈对象，以此对量化调查问卷结果的真实性和准确性做进一步的验证，以获取调研对象的真实想法。

1. 大学生对“指尖公益”平台的认知情况

根据江苏省的问卷调查结果显示，江苏大学生听说过的“指尖公益”平台水滴筹公益、支付宝公益、腾讯公益位列前三，分别有513人、330人、301人，占比达79.53%、51.16%、46.67%。而第二梯队中知道淘宝公益的大学生有220人，占比34.11%，知道微信公益的大学生有211人，占比32.71%。而知道新浪微博公益、百度慈善、京东公益的大学生相对较少，分别有161人、145人、110人，占比未达到25%。值得注意的是，有52名（8.06%）大学生选择了其他公益平台，在这之中有21名大学生填写了具体的公益平台，如联合国儿童基金会、哔哩哔哩、抖音等。其中，提到频次最高的“指尖公益”是联合国儿童基金会，达到10次，这一点在后续的深度访谈中也得到印证，多位大学生提及在某社交软件上经常浏览到联合国儿童基金会的某项月捐活动（见表7-1）。

由此说明，大学生对“指尖公益”平台的知晓程度体现在平台主营业务与大学生生活的相关性上，具体体现在水滴筹通常以微信公众平台推文的形式出现在大学生的朋友圈中，而支付宝作为第三方支付平台是大学生上学期间常用的支付软件，大学生就这样常常无意识地加入公益活动之中，提高了这些平台在大学生中的知名度。而相比之下小红书、新浪微博、百度、京东的发展重心在于社交媒体、搜索引擎与电子商务，其公益属性与自身核心要素未有较好的结合，因而大学生对此了解较少。

表 7-1　江苏大学生了解的“指尖公益”平台（多选）

“指尖公益”平台	频数	百分比
水滴筹公益	513	79. 53%
支付宝公益	330	51. 16%
腾讯公益	301	46. 67%
淘宝公益	220	34. 11%
微信公益	211	32. 71%
新浪微博公益	161	24. 96%
百度慈善	145	22. 48%
京东公益	110	17. 05%
其他平台	52	8. 06%

2. 大学生参与“指尖公益”活动的情况

江苏省的问卷调查结果显示，江苏大学生参与最多的“指尖公益”活动是支付宝的蚂蚁森林，有 548 人参与，占比高达 84. 96%，紧随其后的是运动捐步与蚂蚁庄园，分别有 425 人与 382 人参与其中，占样本总数的 65. 89%与 59. 22%。参与过疾病捐款的大学生有 170 人，占样本总数的 26. 36%，参与爱心午餐捐款与参与转发宣传公益的大学生人数近似，分别为 155 人和 147 人，占样本总数的 24. 03%和 22. 79%。此外，参与一元捐画（腾讯公益发起）、高校微捐赠、抗战老兵关怀计划（新浪微博发起）与捐声音（微信公众号“为盲胞读书”发起）的大学生均未超过 100 人。

从江苏大学生参与“指尖公益”活动的人数比例来看，其参与度与知晓度大体保持一致。其中，值得注意的是，排名前三的“指尖公益”活动的捐赠形式与传统的捐赠形式有很大不同，此类“指尖公益”活动具有即时性、场景性与游戏性，没有拘泥于捐钱捐物的一般形式，而是虚拟与现实相结合，如蚂蚁森林以“实施绿色行为→获得能量值→兑换绿植、保护地→种植大树、搭建保护地”的形式开展公益活动，充分调动起大学生参与“指尖公益”活动的积极性。同时，由于大学生的主责主业是学习，缺少稳定的经济来源，这或许是他们更乐意参加这种无须实际捐款的公益活动的原因之一（见表7-2）。

表7-2 江苏大学生参与“指尖公益”活动的基本情况（多选）

“指尖公益”活动	频数	百分比
蚂蚁森林	548	84.96%
运动捐步	425	65.89%
蚂蚁庄园	382	59.22%
疾病捐款	170	26.36%
爱心午餐捐款	155	24.03%
转发宣传公益	147	22.79%
一元捐画	98	15.19%
高校微捐赠	75	11.63%
抗战老兵关怀计划	52	8.06%
其他活动	46	7.13%
捐声音	20	3.10%

3. 大学生参与“指尖公益”的动机

江苏省的问卷调查结果显示，江苏有542名大学生参与“指尖公益”活动的动机是因为单纯帮助他人的公益精神，比例达到84.03%，而之后参与动机的相关数据出现断崖式下降，有252人选择实现自我价值，占参与调查人数的39.07%。选择捐款门槛低、经济开支可控性较高，参与比较方便、具有高效性的大学生人数较为接近，分别为208人和194人，同时亦有120名大学生的参与动机是因为“指尖公益”活动形式新颖，趣味性较强。而有93名大学生的参与动机为丰富简历，对未来求职可能存在一定益处；82名大学生的参与动机为消磨时间，充实课余生活；还有49名大学生抱有从众心理，跟风参与“指尖公益”活动之中。

因此，在“指尖公益”活动进行的过程中，大学生群体的参与动机呈现出与主流价值观相契合的特点，利他主义倾向明显，同时大学生渴望在

“指尖公益”活动中实现自我价值，获得自我满足感。与高中读书、毕业工作相比，大学时期可供大学生自主支配的时间相对较多，大学生在此期间积极参与或者带动他人参与“指尖公益”活动也是一大益事。而有少数大学生是因为职业发展的需要而参与其中，这与我们提倡的公益精神有所违背，因此，应当在培育大学生“指尖公益”意识的过程中帮助其确立正确的公益观（见表 7-3）。

表 7-3 江苏大学生参与“指尖公益”活动的动机（多选）

参与动机	频数	百分比
单纯帮助他人的公益精神	542	84.03%
实现自我价值	252	39.07%
捐款门槛低，经济开支可控性较高	208	32.25%
参与比较方便，具有高效性	194	30.08%
形式新颖，趣味性较强	120	18.60%
丰富简历，对工作有帮助	93	14.42%
消磨时间，充实课余生活	82	12.71%
从众心理，身边很多人都在参加	49	7.60%
其他	24	3.72%

4. 大学生参与“指尖公益”活动的频率

江苏省的问卷调查结果显示，江苏有 536 名大学生选择每月参与“指尖公益”的频率为 5 次以下，占样本总量的 83.10%，而仅 8 名大学生选择每月参与“指尖公益”的频率为 21 次以上，占样本总量的 1.24%，有 77 名和 24 名大学生分别选择每月参加“指尖公益”活动 6～10 次和 11～20 次。总的来说，大学生参与“指尖公益”活动的频率并不高，且体现出一定的随机性。而有 8 名大学生每月高频率地参与“指尖公益”活动，与前面大学生普遍参与蚂蚁森林这类“指尖公益”活动有关，在点滴能量的积累之中，少部分大学生逐渐养成了参与“指尖公益”的习惯。此外，在访谈中进一步了解到有大学生参与了月捐、季捐这样的定期捐款形式，虽然每月参与的频率并不高，但是他们也已经形成了参与“指尖公益”的习惯（见表 7-4）。

表 7-4　江苏大学生参与“指尖公益”活动的频率

参与频率	频数	百分比
每月 21 次以上	8	1. 24%
每月 11~20 次	24	3. 72%
每月 6~10 次	77	11. 94%
每月 5 次以下	536	83. 10%
合计	645	100%

通过这种问卷调查的方式，对江苏省部分高校在校大学生群体进行了调查，调查内容包括大学生个人基本情况、大学生参与“指尖公益”的情况以及大学生公益感三个部分。研究发现，大学生群体整体的公益感程度较高，但是与其对应的认知与参与情况存在一定的差距，这一问题有待于在今后的深度访谈中做进一步的探讨与分析。

二、基于“移动互联”的高校“指尖公益”平台

我国高校社会捐赠在数智时代迎来了“指尖公益”的平台再造。2020年春，全国抗击新冠疫情时期，高校社会捐赠额的不断刷新表明，移动互联引发高校“指尖公益”的平台变革，成为现代慈善公益事业发展的一道亮丽风景线。随着移动互联技术的不断发展，为了应对传统慈善所面临的困境，移动互联网开始介入慈善领域，为慈善组织的信息披露提供了多样化的渠道。基于移动互联网的高校“指尖公益”平台再造，主要表现在新媒体“线上+线下”的组织协调、移动指尖支付的便捷性、校园众筹的高效性、信息的公开性 4 个方面。

1. “线上+线下”的新媒体融合

在传统的慈善捐赠方式下，媒体的信息传播与公益募捐活动之间往往无法实现同步。但在移动互联网背景下，新媒体“指尖公益”平台是校园

慈善业发展的重要平台，通过 App、微信、微博等移动互联网平台可以实现信息的即时推送，而微信支付平台的推出不仅可以实现微信筹款与支付功能捆绑，也可以让高校校友通过“线上+线下”的互动方式来完成自助捐赠（见图 7-1）。

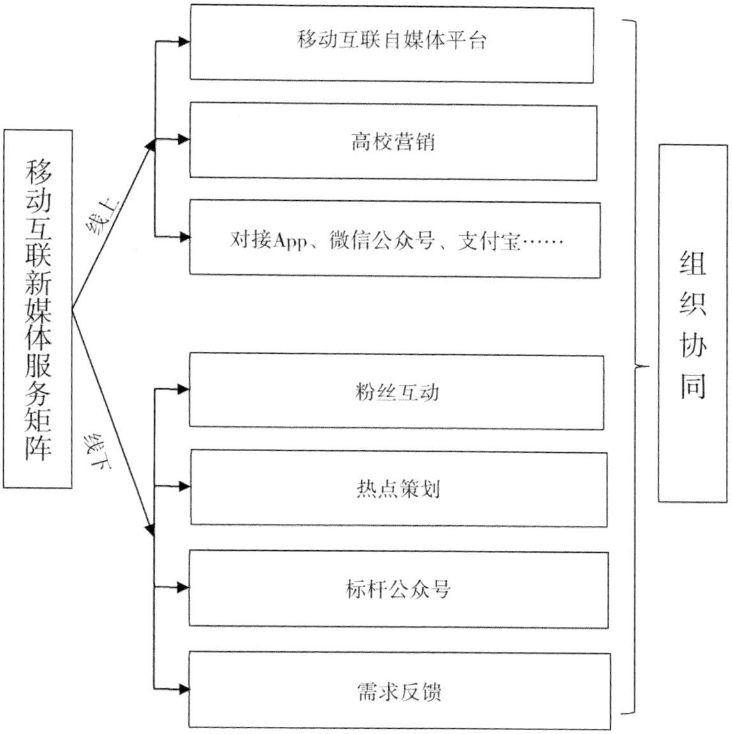

图 7-1　移动互联新媒体“线上+线下”服务矩阵图

2. 移动“指尖支付”便捷

传统的网银转账，是用户通过 PC 端捐款通道进行网上捐款，而运用微信、支付宝等移动互联网支付平台可以让善款的筹集变得更加便捷、高效，用手机数码产品识别扫描二维码或者直接点击微信链接捐款……这突破了传统公益募捐地域、空间、人群的限制，极大地方便了高校校友，特别是海外校友的捐款操作，也降低了普通人从事公益捐赠的门槛，丰富了资金募捐的参与渠道。

3. 移动“指尖支付”高效

移动互联“指尖公益”的高效性在于它的用户覆盖面广，遍布整个网络世界，影响更为广泛也更为及时；而且，其信息的发布、传播速度较快，传播的费用较低。利用移动互联网便捷的互动特性，可以使高校捐赠用户及时反馈救助对象的信息动态，从而吸引更多的公众参与其中。高校传统公益活动的救助对象一般较为固定，都是贫困学生、困难教师家庭、困难职工……传统捐款活动举办的时间周期较长，难以在短期内筹集办学所需的大量资金，这些限制条件使其对于紧急事件中善款筹集的处理显得无能为力。而移动互联“指尖公益”的高效性使得其比较适用于紧急事件。通过移动互联网还可以开展针对个人突发事件的募捐活动，对于处于紧急事件中的求助者来说也是最直接、最有效的途径。尤其在近年的疫情、抗洪、抢险等重大应急与突发救灾中，移动互联公益的作用日益显现。捐赠数据的增长直接反映出互联网公益平台在社会覆盖面、公众凝聚力和公益效率提升度等方面的效能。

4. 移动“指尖支付”透明

移动互联“指尖公益”信息的公开性，体现在高校账目的公开性以及捐款方式的公开性等方面。从高校每个捐款项目的发起到捐款结束，微信App等移动互联平台上都有公开的账目。捐款数量、捐款人数、捐款项目的进展、资金的来源和去向等事项都可以查询到，并且这些数据也会及时得到更新处理。高校捐赠者可以随时通过微信App或移动互联客户端查询自己的捐款金额、捐款项目进展情况和善款使用明细情况。通过移动互联网平台进行捐款信息的公开，可以让各类监督主体更及时、更方便地了解到善款的来源、数目以及详细使用情况，从而更有效地进行监督。

除了移动互联网在高校的布局，给高校捐赠事业带来新的机遇、提供新的平台外，近几年，在抗击疫情、应急救灾、脱贫攻坚、乡村振兴等行动中，移动互联公益平台发挥了积极的作用。移动互联“指尖公益”捐赠平台不仅在筹款筹物方面充分发挥了数字化优势，而且在创新公益实践方面，精准连接需求和供给，发动更多社会力量参与，为打造可持续的高校慈善公益生态加持赋能。

三、高校“指尖公益”模式创新

“指尖公益”模式的快速形成与发展，为当前公益慈善领域添加了新的活力元素，互联网技术与“指尖公益”深度融合促进了“人人公益”社会的到来。面对新的公益形式，高校公益事业从业人员不仅要有用积极的态度学习互联网知识、掌握熟练运用互联网的能力，还要有运用产品思维和用户思维开展校园公益项目，确保校园公益项目可以专业化和持续化的发展的能力。

伴随移动技术给人们生活带来的巨大改变，传统慈善项目也开始发生了巨大的改变。移动技术带来的泛连接和去中心化特质，使小而优的公益项目在校园内更显特色、更受欢迎。① 由于互联网的快速传播特性和筹资成本低的原因，小型捐赠项目开始成为校园公益发展的主流，其最为典型的就是“指尖公益”。所谓“指尖公益”是指利用手机腾讯、微信、支付宝等社交软件的关联，将捐赠者参与的公益项目实时动态发送到手机上，让公益的捐赠、传播、发展通过指尖就可以轻松实现，并且将公益的影响力成倍扩大，实现人与捐赠项目的真正对接。

1. “指尖公益”是高校大学生参与公益行动的重要场域

首先，在青年大学生群体中，以“网购”为代表的互联网经济快速发展。00 后大学生们更倾向于在移动端和 PC 端进行经济往来，新型的经济模式影响了社会各个层面，使以“指尖公益”为代表的互联网公益模式在高校有培育的土壤、有推广使用的环境。

其次，当前教育部门针对贫困大学生群体的帮扶救助政策只能是奖学金支持、助学贷款……满足其基本生活需要，而要切实改善贫困大学生的生活困境，需要借助社会组织、福利基金、志愿团体等社会力量。贫困大学生群体由于缺乏社会资源，在社会竞争中处于困难地位，自我效能感比较薄弱，对其救助帮扶是一项长期的工程，需要占用大量社会资源，而政府资源有限，只能鼓励更多社会力量的加入。在“指尖公益”中，人们不

① 袁嘉慧．“指尖公益”中的群氓智慧和群体性迷失［J］．新闻研究导刊，2018（14）．

仅能了解帮扶对象的信息，参与公益服务，还能主动发起一个个公益项目，借助朋友圈资源扩大项目的影响力。例如，爱心筹、水滴筹、轻松筹、新浪微公益等公益项目平台，通过互联网传播速度快、信息传播面广、信息透明等特性，为需要帮助的贫困大学生在短暂的时间里进行快速筹款，提供及时帮助，有效缓解服务对象的生活困难和学业压力。“指尖公益”也因其便捷性、多维性和可选择性，成为当下校园年青一代参与公益行动的重要场域。

最后，快速发展的区块链、大数据、云计算等移动互联网技术，为“指尖公益”校园运营提供了强有力的技术支撑。“指尖公益”与区块链技术相结合，具有透明、安全、可追溯等特点，增强发布慈善信息的可靠性。同时，“指尖公益”运用大数据速度快、信息量大、多样性、真实性等功能，对各类大学生感兴趣的公益项目进行处理和横向、纵向比较，可确保结论及决策的客观性和全面性，优化捐款使用决策流程，避免慈善数据的主观判断，这是传统公益无法做到的（见图 7-2）。

当前，我国公益已经进入一个“人人公益”的爆发期，传统模式无法对公益需求、公益行动、公益动态、公益评估进行全面统筹管理，而“指尖公益”借助云计算可有效、动态、高频率采集公益信息，对公益项目进行实时监测，评估不同地区、不同人群的公益需求和公益偏好，以及公益项目的发展趋势，因人而异地制定有针对性的公益策略，并以量化和可视化的方式展现出来，确保后续公益行动可以在高校生机蓬勃并可持续性地发展。

2. 高校“指尖公益”生态创新

近年来，海外高校产生了一些独特的筹款创意，例如，转售时装秀、电竞比赛、多肉销售、小游戏之夜、派和薯条、艺术品拍卖、大师班、粉碎室、教学楼翻新、运动员食谱、乐队对决、速配约会等。将高校指尖筹款与学生技能学习相结合，将筹款与师生未来职业发展相结合，诞生公益筹款“社交+职业发展”新生态。伴随我国新媒体与公益慈善事业的深度融合开发，为传统公益传播速度慢、社会影响力低等问题的解决带来了众多可能的同时，新媒体公益内部也从传统 PC 端的线上捐赠，快速地演变

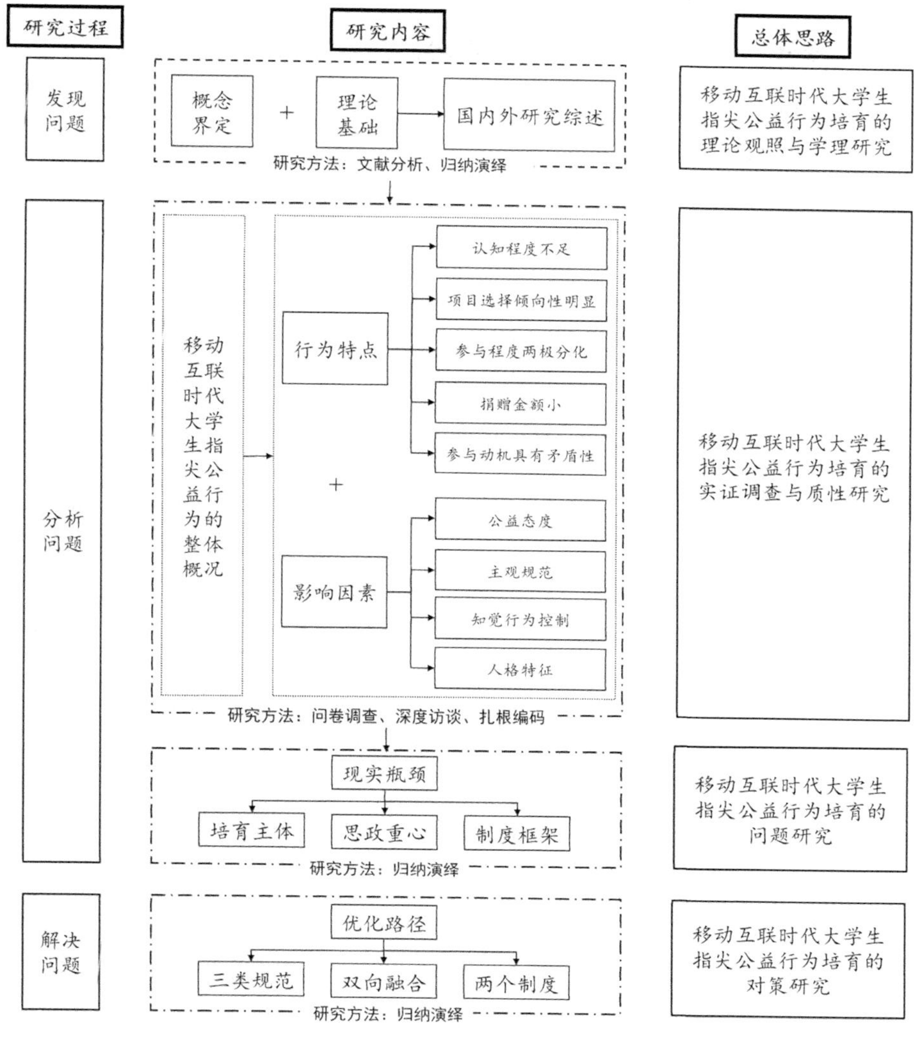

图 7-2　移动互联时代大学生“指尖公益”行为的培育研究技术路线图

为当下最火热的社交公益传播、移动随时捐的“指尖公益”模式。出现这样的可喜变化，是时代发展的必然，给高校筹款事业带来了机遇和挑战。基于此，高校基金会要加快适应信息化要求、强化互联网思维，打通电脑端、手机端兼顾的线上服务流程，紧紧抓住“指尖公益”发展的有利条件，有力推动高校“人人公益”“随手公益”的发展，促进社会捐赠公益认知盈余和价值盈余得到互动分享，构建更健康、更可持续的高校公益生态环境。对此，本书设计了"指尖公益"未来发展思路图，对"指尖公益"的未来发展进行前瞻性的论证（见图 7-3）。

（1）发挥"指尖公益"模式的推介效益与"全民共治"

发挥"指尖公益"模式创新的推介效益。"指尖公益"模式创新是一个在社会实践中不断创新的过程。有效发挥"指尖公益"模式的社会价值，需要总结"指尖公益"模式创新的有益做法与鲜活经验，推广使用便捷易操作的管理软件、手机 App、微信小程序，推动工作方式从线下为主向线上线下融合转变，从社会效益、经济效益、文化效益、人才效益、生态效益等视角，系统呈现"指尖公益"激活"圈子"的力量，成倍放大社会捐赠公益事业发展的影响力。

发挥"指尖公益"模式创新的"全民共治"。要有效动员社会各界、各方参与慈善捐赠，赋能"指尖公益"模式创新的协同社会治理。通过青年大学生、教师或校友们在指尖上的广泛参与，践行"科技向善""教育行善"，实现科技、教育赋能社会治理，推动中国大地发生在指尖上的一次次"场景革命"。"指尖公益"推进教育、交通、医疗、就业等公共服务的均等化，使后发地区通过移动互联实现跨越式前进成为可能，是缩小区域间数字鸿沟、代内差距的重要抓手，也是提升高校办学质量、培养高素质创新型人才的有效途径。

（2）加强"指尖公益"模式的比较借鉴与协同创新

作为当今世界互联网用户规模的第一大国，中国的用户与欧美等西方国家相比，更趋于使用智能手机处理日常生活、学习、工作事务的前端，社会公众已先行培养起"移动应用为先"的使用习惯。为更好地推进"指尖公益"模式创新生成机制建设，需要重视国内外互联网公益发展路径的比较研究，借鉴西方学界的思想资源和有益成果，依据国情校情、因地制宜地优化提升"指尖公益"发展路径，并在此基础上，催生具有信息深度感知、智能在线互动、精准服务推送、个性化定制等功能为一体的"指尖公益"创新模式，推进"指尖公益"因人民而生，为人民而兴，建立捐赠技术与慈善社会协同进化、社会公众与社会捐赠良性互动的生成机制。

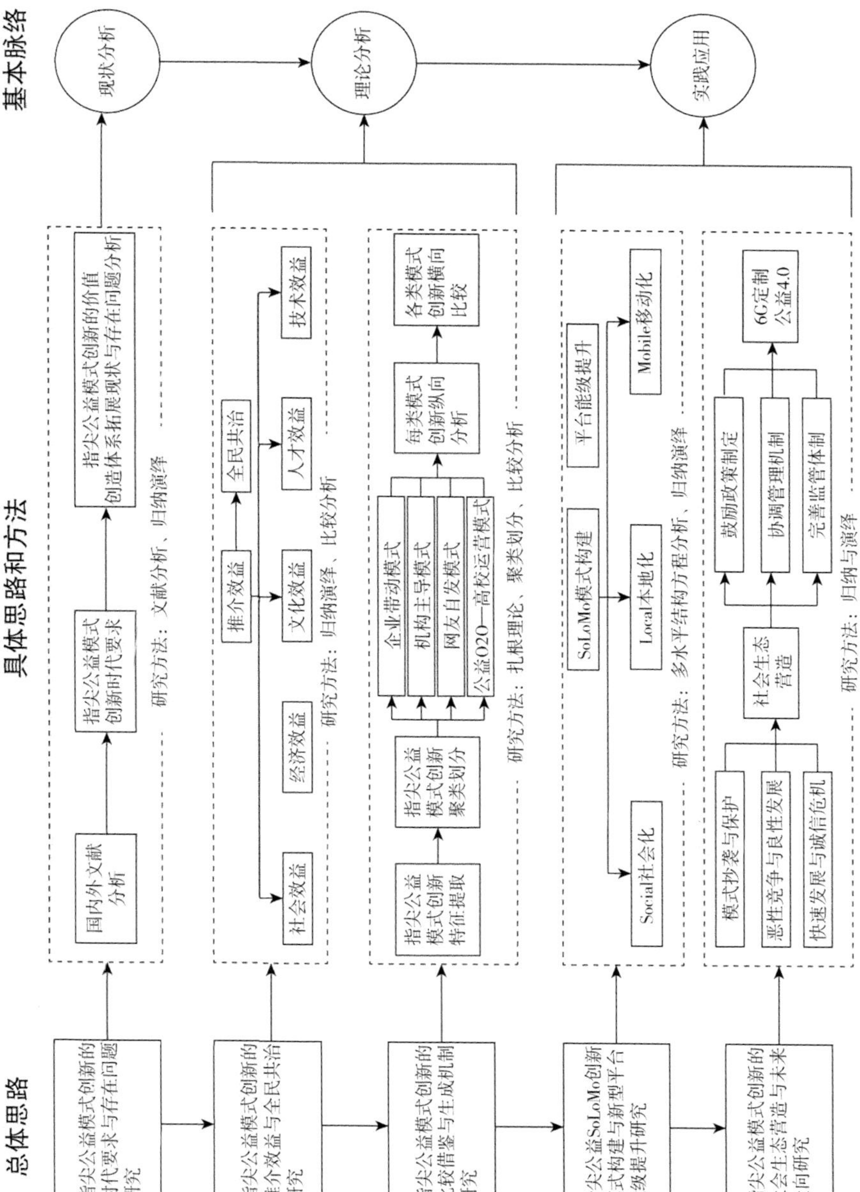

图7-3　“指尖公益”未来发展思路图

(3) 推进“指尖公益”新型平台能级不断提升

数据的增长折射出“指尖公益”平台在社会覆盖面、公众凝聚力和公益效率提升度等方面的势能，尤其在重大应急与救灾中，“指尖公益”的作用日益显现。我们要积极推动“指尖公益”创新模式的性能、功能、效能提升，实现“指尖公益”的质量、效率和动力变革，整合互联网、数字技术、移动支付、网络社交的资源合力，从深度和广度上，推进新型公益平台能级的不断提升和“指尖公益”大格局机制建设，为畅通第三次分配提供高效路径，打造社会建设和共同富裕新场域。

(4) 重构“指尖公益”捐赠未来新格局

未来，数字与实体融合、线上与线下共振，从而实现“1+1>2”的效果。“指尖公益”向着更具公众价值、更有影响能力、更与生态交融的方向发展，数字人民币等新场景、透明公开的新规则、精准定向的新产品不断涌现，一条具有中国特色的“指尖公益”发展路径正在形成。

3. 区块链为高校“指尖公益”增信赋能

公益创新是实现慈善社会价值最大化的重要途径。目前，我国高校“指尖公益”的发展状况、节奏和水平，总体还处在初级阶段，信任、高效、透明、创新是高校社会捐赠事业发展的重要目标。高校传统社会捐赠是基于手工流程或半信息化流程以及信息有限共享，客观上提高了高校财务的运作审计成本。当“信任”成为社会慈善与公益事业的痛点、捐款物资去向成谜、物资超标采购出现问题……公益组织内部治理机制不健全、组织能力不完善导致追踪公益资金的流向难度极大、对善款难以进行有效监管。不少高校进行大量的二次筛查及多方互动的款项监管，不仅耗费了巨大的人力、物力、财力，而且导致捐赠机制效率不彰，以至于高校拓展“指尖公益”众筹平台面临成本高昂的困境与捐赠款项使用效率低下，因此，急需新的技术、管理模式、发展路径来推动高校社会捐赠的发展。

(1) 区块链在高校“指尖公益”中的应用价值

针对目前移动互联时代高校“指尖公益”在众筹领域存在的问题，不仅需要从理论上探究高校将区块链技术应用在众筹平台的可能性，重点对区块链应用在移动互联公益众筹领域的场景进行深度分析，而且需要在实践中搭建基于区块链技术的移动互联公益众筹平台应用框架，打造便捷、规范、畅通的筹资渠道，公开慈善信息，扩大客户来源，方便捐赠组织与公众便捷查阅公益慈善的“明白账”“放心账”，并对应用框架的每一模块功能进行系统性开发、高效性运营。

在制度之外，如何利用高科技手段解决目前网上慈善发展中的“信任”痛点，让高科技助力高校“指尖公益”事业健康发展呢？区块链作为分布式数据存储、点对点传输、共识机制、加密算法等技术的集成应用，其公开透明、不可篡改和可追溯的特点，与有效解决高校“指尖公益”管理中的效率低、资金来源及使用不透明等难题有着天然的契合关系。区块链技术使用了基于公认算法的新型信任机制，核心价值是重构社会信任关系，其去中心化、公开透明、不可篡改等特点为高校“指尖公益”众筹发展提供了创新的技术方案和高效的运作机制。从管理机制视角来看，区块链与高校“指尖公益”众筹领域的融合创造了一种使捐助者对“指尖公益”领域的信任机制，其本质是在非信任场景中构建信任服务基础架构，运用去中心化和去信任的方式整体维护一个可靠性数据库的技术。① 目前，区块链技术在高校“指尖公益”众筹领域主要有信息追溯、征信认证、审计结算、数据共享、信息安全 5 个应用场景。它致力于解决社会关系多点协同的复杂问题，致力于打通慈善捐赠的全流程，包括“寻求捐赠—捐赠对接—发出捐赠信息—捐赠物流跟踪—捐赠方式确认”的全部环节，不留任何环节进入黑箱；而这也正是将区块链技术应用于高校社会捐赠的内在动力。民政部印发的《“互联网+社会组织（社会工作志愿服务）”行动方案（2018—2020 年）》提出，要推动慈善组织信息统一公开与透明查询，探索区块链技术在公益捐赠、善款追踪、透明管理等方面的运用，协力打破“信息孤岛”，构建防篡改的慈善组织信息查询体系，增强信息发布与搜索服务的权威性、透明度与公众信任度，推动网络募捐善款从捐赠者手中到受助者手中全过程有据可查，不断增强慈善组织、慈善项目的社会公信力。

---

① 何蒲，于戈，张岩峰．区块链技术与应用前瞻综述［J］．计算机科学，2017（4）：1-7+15.

（2）区块链提升高校“指尖公益”筹资效率

区块链的运用能够从三个方面助力于高校“指尖公益”发展。首先，它的分类账目使公众能够实际监测捐款情况，从而鼓励透明和有效的捐款，使得高校“指尖公益”项目更具可信度。其次，一些规模较小的草根组织可以利用其分散、开放的平台，公开筹集资金，独立开展项目，提高了高校众筹效率。最后，一个由区块链驱动的、透明的、有活力的社区组织构成的慈善部门，能够在解决高校“指尖公益”捐赠问题方面发挥更大的作用，从而激发广大公众捐赠信心。基于该平台，捐赠者可以选择定向捐赠，将物资直接捐赠给受助者，也可以选择捐助给入驻平台的慈善组织，再由慈善组织进行物资的储运和统一调配。在这一过程中，对捐赠者与受助者的身份进行电子数字证书实名制管理，确保身份信息真实，并结合区块链加密技术，有效地保护了捐赠者和受助者的隐私情况。同时，捐赠者与受捐项目直接关联，可实时查看捐赠支持项目的实际进度，追溯每一笔慈善捐助款项及物资的真正去向。各环节信息通过区块链的即时公开、共建共享让网络监管机构及社会大众，进行全流程透明追溯、共同监督。此外，捐赠物资的需求、捐赠、分配、签收确认等各个关键环节的操作，均进行电子数字签名并被区块链不可篡改地记录下来。自带“信任”属性的区块链技术，让慈善更透明，让公益更省心。例如，腾讯公益、阿里巴巴的蚂蚁金服、轻松筹、微爱、远光软件等基于区块链技术所研发的壹善平台，意在搭建一个公开透明的区块链公益平台，构建慈善组织、政府监管部门、大型媒体、捐赠者以及受助者的联盟链，实现公益慈善过程中的信息与行为的全流程存证、公益慈善全周期的各阶段可追溯与审计，将社会捐助流程公开化、透明化。腾讯公益还将关于“基于区块链的物资捐赠数据处理方法及相关设备”专利信息进行授权公开，方便更多的慈善公益组织共享。在新冠疫情发生后，全国多地医用救援物资告急，区块链技术助力物资管理、配置与捐赠过程透明化，实现全流程信息透明、高效的多方点对点协作，让捐赠物资的存储与发放更透明、更高效、更具可信性。招联首席研究员董希淼对《证券日报》记者表示，“目前区块链技术在公共服务、社会治理以及供应链管理等多个方面已发挥作用”。[①]中国互联网发展基金会秘书长杨春艳表示：“区块链技术赋能传统公益慈善事业，激发出更多善念和潜能，让亿万人共享互联网发展成果。在公益慈善领域的应用过程中，区块链技术也提升了本身的价值和社会认同度。”[②] 区块链等高新技术的推广应用将会显著提升高校“指尖公益”募集资金的能力和捐赠资源配置的效率，解决慈善公益服务“最后一公里”问题，而作为高校监管部门也可以借助区块链技术，创新“链接公益”新模式，利用区块链技术进行更有效的审计和公益效果分析，更好地推动社会公信力的建构，激励社会各方和个人捐赠者积极参与高校“指尖公益”，为协力办好人民满意的教育作出应有的贡献。

---

① 区块链技术为防疫捐赠赋能 信任机制为慈善带来可信连接［N］．证券日报，2020-02-10.

② 区块链+公益慈善研讨会精彩观点［Z］．中华人民共和国互联网信息办公室，2020-12-31.

第八章　建构数智时代的“指尖公益”新场景

“指尖公益”的飞速发展不仅在一定程度上降低行善成本、提高公益效能，还传播公益文化、促进社会进步，已在全球处于领先位置，日渐形成具有中国特色的“指尖公益”新模式。中央网信办原副主任盛荣华表示，当前，新一轮科技革命和产业变革加速演进，数字化、网格化、智能化发展日新月异，为公益慈善事业带来新的发展机遇，注入强大动能，极大地提升了社会影响力和公众参与度。互联网+、区块链、元宇宙、ChatGPT等技术赋能“指尖公益”并迈入新场景，数字化转型成为慈善组织创新发展的新风向。本章以数智时代背景为依托，列举“指尖公益”新旧场景现状并分析比较，对“指尖公益”场景相关的国内外文献进行梳理，以推动“指尖公益”向民生服务、平台创新、公众素养培育等新场景、新领域拓展，展望“指尖公益”新场景的未来发展生态，深化学术界对构建数智时代“指尖公益”新场景的思考。

第一节　新旧场景交替转换、升级迭代

人类文明史就是社会公益史，公益慈善在中国及海外源远流长。现代公益慈善事业发轫于欧美西方国家，工业革命后经济社会发展、宗教文化渗透及公益法制健全等诸多因素让西方公益慈善事业走在世界前列，引领全球发展。我国自古以来就有扶贫济困、乐善好施的文化传统，但现代公益慈善事业起步晚、发展慢，然而，近几年我国“指尖公益”从崭露头角到星火燎原，在世界公益发展史上留下了浓墨重彩的一笔。

一、国外“指尖公益”场景

在中国知网CNKI中文数据库中检索关键词“指尖公益”可出现20篇文献，其中学术期刊论文13篇、报纸论文7篇。检索关键词“公益场景”可得到文献共25篇，其中学术期刊论文16篇、硕博学位论文7篇、报纸论文2篇。由检索结果可知，过往文献资料不算丰富。

在公益事业发展较早较成熟的西方，“指尖公益”也出现了更加多元化的形式，涌现了像“微公益”“冰桶挑战”、希腊的“语言税”等趣味性和多样性的数字公益活动。2020年，新冠疫情的暴发更是让西方发达国家的公益慈善组织加速数字化转型，公益慈善活动加速从线下向线上转移，“指尖公益”在西方迈入一个新阶段。众所周知，英美等国家的传统公益慈善较发达，人们更习惯于参加线下各种丰富的慈善活动，因此在过去的20多年，西方国家的数字公益发展虽快，但“在线捐赠率”不如中国势头强劲，增长略缓慢。在英国，根据UK Giving 2022统计，英国慈善捐赠总额预计为107亿英镑，与2020年的113亿英镑相比，有所下降；2021年，26%的捐赠人以指尖在线方式捐款，低于2020年的30%。（2022中国数字公益发展研究报告）

1. “微公益”场景

“微公益”是“指尖公益”在国外的一种存在形式。“微公益”是由美国的约翰·布林（John Breen）在2007年创办公益慈善网站Freerice时提出的。“微公益”强调通过聚沙成塔、积少成多的价值理念来推动公益慈善精神的传播，其本质在于实现人人公益和公益慈善的实时开展①，通过各种活动，让大家产生公益意识，用公益的思维去生活，以收到公益所追求的“公众付出、公众受益”的效果。“微公益”作为一种独立的社会现象被学者广泛地研究，但是，从本质上来讲，“微公益”是基于互联网平台产生并发展起来的。微公益给公益活动带来了极大的活力和改变，转

① 邓清尹，肖华，王丽娜，等. 我国“互联网+公益”发展现状及建议［J］. 合作经济与科技，2022（2）：176.

变了曾经以政府为主导、大型公益机构参与、社会上少数富人为主体的公益活动，在各种社会化媒体的影响下，极大地调动和发挥了民间力量，使公益变成一场人人皆可组织和参与的爱心传递活动。

2007 年，美国在线筹款活动创始人、游戏程序员约翰·布林创立了 FreeRice（免费大米）网站，在互联网发展的热潮中，该网站逐渐成为一个既能玩游戏，又能学习单词，同时还能做公益的网站。FreeRice 上线当天只募集到了 830 粒稻米，但三四个月后，经过网上流传及传媒报道，游戏累计筹得的米量已足够 5 万人吃一天，又经 Facebook、Youtube 等网站宣传后，日募捐米数达到 1 亿粒。

FreeRice 虽是一个非营利性网站，但其探索并形成了自己的盈利模式，网站凭借其社区属性形成了巨大的访问流量，提供了一个广告空间，即在问题区域下方显示一个广告单位，并按 1 美元每千人成本计费，而广告商每次最少要购买 5000 美元的广告。因此，FreeRice 开启了一种全新的公益创新模式，通过“玩游戏、捐大米”的形式实现了“人人公益”。网站起到了一个资源整合平台的作用，将各方的利益和诉求联系在一起，综合考虑，相互置换，形成了这个多方受益的公益链。

2. 希腊的 WordDebt（语言税）

现代英语中有很多词汇来源于希腊，这些单词就像是希腊人拥有的知识产权，但从未有人为此付费。2008 年，希腊经济因金融危机而崩溃，大量学校因为政府破产而倒闭，许多孩子失去校园，也失去了上学的机会。为了帮助孩子们重返学校，HealRWorld®联合 The Smile of the Child 推出了公益项目——WordDebt（语言税）。参与这项公益活动的人，每当在 Twitter 或 Facebook 这些社交媒体上发布社交动态时，系统会自行分析它用了多少个源于希腊词汇的单词，每使用一个，用户就会捐献 0.1 欧元给希腊的孩子。

3. 沙滩上的公益“抗癌”——阴影 WiFi

根据世界卫生组织统计，全球每年有超过 300 万人因为照射紫外线而患上皮肤癌。秘鲁的杰弗里·汉森（Geoffrey Hantson）研究出一款可供 250 位手机使用者同时接入网络的阴影 WiFi 系统，在沙滩上安装一个巨型挡板，并在其中安装 WiFi，人们可以免费享受 WiFi 网络服务，但只有挡板的阴影里才有信号，因为 WiFi 系统同时配备了可以追踪太阳运动的传感器，当太阳移动，蓝色建筑的影子发生变化，WiFi 的信号区域也会随之变化。人们在连接 WiFi 时，也会弹出相关页面，提醒他们，在阳光火辣的时候，记得保护好自己。阴影 WiFi 的开发者在非营利性的目的下发布了该软件系统，世界癌症基金会可以在没有信息通信基础的条件下对该系统进行设置。

4. 国外“指尖公益”场景特点

（1）利用互联网技术进行数据收集与分析

在互联网的不断发展下，相较于直接捐赠或创办线下活动，国外“指尖公益”充分利用互联网技术进行数据的收集与分析，实现资源整合，从而将公益需求和捐赠结合，创造出许多“玩游戏+捐大米”的人人参与型公益，将公益推送到每个人面前，轻松化公益过程。

（2）以网站或社交媒体为载体

国外“指尖公益”场景主要以网站或社交媒体为载体，将公益活动在网上进行推送，以丰富的背景资料和动人的故事吸引人们参与公益捐赠，将集中的、大数额的捐赠转变为万人协力、汇聚点滴的累积捐赠，搭配各式捐赠机制，让公益在阅读中、购买中、生活中常态化。

二、国内“指尖公益”场景

1. “指尖公益”旧场景类型

“指尖公益”实现了人与项目的连接，公众可以通过手机在社交网络、朋友圈内发起捐款，将朋友与圈子连接起来，利用“圈子”的力量成倍放大公益的影响力。2015 年 9 月 9 日，中国首个互联网公益日诞生，此后，“指尖公益”不断升温。直至 2016 年 9 月 9 日，“99 公益日”启动“互联网+重塑公益新生态”活动，有别于传统公益行为的“指尖公益”新生态初步形成，其将公益行为彻底简化，正式将极具灵活性和便利性的捐赠方式推广到公众面前，“指尖公益”场景化、具象化，全民公益的大环境初具雏形。

（1）线下捐赠

线下捐赠主要包括捐款、捐物、捐赠食品等形式。捐款指直接对受助者或者慈善机构进行资金帮助；捐物分为两种方式，一种是直接捐赠给受助人群或慈善机构，将捐赠物品直接用于对受助人的帮助；另一种是将物品捐赠给社会上的慈善商店，由慈善机构进行义卖，所得资金对受助者进行帮助；捐赠食品比如国内已有慈善机构发起的分享食物爱心行动，如爱心冰箱，受助人可以自行领取被捐赠的食物。

杭州市“公民爱心日”线下捐赠活动

2006年5月27日，杭州市首届“公民爱心日”活动举行。该活动旨在号召全社会大力倡导和践行社会主义荣辱观，弘扬中华民族传统美德，凝聚社会爱心力量，为条件相对落后的学校、相对贫困家庭的学生和外来务工人员子女“捐献一本书、捐助一元钱、送上一份爱”，用实际行动为全市精神文明建设、构建“和谐杭州”作出贡献。首届“公民爱心日”，在全市上百个捐赠点共募集捐款15.08万元、书籍17775册。

南宁爱心捐助受灾群众和困难户

2007年，广西壮族自治区南宁市相继发生了洪涝、干旱等严重自然灾害，给人民群众生产和生活造成了较大影响。2007年12月，南宁市开展了2007年“送温暖、献爱心”社会捐助活动。此次社会捐助活动掀起了向灾区人民和困难群众捐款捐物的热潮。在活动中，从领导干部到普通群众，从一线工作的干部职工到离退休老同志，从驻地部队官兵到学校师生，大家带着现金，提着衣物，纷纷来到捐助点，向灾区人民和困难群众献上一份爱心。截至2008年1月12日，全市累计接收社会各界捐款127.8万多元、衣被15.3万件（套）。

（2）支票、汇款、机构（红十字会）捐赠等

传统公益多以支票、汇款、机构捐赠等方式来进行定向资助、筹措重大灾难善款等，在捐赠物资时，除了直接捐赠给贫困地区或受灾地区，也可以在网上搜索相关捐赠渠道，或者联系当地红十字会、慈善机构等组织，了解需要捐赠的物品类型、数量、运输方式等细节后，通过红十字会、慈善机构等进行捐赠。在众多机构中，中国红十字会作为从事人道主

义工作的社会救助团体，起着中流砥柱的作用。

希望工程的建立

希望工程创建于1989年10月30日，是由中国青少年发展基金会发起并与其授权的各级希望工程工作机构共同组织实施，募集民间资金救助贫困地区失学儿童重返校园，并完成学业的一项为青少年发展服务的社会公益事业，它被誉为“中国非营利性公益组织品牌”。希望工程作为中国社会公益慈善事业的一个重要品牌已经走过了30多年的历程。30多年来，希望工程在圆了许多寒门学子人生梦想的同时也铸就了自身的辉煌历史，产生了良好的社会效应和示范作用，对中国社会公益事业的发展产生了积极而深远的影响。

2008年汶川地震——腾讯公益慈善基金会捐款

2008年5月12日，四川汶川县发生里氏8级地震，灾情严重，灾区人民急需救援。在全国上下同心协力抗震救灾的同时，腾讯公益慈善基金会第一时间启动紧急救援机制，于5月12日向中国红十字会总会捐赠首笔100万元紧急救援款后，面对灾情的持续，5月13日，落实第二笔救灾款400万元；2008年5月15日，为确保抗震救灾攻坚阶段的救援工作，腾讯进一步落实第三笔捐助500万元。5月18日，腾讯公司启动落实了第四笔总额1000万元的救灾捐助，其中包含腾讯公司全体5000多名员工自发捐助的爱心款200万元。至此，腾讯已先后4笔为灾区累计直接捐款2000万元。

2. “指尖公益”旧场景存在问题

“指尖公益”旧场景在发展过程中，存在着平台普及程度低、公众信任度下降、监管体系不完善等问题。

（1）“数字鸿沟”难逾越

对于一些较难获取和使用新信息技术的社会群体来说，在“指尖公益”平台上奉献力量或者得到帮助较为困难。这一部分群体，只能等待着被动地进行捐助和被捐助。在此情况下，“指尖公益”平台更是难以宣传普及，最终造成受众群体少、平台资源浪费。例如，随着数智时代和网络技术的不断发展，老年人难以适应数智时代，信息落差大，普遍陷入“数字鸿沟”。目前我国仍有近六成的老人没有上网，许多软件的开发尽管有适老化改造，又或者是专为关怀老人设计的关怀模式，都无法把作用发挥到最大，当年龄较大的独居老人、空巢老人生病时，会因为自身数字素养较低，而陷入困难境地。

（2）信息披露不及时

一些“指尖公益”平台由于缺乏明确的信息披露机制，而出现过新闻舆论事件，加之互联网带来的隐形屏障，公众对“指尖公益”的信任度降低。大众熟知的水滴筹、轻松筹等筹款平台即如此。由于程序设计不完善，捐助者无法在平台上准确及时地了解被救助患者的后续治疗进展，自然也会担心自己捐助的资金是否真正被有效使用。

“水滴筹”莫某怡合同纠纷案

2018 年 4 月 15 日，莫某怡以为儿子治病为由，在水滴筹上发起目标金额为 40 万元的求助项目。历时一天，莫某怡共筹集实际善款 15.3 万余元，并成功提现至个人账户。2018 年 7 月 23 日，莫某怡儿子去世。4 天后，莫某怡的妻子许女士向水滴筹举报了莫某怡的一系列不规范行为，包括未将众筹来的善款用于儿子治疗、隐瞒真实经济状况等。经查实，莫某怡确实存在隐瞒名下车辆、财产以及其他渠道的 5.8 万余元救助款等不规范行为。而且，根据个人求助中存在的赠予合同关系，发起人莫某怡将赠予人的善款挪作他用已然构成违约。据此，法院一审判令莫某怡全额返还在水滴筹平台的所筹善款及相应利息。

（3）监管体系不完善

近些年，互联网公益诈捐、骗捐事件时有发生，让公众对“指尖公益”心存疑虑。同时，由于对“指尖公益”的法律法规不完善，对于“指尖公益”平台监管缺乏具体的要求，在一定程度上也影响了“指尖公益”的公信力和进一步发展。

罗尔“诈捐”事件

2016 年 11 月 30 日，微信朋友圈被一篇名为《罗一笑，你给我站住！》的文章刷屏，作者是深圳某杂志主编罗尔。2016 年 9 月份，罗尔 5 岁的女儿罗一笑被查出白血病。他在自己的微信公众号上记录此事，开通打赏功能筹集医疗费，更有机构表示每转发一次文章，就会为女孩儿捐款一元。罗尔的文章中深切地表达了一名父亲为救女儿的悲痛和哀思，感动了无数网友，迅速获得了众多打赏和捐款，文章发布一天即收到微信上限 5 万元的赞赏金，还有大量读者选择以微信红包的方式表达爱心。然而，网上曝出罗尔名下有 3 套房产，且罗一笑当时的医药费约 11 万元，在医保报销之后仅需花费约 2 万元。更有知情人士指出，文章中提及的捐款机构是一家众筹 P2P 平台。在舆论的压力下，他承认名下有 3 套房产，但表示分别要留给儿子和现任妻子，以及用作自己的养老。这番言论更是激发了众怒，网友纷纷指出这是骗捐、诈捐行为。最终，经几方商议，微信平台将在 3 天内，将总计 2626919. 78 元的微信用户赠予款原路退回至用户钱包。

3. “指尖公益”新场景类型

随着数字技术的发展，依托于微信、微博、支付宝、公益 App 等社交媒体，以支付软件为载体的“指尖公益”项目不断涌现，植根于手机移动端的新型公益项目迅速聚拢了大量用户。数字化正快速改变中国慈善业的运作方式，为人们参与慈善与公益提供了新渠道，在公益项目和参与者之间提供了新的路径。年轻人日益成为“指尖公益”平台筹款的主体。

真正将线下捐赠的传统旧场景转为线上捐赠的，是从 2007 年开始的支付宝、财付通、银联在线等第三方网络支付平台，改变了慈善机构只能依赖银行汇款和线下募捐的传统模式，降低了筹款门槛，方便了民众捐赠。2013 年开始，凭借微信、微博等网络社交平台，公益慈善传播的速度得到极大提高，传播成本极大降低，互联网在善款支付、慈善理念传播这两方面助力，“指尖公益”模式由此迅速形成并发展。据《慈善公益报》的报道，近 3 年来，我国通过互联网募集的善款每年增长率都在 20%以上。最显著的是 2019 年，全国通过互联网募集金额超过 54 亿元，比上年增长了 68%，是 10 年前的 90 倍。在民政部指定的 20 家互联网公开募捐信息平台上，仅腾讯“99 公益日”，2020 年互动人次就高达 18. 99 亿，募得善款 30. 44 亿元。我国已经成为名副其实的全球网络慈善引领者。当前，数字技术的高速发展有效推动了技术和形式的不断创新，“指尖公益”新场景进入多元化发展阶段，主要表现为：线上+线下融合式新场景、互联互通沉浸式新场景、数字化“指尖公益”生态新场景、个性化“指尖公益”新场景四个部分。

（1）线上+线下融合式新场景

互联网平台的不断更新和升级强化了数字化能力，“指尖公益”旧场景在历年“99公益日”活动策划和实施中升级迭代，新场景应运而生。2017年腾讯公益推出全新场景化玩法：使用微信支付获得的公益币可以捐给任一募捐项目，在K歌软件上翻唱所获得的K币将捐给听不到歌声的听障儿童，在运动软件上跑步的步数可以贡献给偏远山区的基础建设……以多样玩法、各式场景将公众的日常生活接入公益。

“99公益日”——解锁公益新玩法

“99公益日”期间，家乡公益、爱心加倍卡、集小红花、明星短视频互动等玩法，意在用轻松互动的形式，发动全国数亿热爱公益的网民便捷、快乐、理性参与公益。用户通过集小红花等方式能让配捐金额加倍。除了捐钱之外，还可以捐步、捐声音、捐读书时间，甚至捐微笑、捐知识。从线上延展至线下，从公益行业延伸到社会大众，用群众喜闻乐见的形式，践行人人公益。

（2）互联互通沉浸式新场景

壹点公益——打造媒体公益元宇宙

2023年3月5日，壹点公益元宇宙空间正式上线亮相。壹点公益元宇宙成为国内首个媒体公益与元宇宙结合的案例。壹点公益创新元宇宙互联互通新场景，打造360度立体式、多元化展示壹点公益的平台，沉浸式互动为壹粉提供线上交流空间，更有个人形象空间设计、拍照打卡、一键加入齐鲁志愿者等多功能趣味元素，有助公众全方位了解壹点公益。

①360度立体环绕式全方位展示

在壹点公益元宇宙空间内，大家可以通过“星空视角”从宇宙空间360度立体环绕式了解壹点公益，突破二维空间限制，自由全方位深入了解壹点公益特色项目和活动，聆听壹点公益13年的人物故事，回顾温暖瞬间及壹点公益所获荣誉，见证壹点公益的成长。

②沉浸式互动体验线上交流空间

作为正在演进中的第三代互联网形态，元宇宙集人工智能、区块链、VR、AR、物联网、云计算、大数据等前沿数字技术于一体，成为各产业推进技术研发与应用的新赛道。壹点公益元宇宙空间以先进技术为支撑，以开放共生为理念，将与用户、客户一起，共同打造一个身份认同、经济繁荣、跨越虚拟与现实、永续存续的3D平行数字空间。为让用户在空间内增强身临其境感，在实际操作中，参展者可以通过手机、网页、VR等多端口登录元宇宙空间，自主选择数字形象装扮后，以虚拟形象进入元宇宙空间。

在元宇宙空间内，用户可以根据自己的需求，点击获取壹点公益各项目图文和视频资料，一起见证壹点公益的成长。同时，用户还可以实现实时现场互动和交流，元宇宙还融入了炫舞等特色功能，市民了解之余，可以体验到多种娱乐活动。突破时间和空间的限制，一次性满足万人同时在线，搭建了壹点公益和志愿者之间新型的交流平台，带来双方全新的互动体验。

（3）数字化“指尖公益”生态新场景

数智时代，数字技术加快了大数据、人工智能、虚拟现实、区块链等新技术在“指尖公益”领域的创新应用，推动“指尖公益”从单一的慈善捐款向民生服务、公众素质素养培育等新场景、新领域拓展。让“指尖公益”生态场景更加丰富，更加普惠。

2022年9月13日，中国社会保障协会课题组发布了一份精华版《中国公益慈善数字化发展研究报告》，报告表明以互联网为载体的公益慈善数字化，将各界各方参与主体和域外爱心人士连接在一起，正在全面形成全新的公益。当下诸多社会问题的治理都在高度依赖于数字技术的运用，基于社会资源链接和整合生存发展的“指尖公益”也在数字化进程中不断带来惊喜。

（4）个性化“指尖公益”新场景

跨界元素的引入，让“指尖公益”呈现不一样的姿态，构建透明、互动、开放、定制的“指尖公益”新场景，让用户从此可以在感兴趣的领域随手公益，公益触达每个人生活的方方面面。同时，通过探索互联网“指尖公益”的多种可能性，让网络公益更加融入生活、贴近网民，将数亿网民的点滴善举转化为网络空间的满满正能量。

①新媒体+“指尖公益”

新媒体与“指尖公益”的结合，有时又称“新媒体公益”，紧跟国家战略，围绕建党百年、巩固拓展脱贫攻坚成果同乡村振兴有效衔接、社会治理创新等主题，探索新闻事业与公益事业、志愿服务事业合作新模式。在此基础上，中国记协新媒体专业委员会征集年度公益案例，经严格公正推选，每年推荐出中国新媒体公益十大优秀案例。这些案例创新运用新媒体形式手段和传播平台，质量精、手段新、受众广、反响好、成果实，总结推广新媒体公益实践经验，推动新媒体新平台承担社会责任。例如，齐鲁壹点 App 是《齐鲁晚报》自主研发并独立运营的山东本土新闻客户端，是《齐鲁晚报》推进媒体融合发展、建设新型现代智慧传媒、实现新动能转换的战略平台。目前，《齐鲁晚报》以齐鲁壹点客户端为核心，报纸 App+发行+视频收看等总覆盖人群超 8000 万，日均活跃用户超过 80 万。“为读者服务，与读者俱进”是《齐鲁晚报》的初心和使命。魏传强表示，2020 年，齐鲁报系以建设“省内领跑、全国一流”新型现代智慧传媒为定位，实施“齐鲁晚报 · 齐鲁壹点”双品牌战略，做强“智媒、智云、智库”三大平台，做优“传媒+N”的业务模式，推出内容、数据、技术三大中心，媒体融合发展再上新台阶。

②时尚+“指尖公益”

时尚与“指尖公益”从表面上看，二者貌似无关。但事实上，时尚与“指尖公益”是密不可分的。时尚行业一直是引领时尚潮流的产业，伴随着消费者更加注重社会责任，时尚行业的社会角色和影响力也变得越来越重要。时尚行业对社会责任的重视，会不断提升时尚行业的社会形象和质量标准。时尚行业对“指尖公益”的参与已经成为一种新的趋势。越来越多的时尚品牌参与“指尖公益”活动，并承担起推动社会公益事业发展的责任。这些公益活动不仅可以提高品牌形象和社会声誉，而且有益于推动社会公益事业的发展。“99 公益日”期间，“芭莎慈善夜”会邀请到 50 位明星分战队发起募捐，在9月9日当天打开腾讯视频时尚频道即可收看明星携手公益走上红毯，打造最强公益大事件。

主动承担和参与“指尖公益”将成为时尚行业未来的发展方向，推动时尚行业在公益事业中担起更多的责任，也是时尚产业自我增值的一种方式。时尚品牌不断将社会责任纳入品牌和企业文化，通过推动可持续性的发展，可以扩大其社会价值和影响力，从而为未来的时尚行业赢得更多的市场份额。

③影视+“指尖公益”

长期以来，公益作为一类电影题材，成为很多创作者影像中的故事，也在公益宣传中起着特殊的作用。在众多类型电影中，公益电影以迥异于商业电影的影视形态脱颖而出。而当代的公益更是结合了现代信息技术，实现了面广而高效的传播效果，从而促成了更具价值的公益事业。华谊兄弟研究院开设研究专栏，针对公益题材在影视项目中的运用及意义、公益的文化之路及价值所在、公益事业的转型升级之需及公益的数字化必由之路，探讨公益的文化渊源及市场化转型之路。还有一些90后新锐导演深入非洲坦桑尼亚及我国内蒙古地区，历时两个月记录下公益组织的点点滴滴。以偏远山区留守儿童为题材的《留守孩子》、关注自闭症儿童的《星星的孩子》《海洋天堂》等公益题材的电影，都在一定程度上让人们增加了对边缘群体的认识，提高了社会对边缘群体的关注度。①

4. “指尖公益”新场景特点

“指尖公益”是中华优秀传统文化与现代数字科技相结合的创新，培养中国公益新理念、引领公益新时尚。在新形势下，“指尖公益”正逐渐走向大众化、平民化。

（1）呈现“马太效应”

截至2019年底，我国共有13家公益平台取得了公募资格，可以从网上向公众筹集慈善捐款。约有20个网络平台获得国家颁发的募捐牌照，能

① 李琦，周亦琪．文本·功能·症候——对中国公益电影的多维解读［J］．传媒观察，2015（11）：46-48.

够承担筹集善款的任务。但资料显示总的捐赠资金中约有90%都是出自阿里和腾讯旗下的公益平台。根据腾讯公益日数据统计，前2%的项目获得了80%的金额，而有将近40%的项目没有获得捐款，呈现了典型的“马太效应”。

（2）捐赠年轻化、碎片化

经调查，在青年群体（30岁以下）每百人中约有63%的人关注“指尖公益”，约52%的人通过多种方式参与过“指尖公益”活动。以“指尖捐”“走路捐”为代表的小额捐款项目获得了较多的关注。在日常生活中就能参与的如“随手解救走失儿童”等微公益活动参与人数较多，年轻人捐款逐渐成为“指尖公益”平台筹集善款的主要来源。

（3）小众平台流量低

“指尖公益”区别于传统公益的重要一点就在于流量。传统公益方式渠道少，传播困难，因此大多无法取得较广泛的影响力。而“指尖公益”依靠自身或依托的平台所拥有的流量便解决了传统公益的难题。其中依靠日常使用媒介的公益平台发展都优于仅依靠自身的公益平台。例如蚂蚁庄园、腾讯公益的发展优于联劝网等小众公益平台。

（4）形式、技术双创新

随着科技创新与互联网的高速发展，我国“指尖公益”事业正向纵深推进。在形式、技术双创新下，“指尖公益”发展态势迅猛，在帮贫扶弱方面不断焕发生机。

①形式创新

传统公益活动一般需要借助某些媒介传播给大众，并且传播速度慢、耗时长、效率低、形式单一。“指尖公益”的兴起赋予公益场景新的发展方向：其一，互联网之下，群众扮演的角色不再单一，可以是参与者、发起者或者传播者。其二，传播的平台也不局限于新闻、电视，微博、广告、短视频都可以是传播公益信息的载体，丰富的信息传播方式让更多的人能随时随地了解公益、参与公益。其三，大众参与的方式可以是线下，也可以是线上。目前，慈善组织官网、微博等平台都会发布不同的线上公益项目，推进线上线下公益同步进行。其四，公益方式丰富多彩，“集水滴种树”“捐步数献爱心”等颇具创意与趣味的“指尖公益”形式不断将公益融入生活。

②技术创新

传统公益模式具有效率低、信息不透明、覆盖范围小等问题，而利用大数据、区块链、人工智能技术带来的“指尖公益”模式，可以更快速、更高效地完成筹款。“指尖公益”也可以看作“大数据+公益”，将科学技术与公益深度结合，通过数据分析、数据整合的方法，来实现“指尖公益”领域的信息共享、资源共享。

大众一方面通过大数据可以对“指尖公益”组织的空间分布特征、分类变动趋势等信息有一定的了解，从而对整个公益行业的背景有一定的认识；另一方面可以通过精确的数据分析工具来了解各“指尖公益”组织平台的传播力与影响力。这样的平台整合信息数据，不仅能提高公众对公益平台的信任度，还能引导人们更加积极地参与“指尖公益”。此外，可以通过大数据、区块链技术合理分配捐赠资源、整合物资，间接实现社会再分配，形成公益网络，保障各地区人民群众的美好生活，为更好地实现公益目标奠定基础。

第二节　“指尖公益”场景未来趋势

一、多元推动的社会化趋势

这种趋势主要表现为各级党政部门越来越关心和支持公益慈善，事业单位不仅积极参与“指尖公益”，而且将公益明确为其改革创新的目标。各类企业及城乡社区以社会责任乃至共享价值的创造等方式多方面地参与并推动“指尖公益”的发展，社会组织越来越成为“指尖公益”的生力军，公众参与的意识、热情和程度不断高涨，特别是新媒体的高度关注和力推。在种种社会力量的推动下，“指尖公益”逐渐从社会的边缘走向核心，成为全社会各种力量积极参与和推动的社会化过程。

二、市场驱动的产业化趋势

这种趋势主要表现为创投、信托、股票、债券等各种复杂的市场机制越来越多地被用于“指尖公益”，涌现出如社会企业、慈善超市、公益银行等兼具公益性和市场性双重属性的创新业态。以“指尖公益”为关键节点的新型产业链如捐赠旧衣物循环产业链、再生废旧材料循环产业链等相继出现，进而出现了一种公益产业的新型产业集群。公益产业以公共利益为起点，以价值回归为目标，以均衡发展为核心，通过“公益+金融”形成产业上游，贯穿并有机衔接农业、工业、服务业与知识产业，组成基于公益、助于金融、利于社会、跨业循环的公益产业集群。市场驱动力改变了公益慈善远离市场的非营利属性，激活各类市场机制并做大公益，以产业化的形式在市场和公益之间创造出巨大的社会利益。

三、跨界融合的新公益趋势

这种趋势主要表现为通过转移职能和购买服务，政府和“指尖公益”组织之间越来越跨界融合；通过社会责任和共享价值，企业和“指尖公益”组织越来越跨界融合；政府、社会、市场三者之间的界限被超越，创新越来越多地表现为跨界与融合；移动互联网和新媒体时代涌现出各种开放、共享、透明的“指尖公益”平台，基于更广泛的公众参与推动社会价值的实现。跨界融合升华出“指尖公益”的共治场域和共享价值，一方面能有效应对各种巨型化、复杂性和突发性的社会问题；另一方面能激发各种形式的社会创新，令我国公益事业有机会走在全球数字公益变革的前沿。

四、跨境合作的人类命运共同体趋势

这种趋势主要表现为各种跨境社会问题，如跨境教育、跨境扶贫、跨境移民、跨境卫生等，这些越来越成为“指尖公益”关注的热点问题，越来越多的“指尖公益”组织参与全球治理和国际公益活动。中国企业“走出去”带动了越来越多的企业践行社会责任和当地公益活动，“一带一路”

国家战略需要更加关注和帮助当地社区的发展，并致力于解决当地的各种社会问题，“公益同行”乃至“公益先行”的战略意义越来越大。跨越国界的“指尖公益”是作为一个大国承担全球治理责任必不可少的环节，也是数字公益发展成熟的重要标志之一。

五、国内外“指尖公益”场景研究述评

综观国内外学界对“指尖公益”场景的研究，可以看出国内外都比较关注公益场景的发展问题和对策研究，国内外慈善组织都在行业支持、信息透明、公益传播和服务创新等方面着力探索科技与“指尖公益”的有机结合，并加以反思。

1. 过往研究基于场景角度的分析较为欠缺

以往在社会历史发展变化和现代转型的基础之上，对“指尖公益”进行的各种研究和探讨取得了一定的成果，然而，梳理文献后，我们发现，几乎所有的研究都是集中在“指尖公益”变化、发展或场景理论下的某一公益平台的研究等方面，缺乏“指尖公益”平台新旧场景的对比及未来展望。

2. 当前的“指尖公益”支撑较为单一

国内外学者对“指尖公益”场景的发展困境提出的对策更多侧重于理论层面，由于各国国情的不同和互联网的骤变性，“指尖公益”的实际操作研究有待进一步加强、创新、完善。因之，应加强互联网平台与公益慈善事业的深度融合，促进数字技术的优势互补和网络资源的利用整合，调动各方面的力量，形成一种基于公共精神和社会责任感长效发展的合作机制。

第三节　“指尖公益”新场景建构

随着人工智能网络技术的迅猛发展，人工智能赋能“指尖公益”使其在价值理念、发展模式、组织形态、监督管理等方面都产生了极大跃升。今后，将会进一步扩大“指尖公益”平台和发展前景，使人工智能与“指

尖公益”的跨界融合更加广泛深刻，不断创造新的行业生态，持续释放新的活力。

一、创新数字技术跨界合作场景

“近年来，随着互联网革命的不断深入，网络让人人慈善、随手慈善成为现实……互联网慈善已经成为现代慈善事业的重要形式之一，也是新时代慈善事业发展最显著的特征。”中华慈善总会会长宫蒲光这样表示。的确，“指尖公益”创新与社会服务领域深度融合，推动组织变革，提升组织效率，重塑和创新公共服务模式，对社会进一步作出了很大的贡献。

疫情促进“指尖公益”迎来了一个又一个线上汇集筹款的闪光时刻。作为全国慈善行业的排头兵，中华慈善总会积极探索传统慈善模式与互联网结合的新路径，以及“指尖公益”模式的应用与扩展，紧锣密鼓地推进慈善跨界合作。2020 年 10 月，中华慈善总会会长宫蒲光一行前往泰康保险集团，双方就推动“指尖公益”等领域深入合作达成共识……一连串果断行动，一次次跨界合作，从传统模式向现代模式的强势转变，越加激活了“指尖公益”所蕴含的巨大能量。

1. “善建智爱”慈善信托正式启动

2020 年 9 月 3 日，中国建设银行与中华慈善总会战略合作协议签约暨“善建智爱”慈善信托启动仪式在北京举行。这是建设银行积极开展新金融探索实践，通过实施金融科技战略，借助现代科技和互联网使社会公众享受到金融服务的便利；通过实施住房租赁战略，搭建开放共享的住房租赁平台，帮助千家万户实现“安居梦”；通过实施普惠金融战略，依托大数据和智能风控技术推出“惠懂你”等线上信贷服务平台，使小微企业和个体工商户在手机上就可以方便地办理贷款等。这次跨界合作，整合资源，相互赋能、相得益彰，让“慈善+金融”的“指尖公益”道路越走越宽广。

2. 中华慈善总会“幸福家园”村社互助项目全国启动

2020 年 9 月 4 日，中华慈善总会联合 14 个省市慈善会，在郑州市正式启动“幸福家园”村社互助项目。由中华慈善总会定制，民政部指定的互联网募捐信息平台“公益宝”提供的“幸福家园村社互助”微信公众号同步上线，正式为全国首批启动省市慈善会提供服务。“幸福家园”村社互助项目是利用合法的公开募捐资质，构建的一个服务全国广大社区通过互联网开展慈善活动的平台型慈善项目，实现了社区链接社会资源筹款，成为社区“指尖公益”组织、自治组织和志愿者开展公益慈善活动的重要支撑，是慈善事业推动基层社会治理，融入国家现代化治理体系建设的重大创新。

二、创新“指尖医疗”便利场景

随着国家加大对基层卫生事业的投入和远程医疗体系的拓展，“指尖医疗”惠及越来越多的群众。由于经济、地理等原因，很多偏远地区群众存在“看病难、看病远、看病贵”问题，云南为此启动了远程医疗项目建设。据了解，远程医疗“县县通”项目运行现已覆盖全省 16 个州市、129 个县市区的 204 家医疗机构，部分县市区已实现“乡乡通”。全省已累计完成 219 万例远程医疗服务，共为患者节约医疗支出 25.89 亿元。在科技方面，“指尖医疗”正在更深入地尝试结合新形势，进行新探索。在 2023 年“99 公益日”募捐活动中，腾讯平台引入区块链技术用以提高透明度。项目披露在加大透明模板力度的同时，将可溯源、可回查、不可随意更改等数据信息全程可追踪技术加入进来。

1. 我国首家云医院“宁波云医院”

“宁波云医院”于 2014 年 9 月 11 日在全国率先启动建设，以建设“互联网的医联体”为目标，通过在互联网上打造“无边界、无围墙”的医院，为老百姓提供无处不在、触手可及的个性化“指尖医疗”服务，为医生提供线上线下多点执业的平台，充分释放医务人员的生产力，放大优质医疗服务资源。

“宁波云医院”构建了一个 O2O 协同平台，打造了一个开放的平台，将大医院的优势医疗资源同基层医疗机构、专科医生、社区医生有机地整合，同时，还引入药店、保险公司等第三方机构接入平台提供完善服务。结合医院线上资源，“宁波云医院”可以提供从门诊到检验检测、远程会诊、健康管理、康复诊疗等全方位的医疗服务。“掌上云医院”客户端发布后，“宁波云医院”将为每一名注册用户建立动态的健康档案，居民可通过“掌上云医院”客户端在手机上查询自己的健康数据，并将其作为自我健康管理的工具；而居民日常生理指标、生活方式等健康关联的数据将通过可穿戴健康设备获取与管理。

2. 湖北枝江：“指尖上”的医疗服务

湖北省枝江市利用“互联网+分级诊疗”平台、家庭医生签约服务和构建医疗联合体，实现基层和医疗卫生资源的上下联动，使全市30多万人享受基本医疗卫生服务，解决群众看病难、看病贵问题。枝江市利用“互联网+”把医院服务搬到“指尖上”。

2016年，阿里健康入驻枝江，建立了“互联网+分级诊疗”平台，利用远程会诊撬动分级诊疗，使30余万名枝江农民不用辗转奔波，就能和专家“面对面”，通过该平台享受全国多家三甲医院的优质医疗服务，这是阿里健康继武汉市后湖北省首家“指尖医疗”县级合作试点。2017年，枝江市委、市政府把“互联网+分级诊疗”惠民医疗服务改革作为一项重大民生工程，建立由180个村卫生室、8家基层医疗卫生机构、宜昌市中心医院及部分省内外知名三甲医院组成的互联网分级诊疗平台，借助阿里健康的技术支撑，依托76个农村淘宝服务站和180个村卫生室在全市推广应用，开展“基层首诊、上级会诊”，实现了农村居民“小病不出村，大病市里看，重症连省院”的“指尖医疗”目标。

三、创新“产业扶贫”慈善生态场景

战“疫”时期，各地扶贫产品销售和产业扶贫遭遇困难，基于网络技术发展起来的电子商务就此成为“指尖公益”扶贫的重要组成部分、助推贫困地区农产品走出乡村的重要渠道。我国总计近5000万名网友通过互联网公益平台捐款抗疫。同时，在农业、金融、科技、医疗等行业不断涌现出多种多样的新慈善业态。

在广西，“壮族三月三·八桂嘉年华”由线下改为线上活动，通过互联网直播平台，网络销售河池市凤山县贫困地区农产品。凤山县副县长钟建兵当起了网络主播，携手“淘宝直播”“京东直播”“抖音直播”等平台同步开展直播带货活动，带动凤山好货行销全国。据统计，当日参加直播带货活动的特色农产品品类有22种，单品60多样。共销售3824件，销售额10.26万元。

在湖北，疫情期间为各地农产品打开销路，湖北各地的市长、县长参与线上直播，拼多多平台“市长县长直播间”累计吸引近1100万消费者参与消费，全网累计观看人次超过1.5亿。除了政府负责人亲力亲为，众多网络平台也纷纷邀请知名人士加入公益直播活动，通过“流量”变“销量”，拉近了网络与田间地头的距离，激活了网络助农的强大能量。

在广东，江门市蓬江区慈善会通过结合公众号、小程序增设游戏互动，通过捐步、知识问答、点亮“微心愿”等多种线上“指尖公益”方式，让更多民众参与慈善。截至2023年9月，蓬江区共有28家社会组织入驻慈善信息平台，创建公益项目达70个；冠名基金共291个，共募得善款598万余元；组织线上线下慈善公益宣传活动逾150场，参与者累计达28万人次。

当下，数字技术与慈善的结合正在日益演变成一场“指尖公益”的弯道超车战。未来的“指尖公益”不但会在金融、医疗、农业等方面继续深耕，而且会在更多领域与维度上进行融合，慈善行业也将结合自身优势打造出更多服务民众、具有鲜明特性的平台链接、生态圈层以及更好的公益慈善项目。我们要进一步深化技术赋能，创新“指尖公益”生态；加快大数据、人工智能、虚拟现实、区块链等新技术在公益慈善领域的创新应用；聚焦实现高质量发展，推动“指尖公益”向民生服务、公众素质素养培育等新场景、新领域拓展。让“指尖公益”生态更加丰富，更加普惠，打造人人参与共建的慈善新格局。

结　语

中国式现代化是共同富裕的现代化，它以初次分配、再分配、三次分配来调节公众的收入和财富，时下已上升到国家战略层面的基础性制度安排。公益慈善事业作为国家“第三次分配”的重要载体，对践行社会主义核心价值观、改善收入和财富分配格局，促进全体人民共同富裕起着关键性的作用。2020 年暴发的全球新冠疫情，一方面提高了公众对公益慈善事业重要性的认知，见证了“指尖公益”瞬间快速聚集筹款的爆发力。另一方面促使更多公益慈善组织开始尝试线上运营，这无疑加速了全球公益慈善行业的数字化转型。截至目前，“指尖公益”已经在全国范围内覆盖了普惠教育、养老助老、乡村振兴、社区治理、扶残助残、应急救助、医疗健康、生态环保以及游戏公益等多个社会领域，成为我国推动社会进步与发展，打造人类命运共同体的新动能、新手段。

互联网数智时代所带来的泛连接和去中心化特质，使得小而优的“指尖公益”项目更受人们欢迎，也为公益慈善事业注入了新动能。“指尖公益”带有移动化、个性化、实时性的便捷特点，并且将公益的影响力成倍扩大，实现人与项目的最快对接。然而，数智时代也带来了许多新的挑战，为了更好地适应时代需求，公益组织需要不断创新，加强与科技的结合。本书通过对数智时代“指尖公益”模式的研究，主要的理论探索聚焦在以下几方面。

一是从全球化视野审视“指尖公益”实践。本书借助互联网和数字技术打破地域限制，促进公益资源的跨界合作和全球共享。书中指出公益组织需要通过数字化渠道与国际社会连接，吸纳全球智慧和资源，以共同解决全球性问题。未来将继续研究前沿案例，例如，携手中国扶贫基金会向贫困地区捐赠80万元“温暖爱心包”的亚马逊全球公益项目（2020年）；联合来自近120个国家和地区的抗疫医生上线全球新冠肺炎实战共享平台GMCC，在线提交抗疫经验交流需求的全球最大线上抗疫公益行动（2020年）；联合新浪微公益、搜狐等多个互联网公益平台积极投入灾后救援的“土耳其大地震援助”指尖募捐活动（2023年）——这些案例都是在全球化视野下，通过“指尖公益”平台将慈善事业和公益活动与用户紧密联系起来，推动全球公益事业的发展。

二是从数字化转型验证“指尖公益”的效能。数智时代要求公益组织和机构将传统的公益活动与数字技术相结合，通过数字化手段来提高效率、扩大影响力。本书通过“指尖公益”模式充分利用互联网、大数据、人工智能等技术，实现信息共享、资源整合、数据分析等功能。本书介绍了以数字化技术和互联网平台为依托建立在线捐款平台、推出公益项目众筹平台的中国红十字会；通过数字化技术，搭建志愿者平台，实现公益项目在线管理和公众参与的腾讯公益；通过直播间链接品牌与消费者，推动农产品产业化、品牌化发展的“小红书公益”——这些案例中数字化转型实现了“指尖公益”的高效管理和公众参与，推动了公益事业的数字化转型。

三是从大数据驱动决策看“指尖公益”的健康运行。数智时代的“指尖公益”模式需要以数据为基础进行决策和运营。公益组织需要积极收集、整理和分析相关数据，从中获取洞察力和启示，为公益项目的策划、执行和评估提供科学依据。同时，还需要建立数据安全和隐私保护机制，确保数据的合法使用和保护。本书通过积极探索新技术、新模式，寻求新的公益领域和发展机会。同时，积极鼓励创新思维和实践，打破传统观念和体制限制，促进公益事业的可持续发展。本书介绍了通过大数据与人工智能方式让环保公益“时尚”起来的“微信运动”App；在大数据理念指导下结合互联网技术助力公益社团发展的“腾讯公益”；依托“碳账户”数据的广泛性和分析性秉持着绿色环保金融理念的“蚂蚁森林”……这些案例凭借大数据驱动决策，进一步提高“指尖公益”的效率和效果，推动了社会公益事业的可持续发展。

四是以新型公益裂变的视角展望“指尖公益”的未来影响力。社会困难群体的福利需求和公共利益没有得到全面保障是“指尖公益”诞生的社会基础，因此公益组织需要通过数字媒体、社交网络等渠道，与公众进行互动和传播，激发公众参与公益活动的积极性和满意度，形成多方共治的良好局面。本书介绍了孵化出大量素人博主、社区平台加持下带来新型“公益裂变”、见证“分享的影响力”的小红书；借助互联网媒介以微信平台为依托利用熟人社交分享引流帮助看病困难求助者的水滴筹；运用互联网等创新手段发动全国数亿网民进行小额捐赠的中国参与人数最多、影响力最大的“99 公益日”……这些案例通过社交媒体、在线平台，让“指尖公益”走向大众化，让公众可以随时随地参与公益事业，为社会发展贡献公益力量、志愿力量，值得点赞。

总之，通过对数智时代“指尖公益”模式的多维审视与系统研究，我们希望让学界和业界都更加清晰地认识到，在新技术的平台上，把握科技向善的价值导向，公益组织可以更好地与公众进行互动，促进自身的数字化转型，实现社会效益、经济效益、文化效益、人才效益、生态效益的全面提升，在现代化的道路上不断推动公益事业的可持续发展和人与社会的全面进步。

参 考 文 献

一、中文著作

［1］莱斯特·M. 萨拉蒙．全球公民社会：非营利部门视野视界［M］. 北京：社会科学文献出版社，2002.

［2］贝奇·布查特．阿德勒．美国慈善法指南［M］. 北京：中国社会科学出版社，2002.

［3］尤瓦尔·赫拉利．人类简史：从动物到上帝［M］. 林俊宏，译. 北京：中信出版社，2014.

［4］加里·S. 贝克尔．人类行为的经济分析［M］. 王业宇，陈琪，译. 上海：上海人民出版社，1995：2-8.

［5］安东尼·吉登斯．社会的构成：结构化理论纲要［M］. 李康，李猛，译. 北京：中国人民大学出版社，2016.

［6］罗纳德·伯特．结构洞：竞争的社会结构［M］. 任敏，李璐，林虹，译. 上海：格致出版社，2008.

［7］马克·格兰诺维特．镶嵌：社会网与经济行动［M］. 罗家德，译. 北京：社会科学文献出版社，2007.

［8］齐美尔．社会是如何可能的：齐美尔社会学论文选［M］. 林荣远，编译. 桂林：广西师范大学出版社，2002.

［9］马克斯·韦伯．经济与社会［M］. 杭聪，编译．北京：北京出版社，2008.

［10］奥格本．社会变迁：关于文化和先天的本质［M］. 王晓毅，陈育国，译．杭州：浙江人民出版社，1989.

［11］郑功成，等．中华慈善事业［M］．广州：广东经济出版社，1999.

［12］徐麟．中国慈善事业发展研究［M］．北京：中国社会出版社，2005.

［13］周秋光，曾桂林．中国慈善简史［M］．北京：人民出版社，2006.

［14］梁其姿．施善与教化：明清的慈善组织［M］．石家庄：河北教育出版社，2001.

［15］廖鸿．社会组织建设的新视野：中国和澳大利亚经验分析［M］．北京：时事出版社，2010.

［16］厉以宁．股份制与现代市场经济［M］．南京：江苏人民出版社，1994.

［17］高培勇，崔军．公共部门经济学（修订版）［M］．北京：中国人民大学出版社，2004.

［18］田凯．非协调约束与组织运作：中国慈善组织与政府关系的个案研究［M］．北京：商务印书馆，2004.

［19］施昌奎．北京慈善事业运营管理模式研究［M］．北京：中国经济出版社，2008.

［20］谢芳．美国社区捐赠［M］．北京：中国社会出版社，2004.

［21］吴忠泽，李勇，邢军．发达国家非政府组织管理制度［M］．北京：时事出版社，2001.

［22］莫文斌．企业社会责任与和谐社会构建研究［M］．北京：经济日报出版社，2009.

［23］陈华．吸纳与合作：非政府组织与中国社会管理［M］．北京：社会科学文献出版社，2011.

［24］郑国安，等．国外非营利组织的经营战略及相关财务管理［M］．北京：机械工业出版社，2001.

［25］冯英，穆风龙，聂文倩．外国的慈善组织［M］．北京：中国社会出版社，2008.

[26] 陈秀峰. 当代中国大学教育基金会研究 [M]. 北京：中国社会科学出版社，2010.

[27] 戴志敏，石毅铭，蒋绍忠. 大学教育基金会管理研究 [M]. 杭州：浙江大学出版社，2010.

[28] 费孝通. 乡土中国 [M]. 北京：生活·读书·新知三联书店，1985.

[29] 金耀基. 中国社会与文化 [M]. 香港：牛津大学出版社，1992.

[30] 刘永根. 社会网络与劳动力市场回报 [M]. 上海：上海人民出版社，2015.

[31] 杨国枢. 中国人的心理 [M]. 北京：中国人民大学出版社，2012.

[32] 王卓群，赵顺龙，陈同扬. 中国大学外部经济关系研究 [M]. 北京：北京大学出版社，2005.

[33] 杨中芳. 如何研究中国人：心理学研究本土化论文集 [M]. 重庆：重庆大学出版社，2009.

[34] 叶通贤. 国际化视野下高等学校社会资本研究 [M]. 上海：上海交通大学出版社，2012.

[35] 郑永年 . 中国模式：经验与困局 [M]. 杭州：浙江人民出版社，2010.

[36] 汪晖，陈燕谷 . 文化与公共性 [M]. 北京：生活·读书·新知三联书店，1998.

[37] 资中筠 . 财富的责任与资本主义演变：美国百年公益发展的启示 [M]. 上海：上海三联书店，2015.

[38] 陈一丹 . 中国互联网公益 [M]. 北京：中国人民大学出版社，2019.

[39] 马化腾 . 指尖上的中国：移动互联与发展中大国的社会变迁 [M]. 北京：外文出版社，2018.

[40] 杨团 . 慈善蓝皮书：中国慈善发展报告（2018） [M]. 北京：社会科学文献出版社，2018.

［41］吴军．智能时代：大数据与智能革命重新定义未来［M］．北京：中信出版社，2016.

［42］刘国华．慈善是一种文化［M］．上海：上海教育出版社，2011.

［43］赵华文，李雨．慈善的真相［M］．合肥：安徽人民出版社，2012.

［44］郑功成．当代中国慈善事业［M］．北京：人民出版社，2010.

［45］林伟贤，魏炜．慈善的商业模式［M］．北京：机械工业出版社，2011.

［46］黄坤锦．美国大学的通识教育：美国心灵的攀登［M］．北京：北京大学出版社，2006.

［47］辜鸿铭．中国人的精神［M］．李晨曦，译．上海：上海三联书店，2010.

［48］刘家玮，冯志慧等．全民众筹：社群经济下的众筹革命［M］．沈阳：万卷出版公司，2016.

［49］杨团．公司慈善与培育中国公司的慈善文化［M］．长春：吉林大学出版社，1999.

［50］张嫱．粉丝力量大［M］．北京：中国人民大学出版社，2010.

二、中文论文

［1］欧阳标．湖南慈善组织发展存在的问题及对策研究［D］．北京：国防科技大学，2008.

［2］蒋金燕．湖南省慈善管理人员职业化研究［D］．长沙：湖南师范大学，2012.

［3］李相伯．当代中国社会慈善事业发展中的问题与对策研究［D］．太原：山西大学，2015.

［4］汪叶枫．常熟市慈善组织运行研究［D］．上海：上海交通大学，2008.

［5］方贵跃．我国慈善捐赠机制探析［D］．厦门：厦门大学，2009.

［6］杨艳芳．“互联网+”背景下的公益事业发展研究［D］．南京：

南京大学，2017.

［7］李美玲．微信公益传播现状与效果研究［D］．郑州：郑州大学，2017.

［8］阎识玉．公共传播视角下的微公益传播机制研究［D］．沈阳：辽宁大学，2017.

［9］王英松．中国众筹经济发展研究［D］．呼和浩特：内蒙古师范大学，2018.

［10］李香．社交媒体公益众筹影响因素的研究［D］．呼和浩特：内蒙古大学，2019.

［11］贾识渝．“互联网+慈善”面临的困境及对策的研究［D］．武汉：华中师范大学，2017.

［12］李文萱．互联网时代下中国公益慈善事业的发展研究［D］．哈尔滨：哈尔滨理工大学，2022.

［13］李凯．互联网企业营销式公益实践对企业效益的影响路径研究［D］．苏州：苏州大学，2020.

［14］范宝俊．中国慈善事业面临的形势与任务［J］．社会保障制度，2001（10）：8-12.

［15］蔡勤禹，江宏春，叶立国．慈善捐赠机制述论［J］．苏州科技学院学报（社会科学版），2009（26）：32-37.

［16］王锡源．论社会转型时期慈善捐赠机制的完善：以上海慈善捐赠事业为例［J］．中共杭州市委党校学报，200：7（5）：29-33.

［17］曾桂林，王卫平．日美及港澳台地区近五十年对中国慈善事业史的研究［J］．史学理论研究，2008（2）：100-109.

［18］张奇林．美国的慈善立法及其启示［J］．法学评论（双月刊），2007（4）：99-106.

［19］张丽霞．中西方慈善捐赠的比较研究［J］．经济研究导刊，2009（18）：255.

［20］刘植荣．国外慈善事业的管理［J］．环球视角，2011（11）：76-77.

［21］余闻．公信力的缺席是慈善组织的致命伤［J］．精神文明导刊，2011（8）：43.

［22］崔树银，朱玉知．慈善组织的公信力建设浅析［J］．社会工作，2009（4）：15-17.

［23］谢霓．从慈善组织看我国慈善事业的不足及发展建议［J］．海峡科学，2010（9）：12-14.

［24］潘屹．慈善组织、政府与市场［J］．学海，2007（6）：113-116.

［25］郑功成．中国慈善事业的发展与方向［J］．北京观察，2006（6）：27-30.

［26］高鉴国．美国慈善捐赠的外部监督机制对中国的启示［J］．探索与争鸣，2010（7）：67-70.

［27］周秋光．如何看待慈善事业的官办与民办［J］．文史博览（理论），2009（10）：1.

［28］戈登·怀特．公民社会、民主化和发展：廓清分析的范围［J］．何增科，译．民主化．1994（3）：22-29.

［29］郑功成．现代慈善事业及其在中国的发展［J］．学海，2005（2）：36-43.

［30］高功敬，高鉴国．中国慈善捐赠机制的发展趋势分析［J］．社会科学，2009（12）：52-61.

［31］赵文聘．网络公益创新中反向偏差行为“全景敞视”规训机制［J］．中国行政管理，2019（2）：79-85.

［32］王云斌．中国实现“互联网+慈善”的路径研究：以公益慈善信息管理系统为例［J］．社会福利（理论版），2016（3）：6-10.

［33］张昊．基于新媒体语境下微公益传播路径及动力机制初探［J］．科技传播，2017（6）：95-96.

［34］贺义荣．新媒体环境下公益传播的策略分析：以微信朋友圈“小朋友画廊”传播为例［J］．传媒，2017（23）：78-80.

［35］刘丹．微公益视阈中的社会主义核心价值观及其实践进路［J］.

道德与文明，2019（2）：134-138.

［36］郭凯天．践行企业社会责任，让公益创新发挥核心作用［J］．人民论坛，2017（6）：65.

［37］黎红丽，白丽萍，温必安，曾伟根，张钰雯，林喜金．指尖公益的参与意愿及其影响因素研究：以广州大学生为例［J］．教育观察，2019（10）：22-24.

［38］白鸽．慈善组织微信公众号的传播策略分析［J］．新闻知识，2016，（9）：69-71.

［39］袁嘉慧．“指尖公益”中的群氓智慧和群体性迷失［J］．新闻研究导刊，2018（14）：75-76.

［40］马晓瑜．对网络公益众筹，监管不能“缺位”［J］．人民论坛，2018（34）：74-75.

［41］王爱华．基于互联网平台的公益跨界合作：过程、机制与风险：以腾讯“99 公益日”为例［J］．公共管理与政策评论，2019（1）：68-77.

［42］周红玲．高校校友捐赠影响因素实证分析：以华南理工大学为例［J］．高教探索，2016（7）：47-52.

［43］高岩，高欣．美国密歇根大学校友捐赠运作及启示［J］．宁夏师范学院学报（社会科学版），2013（5）：126-130.

［44］杨义凤，邓国胜．西方慈善行为模式的变迁及其对中国的意义［J］．天府新论，2013（5）：84-90.

［45］张辉，洪成文．“双一流”建设的社会成本分担机制研究：基于美国大学与捐赠基金关系的数据分析［J］．中国高教研究，2016（3）：56-60.

［46］武书连，吕嘉，郭石林．2001 中国大学评价［J］．科学学与科学技术管理．2001．（6）：38-50.

［47］耿云．西方国家慈善理念的嬗变［J］．中国宗教，2011（12）：52-54.

［48］陶冶，陈斌．美国慈善事业发展的历史、原因及启示［J］．中国

劳动关系学院学报，2016（4）：76-82.

［49］张辉，林成华. 成本分担视角下我国高等教育的社会捐赠机制研究［J］. 现代教育管理，2017（7）：25-31.

［50］冯宝军，沈佳坤，孙秀峰．中国综合类高校科技创新多要素投入效率研究［J］. 科技与管理，2017（6）：46-56.

［51］吴智兰．轻熟人社交下慈善众筹参与行为影响因素研究［J］. 大学图书情报学刊，2019（05）：20-26.

［52］金雯，孙梓琪．网络公益众筹平台信任危机及改进对策分析［J］. 现代商贸工业，2021（22）：104-105.

［53］谢琼．公益慈善数字化的现实审视与未来发展［J］. 人民论坛·学术前沿，2022（22）：86-99.

［54］臧宝瑞．关于公益慈善与科学技术相互赋能的初步思考［J］. 中国民政，2022（18）：32-33.

［55］王向阳，邢韵龄．基于社交网络的大病众筹信任问题研究：从“指尖公益”到“眼前质疑”的过程：机制分析［J］. 四川轻化工大学学报（社会科学版），2022（2）：53-68.

［56］张卫，张硕．“互联网+慈善”新模式：内在逻辑、多重困境与对策［J］. 现代经济探讨，2021（11）：91-97.

［57］王泽昊．指尖公益的创新建构与发展思路［J］. 黑河学院学报，2019（12）：89-91.

［58］杨玲．粉丝经济的三重面相［J］. 中国青年研究，2015（11）：12-16.

［59］马孝辛，辛红娟．粉丝（Fans）在中国的接受流变研究［J］. 理论月刊，2013（2）：88-91.

［60］彭璟玮．互联网众筹的经济学理论剖析及现实策略研究［J］. 未来与发展，2017（11）：20-24.

［61］孙金丽．众筹筹资模式发展浅析［J］. 河南机电高等专科学校学报，2015（3）：38-41.

［62］林卡，李波．互联网慈善平台运作的多重效应及其对慈善生态

的影响［J］. 浙江社会科学，2021（2）：89-94+158.

［63］宋衍涛，崔希悦．网络公益慈善的发展困境及解决路径研究［J］. 理论与现代化，2020（4）：83-92+48.

三、外文文献

[1]DUGAN K,MULLIN C H,SIEGFRIED J J. Undergraduate financial aid and subsequent alumni giving behavior[J].Williams project on the economics of higher education,2000,45(1):123-143.

[2] MONKS J . Patterns of giving to one's alma mater among young graduates from selective institutions[J].Economics of education review,2003,22(2): 121-130

[3]WUNNAVA P V,LAUZE M A. Alumni giving at a small liberal arts college: evidence from consistent and occasional donors[J].Economics of education review,2001,20(6):533-543.

[4]GLAZER A ,KONRAD K A . A signalling explanation for private charity [J].RePEc,1991.

[5] CHRISSY K. I think i. t. can:e-philanthropy helps small nonprofits reach donors[J]. Nonprofit world. 2009 (9).

[6] JILLBERT J. E-philanthropy as a new way to gain online donation: a review on charity websites[J].[s. n.],2003.

[7] AUSTIN J E. The e-philanthropy revolution is here to stay. [J]. Chronicle of philanthropy,2001.

[8]NORTH M. E-philanthropy: changing our way of giving [M]. New Haven:Yale university press,1999 (8).

[9]GREG S M. Public opinion and welfare policies in the Americanstates [D]. New York:Columbia university,1998.

[10] SPENCER H. Policing welfare: investigation and publicassistance [D].Evanston:Northwestern university,2016.

[11] Social media and fond-raising-one thousand points of "like" [J].

The economist,2012.

[12] SALAMOM L M, ANHEIER H K. Defining the nonprofit sector: a cross-national analysis[M].Manchester:Manchester university press,1997.

[13] KATAOKA H. NGO/NPOs and E-Govemance in Asian countxies [R]. The okuma school public management waseda university. 2007.

[14] SALAMOM L M, ANHEIER H K. Defining the non—profit sector: across-nation alanalysis[M].Manchester:Manchester university press,1997.

[15] KARLA W. Nurturing a culture of philanthropy[C]. Healthcare Philanthropy,2012-07-14.

[16] RICHARDSON BR C. Belief and loyalty in college organization[J]. The journal of higher education,1971(42):499-515.

[17] OLBERDING J C, NEIKIRK M A, NG D. Student philanthropy: a handbook for college and university faculty[C]. Highland heights, Ky: Scripps howard center for civic engagement at northern kentucky university. 2010.

[18] DREZNER N D, HUEHLS F. Fundraising and institutional advancement: theory, practice, and new paradigms[C].New York: Routledge. 2014.

[19] MAANEN J V. People processing: strategies of organizational socialization[J].Illinois: Scottforesman,1983: 240-259.

[20] TRICE H M, BEYER J M. The cultures of work organizations[M]. Englewood cliffs, NJ: Prentice hall,1993.

[21] TOBIN J. Liquidity preference as behavior towards risk [J]. Review of economic studies,1958,25.

[22] BROWN W O. Sources of funds and quality effects in higher education [J].Economics of education review,2006,20(3):289-295.

[23] AJZEN I. Understanding attitudes and predicting social behavior[M]. Englewood cliffs, NJ: Prentice hall,1980.

[24] EBERSOLE T. Alumni financial donations, life cycle and student activities [D]. Pittsburgh: duquesne university,2011.

[25] BRUCE D J. Sharing the costs of higher education: student financial

assistance in the united kingdom, the federal republic of germany, france, sweden, and united states [M].New York: College board, 1986.

[26] MERCATORIS M E. Alumni loyalty: examing the undergraduate college experience and alumni donations [D]. Austin: The university of texas at austin, 2006.

[27] DOWIE M. American foundations: an investigative history[M].Cambridge: The mit press, 2001.

[28] MONKS J. Patterns of giving to one's alma mater among young graduates from selective institutions[J]. Economics of education review ,2003(22).

[29] BESNAINOU B I, OGUNC K. Spending rules for endowment funds: A dynamic model with subsistence levels [J].Review of quantitative finance and accounting, 2006, 27(1):93-107.

[30] DIMMOCK S G. Background risk and portfolio choice: empirical evidence from university endowment funds, mimeo [J]. Michigan state university, 2006:42.

[31] PARSONS L M. The impact of financial information and voluntary disclosures on contributions to not-for-profit organizations: a fieldbased experiment [J]Behavioral research in accounting, 2007, 19:179-196.

[32] TRUSSEL J M, PARSON L M. Financial reporting factors affecting donations to charitable organizations[J] Advances in accounting incorporating advances in international accounting, 2007, 23(none):263-285.

[33] SCHEIN E H. Organizational culture and leadership: 2nd ed[M]. San Francisco: Josseybass, 1992:241.

[34] Global political economy[M].London: Palgrave macmillan, 2015.

[35] AMIT, et al. Creating value through business model innovation [J]. Solan management review, 2012, 53(2): 41-49.

[36] PayPal giving fund annul report[R]. PayPal giving fund, 2018.

[37] GHOSHAL S. A new manifesto for management[J].Sloan management review, 1999(3): 9-19.

[38] SARGEANT A.Managing donor defection: why should donors stop giving? [J].New directions for philanthropic fundraising,2001(32) : 59-74.

[39] KLÖHN L, HORNUF L, SCHILLING T. The Regulation of crowdfunding in the german small investor protection act: content,consequences, critique,suggestions[J]. Social science electronic publishing,2015.

[40] SAHAYM A,et al. Crowdfunding success through social media: going beyond entrepreneurial orientation in the context of small and medium-sized enterprises[J]. Journal of business research,2019.

[41] SHNEOR R,ZILBERSHTROM S. A review of crowdfunding literature relevant to entrepreneurship and small business management. journal of small business management,[J].[S. l.],2018,56(2).

调研问卷及访谈提纲

1.“指尖公益”捐赠行为动机调查问卷

2. 公众参与“指尖公益”态度调查问卷

3. 大学生参与“指尖公益”活动态度调查问卷

4. 大学生公益感测试[矩阵量表题]

5. 基于社交媒体的公益众筹类平台用户捐赠行为及其影响因素调查研究问卷

6. 数智时代大学生“指尖公益”行为访谈提纲

“指尖公益”捐赠行为动机调查问卷

尊敬的先生、女士：

您好！

欢迎参加本次答题。本次答题内容主要涉及：对“指尖公益”捐赠的了解程度、对“指尖公益”捐赠的基本态度及相关内容的偏好等。

本次调查采取无记名方式，不会泄露您的个人信息，所有回答只用于统计分析，您的回答至关重要！希望您能抽出宝贵的时间为我们提供您的真实情况和想法。题目选项无对错之分，请您按自己的实际情况填写。调查结果仅供学术研究所用，请您放心作答，感谢您的配合与支持！

1. 您接触“指尖公益”捐赠的时间：(　　)【单选题】

A. 1 年以内

B. 1~3 年

C. 3 年以上

2. 您参与过“指尖公益”捐赠？(　　)【单选题】

A. 是

B. 否

3. 您的年龄？(　　)【单选题】

A. 18 岁以下

B. 19~25 岁

C. 26~35 岁

D. 36~45 岁

E. 46 岁以上

4. 您的平均月收入？(　　)【单选题】

A. 2000 元及以下

B. 2001~5000 元

C. 5001~10000 元

D. 10000 元以上

5. 您的文化程度？(　　)【单选题】

A. 小学及以下

B. 初中

C. 高中或中专

D. 本科或大专

E. 研究生及以上

6. 您的互联网使用情况？(　　)【单选题】

A. 从不使用

B. 很少使用

C. 经常使用

7. 您信仰的宗教是？(　　)【单选题】

A. 无

B. 佛教

C. 基督教(新教)

D. 道教

E. 天主教

F. 其他

8. 您目前的职业是(　　)？【单选题】

A. 在校学生

B. 政府/机关干部/公务员

C. 企业管理者(包括基层及中高层管理者)
D. 普通职员(办公室/写字楼工作人员)
E. 专业人员(如医生/律师/文体/记者/老师等)
F. 普通工人(如工厂工人/体力劳动者等)
G. 商业服务业职工(如销售人员/商店职员/服务员等)
H. 个体经营者/承包商
I. 自由职业者
J. 农林牧渔劳动者
K. 退休
L. 家庭主妇/全职太太
M. 暂无职业
N. 其他职业人员

9. 您对公益的理解是(　　)？【单选题】
A. 公益是有钱人做的事
B. 公益事业是政府部门主导的事
C. 公益需要社会每一个人的参与

10. 您对“指尖公益”捐赠的了解及参与程度？(　　)【单选题】
A. 没听说过
B. 听说过,不了解
C. 了解,但是尚未参与
D. 了解并偶尔参与
E. 了解并多次参与

11. 若您尚未听说或了解“指尖公益”捐赠平台,您是否愿意后续做一些了解及使用？(　　)【单选题】
A. 愿意
B. 不愿意

12. 您认为您对“指尖公益”捐赠不了解甚至不知道的最主要原因是(　　)?【单选题】

A. 自身对“指尖公益”活动及各类平台关注较少

B. “指尖公益”捐赠的各类渠道宣传力度不够

C. 比较愿意进行线下的捐赠,所以很少关注“指尖公益”捐赠平台及信息

D. 其他

13. 您认为您虽然对“指尖公益”捐赠有所了解,但是尚未参与的原因是(　　)?【多选题】

A. “指尖公益”需使用电子交易平台,操作不便

B. “指尖公益”捐赠的平台及渠道有限,且便捷度、安全性不够

C. 传统线下的捐赠渠道已经能够满足自身捐赠需求

D. 对“指尖公益”捐赠没有足够的意愿及兴趣

E. 对“指尖公益”平台及其捐赠信息的真实性、可靠性存在疑虑

14. 您更支持哪种公益模式?(　　)【单选题】

A. 传统公益模式

B. “指尖公益”模式

C. 两者皆可

15. 您最近一次参与“指尖公益”捐赠的金额:(　　)【单选题】

A. 小于 10 元

B. 10~50 元

C. 51~100 元

D. 101~500 元

E. 500 元以上

16. 您最近一次参与“指尖公益”捐赠的项目类别:(　　)【单选题】

A. 教育助学

B. 动物保护

C. 扶贫救灾

D. 环境保护

E. 其他

17. 您使用过哪些“指尖公益”捐赠平台?(　　)【多选题】

A. 腾讯公益(QQ、微信)

B. 淘宝公益

C. 蚂蚁金服(支付宝、余额宝)

D. 新浪微公益

E. 中国慈善信息平台

F. 京东公益

G. 基金会中心网

H. 百度慈善募捐平台

I. 公益宝

J. 新华公益

K. 轻松筹

L. 水滴筹

M. 联劝网

N. 美团公益

O. 滴滴公益

P. 苏宁公益

Q. 融 e 购公益

R. 帮帮公益

S. 易宝公益

T. 中国社会扶贫网

18. 您更倾向于“指尖公益”在线捐赠的原因是(　　)?【多选题】

A. 网络捐赠省时省力,十分便捷

B. 网络捐赠可以满足小额捐赠的要求,门槛较低

C. 网络捐赠便于挑选捐赠项目,个人选择空间更大

D. 对传统线下捐赠的渠道及程序不了解,只有选择网络捐赠

E. 其他

19. 您更倾向于传统线下捐赠的原因是(　　)?【多选题】

A. 对该种方式的捐赠程序比较了解及习惯

B. 传统线下捐赠的机构及项目信息可信度更高

C. 担心网络捐赠在线支付的安全性得不到保证

D. 很少使用互联网,不知道如何操作

E. 其他

20. 您选择互联网上的“指尖公益”受助对象不明确的项目进行捐赠的主要理由是(　　)?【多选题】

A. 只要是做善事即可,没有必要了解具体的受助对象是谁

B. 特定或单一受助对象的项目在项目选择上需要耗费大量精力

C. 认为全国或地区性的主题项目信息来源更为可靠,权威

D. 不知道有特定或单一受助对象的项目或捐赠平台

E. 其他

21. 您通过互联网做过哪些形式的公益?(　　)【多选题】

A. 公益捐款,众筹

B. 公益捐物

C. 以物换物

D. 捐步

E. 网络认领、求助

F. 公益拍卖

G. 成为志愿者

H. 其他

22. 您认为您在互联网上的“指尖公益”捐赠特定对象的过程中遭遇（可能遭遇）的障碍有哪些？（　　）【多选题】

A. 小额捐赠时，在线捐赠手段便捷度不够

B. 对受助对象信息的准确性及真实性存有疑虑

C. 捐赠特定对象的网络中介平台太少

D. 对象太多，在选择受助人时经常难以抉择

E. 没有后期善款使用情况的反馈

23. 您觉得“指尖公益”的缺点有哪些？（　　）【多选题】

A. 平台类型多真假难辨

B. 个人信息安全系数不高

C. 法律制度不完善

D. 监管略有所欠缺

E. 后续反馈效果不理想

F. 其他

24. 相比“指尖公益”，您更倾向于哪些方面的公益活动？（　　）【多选题】

A. 平台上的疾病救助

B. 扶贫救灾

C. 亲友发起的重病救助

D. 环境保护

E. 动物保护救助

F. 传统文化保护

G. 希望小学等教育类

H. 其他

25. 您对“指尖公益”有哪些建议？请在下方留言。

公众参与“指尖公益”态度调查问卷

您好！

欢迎参加本次答题。本次调查采取无记名方式，不会泄露您的个人信息，所有回答只用于统计分析，您的回答至关重要！希望您能抽出宝贵的时间为我们提供您的真实情况和想法。题目选项无对错之分，请您按自己的实际情况填写。谢谢您的帮助！

1. 您的性别？（　　）【单选题】

○ 男

○ 女

2. 您的年龄？（　　）【单选题】

○ 18 岁以下

○ 19~40 岁

○ 41~60 岁

○ 61 岁以上

3. 您的文化程度？（　　）【单选题】

○ 小学及以下

○ 初中/高中

○ 中专/职业院校/大专

○ 本科/研究生及以上

4. 您的职业？（　　）【单选题】

○ 政府事业单位

○ 企业职员

○ 个体经营者

○ 农林牧副渔业

○ 自由职业

○ 学生

○ 退休

○ 其他

5. 您的月收入大概多少？（　　）【单选题】

○ 5000 元以下

○ 5001～10000 元

○ 10000 元以上

6. 您是否对“指尖公益”感兴趣？（　　）【单选题】

○ 非常感兴趣

○ 比较感兴趣

○ 一般

○ 不太感兴趣

○ 完全不感兴趣

7. 你是否了解“指尖公益”？（　　）【单选题】

○ 非常了解

○ 比较了解

○ 一般

○ 不太了解

○ 完全不了解

8. 你更支持哪种公益模式？（　　）【单选题】

○ 传统公益

○ “指尖公益”

○ 两者都愿意

○ 两者都不愿意

9. 您是否参与过“指尖公益”捐赠？(　　)【单选题】

○ 经常参与

○ 偶尔参与

○ 没有参与

10. 您更倾向于哪种“指尖公益”方式？(　　)【单选题】

○ 众包，通过创意的征集、设计、交换和共享等来实现公益项目

○ 众筹，通过提供现金或物资等形式向公益项目投资

○ 两者都可以

11. 您更倾向于哪些方面“指尖公益”的活动？(　　)【多选题】

□ 疾病救助

□ 扶贫救灾

□ 生态多样性保护

□ 无障碍建设

□ 文保及非遗传承

□ 智慧医疗

□ 社会治理

□ 其他

12. 你参与“指尖公益”的频率？(　　)【单选题】

○ 非常频繁，已经养成习惯，每天都会参与

○ 比较频繁，每周都会参与 4~5 次

○ 一般，每周都会参与 1 次

○ 偶尔，想起来时会参与

○ 不常参与

13. 您不常参与“指尖公益”的原因？（　　）【单选题】

○ 对指尖公益不太感兴趣

○ 对指尖公益接触较少

○ 可用于参加指尖公益的时间有限

○ 其他

14. 您了解“指尖公益”的途径？（　　）【多选题】

□ 新媒体（抖音、快手、小红书等）

□ 网络媒体（新闻网站、论坛）

□ 社交媒体（QQ、微信、微博）

□ 传统媒体（电视、报纸、广播、电话、短信）

15. 您参与“指尖公益”的方式？（　　）【多选题】

□ 公益捐款、捐物等

□ 日常生活捐步、浇树等

□ 网络认领、公益拍卖等

□ 网络求助、知识共享等

□ 成为志愿者

□ 研发公益技术产品

□ 其他

16. 您使用过哪些“指尖公益”平台？（　　）【多选题】

□ 腾讯公益

□ 阿里公益

□ 淘宝公益

□ 京东公益

□ 新浪微博微公益

□ 百度慈善募捐平台

□ 中国慈善信息平台

☐ 基金会中心网

☐ 公益宝

☐ 新华公益服务平台

☐ 轻松筹

☐ 广州市慈善会慈善信息平台

☐ 其他

17. 您了解哪些“指尖公益”品牌？（　　）【多选题】

☐ 腾讯 99 公益日

☐ 支付宝蚂蚁森林

☐ 美团青山计划

☐ 希望工程

☐ 今日头条寻人

☐ 水滴公益

☐ 天猫公益宝贝

☐ 抖音时间锁

☐ 央视频 AI 手语翻译官“聆语”

☐ 哔哩哔哩公益

☐ 其他

18. 您是否关注“指尖公益”成果？（　　）【单选题】

○ 非常关注

○ 比较关注

○ 不太关注

19. 您不关注“指尖公益”成果的原因？（　　）【单选题】

○ 组织者没有及时、透明公开

○ 对公益组织比较信任

○ 不太在意最终成果

○ 了解成果比较烦琐

20. 是否会分享“指尖公益”？（　　）【单选题】

○ 参与的都会分享

○ 关注的会分享

○ 偶尔会分享

○ 基本不会分享

21. 您参与“指尖公益”的体验如何？（　　）【单选题】

○ 非常满意

○ 比较满意

○ 不太满意

22. 您认为“指尖公益”有哪些优点？（　　）【多选题】

□ 对发起者没有严格的要求，组织、个人均可成为发起者

□ 传播渠道、传播范围不受限制，通过自媒体能带来大规模的影响力

□ 将公益与人们日常生活社交场景结合，降低了参与公益的门槛，提升了公益活动的趣味性和互动性，激发公众参与热情

□ 参与方式多种多样，以物易物、细微助人，或者其他充满创意的间接捐助方式均可实现，让公益能做的事情更多，也让公益变得越来越好做

□ 互联网化的数据积累为公益项目的设计提供支持，提升了互联网公益的质量和成效

□ 有利于形成以公众为核心的支持及监督体系，增强机构筹资稳定性，并逐步实现机构/项目本身的社会化

□ 其他

23. 您认为目前“指尖公益”有哪些不足？（　　）【多选题】

□ 信息存在不对等、不透明的问题，在监督体系上存在缺陷

□ 公益机构人员的数字能力短板制约了技术创新成果扩大

□指尖公益中暴露出的法律政策规范不足

□ 宣传力度不足,操作不够便捷,遗漏了被互联网"甩开"的非网民群体

□ 募捐平台治理机制不够完善,网上个人求助性质模糊

□ 其他

24. 你认为"指尖公益"的成效如何?(　　)【多选题】

□ 为公益事业募集到充足资金,使公益的理念深入人心

□ 推动人人公益时代的到来,用户不再被动地接收信息,更多的是作为信息的传播者

□ 通过网络传播有效提升了市民参与公益活动的热情,营造向上向善的网络氛围,成为履行社会责任、践行社会主义核心价值观的重要方式

□ 丰富的公益场景融入公众生活,公益慈善变得时时可为、事事可为,成为公众新的生活方式

□ 助推公益的数字化革命,利用数字化技术和工具,创新公益服务模式,提升了公益组织的运营效率,重塑了公益事业价值链和协作网络

□ 实现互联网企业技术效能的贡献与社会责任的担当,利用互联网技术更好地解决了社会问题,创造社会价值

□ 将技术能力以公益方式赋能传统行业,解决社会痛点,成为新兴的公益业态

□ 其他

25. 您看好"指尖公益"未来发展吗?(　　)【单选题】

○ 非常看好

○ 有待观察

○ 不太看好

26. 您认为"指尖公益"未来应该如何发展?(　　)【多选题】

□ 借助数字技术的迭代发展,驱动数字公益的无限"新益",为公益事

业可持续发展带来巨大能量

□ 企业和公民都是公益生态的命运共同体，需要更加深入合作，朝着共同目标前行

□指尖公益需要将爆发式的公益活动升级为细水长流、可持续的公益共创

□ 结合区域特色，尝试因地制宜，让公益文化普及更下沉、更亲民

□ 将数字技术的发展成果应用于公益行业，利用区块链技术发展，实现项目可溯源，使阳光透明理念逐步变成现实。

□ 健全网络慈善法律政策体系、完善网络慈善监管机制、提升网络慈善组织与平台的专业化能力、理性引导网络募捐中的公众行为

□ 赢得和维护公众信任、建立高效的运营方式和透明的报告标准，以及招聘和留住顶尖人才

□ 通过研究互联网用户需求与表达方式，制作出符合互联网用户需要的优质内容，言之有物，与我有关

□ 其他

27. 对于每年的中国互联网公益峰会是否有了解？（　　）【单选题】

○ 非常了解，观看过峰会直播

○ 有了解，看过相关报道

○ 没有关注

28. 在新冠疫情期间，您对“指尖公益”的印象？（　　）【单选题】

○ 信息化筹集和调配战疫物资

○ 为一线战“疫”人员提供全方位保障

○ 开放 AI 等技术能力支持战“疫”科研

○ 多种形式助力保障公共卫生安全

○ 其他

29. 促使您参加“指尖公益”活动的因素？(　　)【打分题】
(请填 1~5 数字打分)
公益组织的知名度：
1 分为很不重要,5 分为很重要，您的评分是______分
公益项目的内容：
1 分为很不重要,5 分为很重要，您的评分是______分
公益平台的趣味性：
1 分为很不重要,5 分为很重要，您的评分是______分
公益项目的便利性：
1 分为很不重要,5 分为很重要，您的评分是______分
公益项目的可信度：
1 分为很不重要,5 分为很重要，您的评分是______分
公益项目的透明度：
1 分为很不重要,5 分为很重要，您的评分是______分

30. 您对参与捐献的“指尖平台”要求的重要性？(　　)【打分题】
(请填 1~5 数字打分)
信息公开透明：
1 分为很不重要,5 分为很重要，您的评分是______分
平台操作规范：
1 分为很不重要,5 分为很重要，您的评分是______分
参与便利性：
1 分为很不重要,5 分为很重要，您的评分是______分
官方政策扶持：
1 分为很不重要,5 分为很重要，您的评分是______分
渠道通畅救助方便：
1 分为很不重要,5 分为很重要，您的评分是______分
亲友使用推荐：
1 分为很不重要,5 分为很重要，您的评分是______分

后续反馈及时良好：

1 分为很不重要,5 分为很重要，您的评分是______分

平台有一定知名度：

1 分为很不重要,5 分为很重要，您的评分是______分

财务公开透明：

1 分为很不重要,5 分为很重要，您的评分是______分

31. 您对“指尖公益”有何建议？

____

____

____

____

____

____

大学生参与“指尖公益”活动态度调查问卷

亲爱的同学：

你好！

欢迎参加本次答题。本次调查采取无记名方式，不会泄露您的个人信息，所有回答只用于统计分析，您的回答至关重要！希望您能抽出宝贵的时间为我们提供您的真实情况和想法。

题目选项无对错之分，请您按自己的实际情况填写。谢谢您的帮助！

1. 你的年级是(　　)?

A. 大一

B. 大二

C. 大三

D. 大四

2. 你的性别是(　　)?

A. 男

B. 女

3. 你对“指尖公益”的理解是(　　)?

A. 帮助社会上的弱势群体，有助社会发展，是一种博爱

B. 调解政府和社会之间的矛盾，解决政府做得不到位的问题，调解社会矛盾

C. “指尖公益”活动没什么意思，也就很少人去做，大部分人都是只关注自身

D. 其他

4. 你关注“指尖公益”活动吗？（　　）

A. 非常关注

B. 偶尔看一下

C. 只是听别人说过，自己没关注过

D. 从不关注

5. 你会去做一些“指尖公益”活动吗？（　　）

A. 有意义，但可能不会去做

B. 有意义，愿意尝试着去做一些公益活动

C. 没意义，对这些事情不关心

6. 你参加过一些志愿者社团或者一些志愿者服务活动吗？（　　）

A. 参加过这种社团

B. 虽然没有参加这种社团，但是做过公益活动

C. 既没有参加这种社团，也没有做过这种活动

7. 你身边的同学是否参与“指尖公益”捐赠活动？（　　）

A. 是，经常

B. 是，偶尔

C. 基本不参加

8. 你的家人是否参加“指尖公益”捐赠活动？（　　）

A. 是，经常

B. 是，偶尔

C. 基本不参加

9. 你在学校参加关于公益的社团吗？（　　）

A. 有，但是活动不多

B. 有，并且有较多的公益活动，会宣传鼓动大家参加

C. 没有

10. 你认为阻碍大学生参与“指尖公益”的因素是什么？（　　）

A. 忙于学习,时间不足

B. 学校宣传力度不够

C. 公益要花钱,家人不支持

D. 缺乏组织者

11. 对于你所了解大学生参与“指尖公益”事业的现状,总的来说,你觉得大学生参与指尖公益活动的实质意义大吗？（　　）

A. 很大

B. 一般

C. 有一点,却不大

D. 根本没有什么实质意义

12.“指尖公益”活动在你的心中处于以下哪种地位？（　　）

A. 很排斥这类活动

B. 参不参与都不重要

C. 偶尔会考虑参与一下,毕竟这类活动还是有一些意义的

D. 是自己课余、业余的一部分,可以体现自身价值

E. 这是自己生活中很重要的一部分,不可或缺

13. 你觉得学校公益社团的各项公益活动是否存在什么缺陷？（　　）

A. 活动太少

B. 有些活动意义不大,觉得自己没有真正地为需要帮助的人帮上什么,而只是徒有形式

C. 他们举办的公益活动缺少吸引大学生的特点,比如实践证明活动的组织上不够完善,组织者需要改进,完善活动准备

D. 其他

14. 如果你参与“指尖公益”活动,那么可能主要出于以下哪些目的?(　　)

A. 帮助需要帮助的人

B. 受他人引导、劝说,跟风,没有什么很明确的目的

C. 觉得这是个不同于其他活动的宝贵的经历,一直想要尝试,从中获得不一样的生活感悟

D. 不排除带有多年实践证明,为以后评奖学金和找工作赢得机会的目的

E. 提高自己的综合素质和社会责任感

F. 通过这类有益的活动认识一些志同道合的朋友

G. 其他

15. 你认为“指尖公益”对改善弱势群体处境作用有多大?(　　)

A. 对大部分人很有帮助

B. 对部分人有暂时性的帮助

C. 基本没什么作用

D. 不好说

16. 当你发觉自己的生活比某些贫困人群或弱势群体要好很多的时候,你是否会想到要去帮助他们生活得更好一点?(　　)

A. 会

B. 也许会

C. 不会

D. 不清楚

17. 参与“指尖公益”活动对你的成长有利吗?(　　)

A. 有

B. 效果不明显

C. 没有

18. 你认为现在的“指尖公益”活动应在哪些方面开展？（　　）

A. 环境方面

B. 贫困山区

C. 困难群体

D. 医疗保障

E. 社会保障

19. 你对用明星来代言支持“指尖公益”事业的态度？（　　）

A. 支持

B. 不支持

20. 你通过哪些渠道来了解“指尖公益”活动的？（　　）

A. 电视广播

B. 报刊

C. 网络（QQ、微信、微博等）

D. 生活周边

E. 其他

大学生公益感测试［矩阵量表题］

仔细阅读下面每个句子，然后根据您的实际情况，选择符合您自身情况的选项即可。答案没有对错之分，请独立作答，不要与他人讨论。再次感谢同学们的帮助！

	完全不符合	基本不符合	不确定	基本符合	完全符合
1. 看到灾区孩子的学习环境，我会感到伤心	○	○	○	○	○
2. 看到著名建筑被游客乱刻乱画，我会感到羞耻	○	○	○	○	○
3. 如果同学生病了，我愿意帮他（她）打热水	○	○	○	○	○
4. 我会将自己的教科书给需要的学弟学妹使用	○	○	○	○	○
5. 看到红十字会的各种负面新闻，我会感到很气愤	○	○	○	○	○
6. 听说有同学参加无偿献血，我会为他（她）感到骄傲	○	○	○	○	○
7. 看到有陌生人物品遗落在座位上，我会提醒他（她）	○	○	○	○	○
8. 在公交车上看到有人为老年人让座，我会很高兴	○	○	○	○	○
9. 看到公共厕所的水龙头没有关紧，我会马上将其关闭	○	○	○	○	○
10. 我会感激捐钱给希望小学的社会工作者	○	○	○	○	○
11. 教师节当天，我会给老师打电话或者发短信感谢老师	○	○	○	○	○
12. 别人帮我拾起掉在地上的笔，我会马上说声“谢谢”	○	○	○	○	○
13. 在公交车上，即便有熟人在旁边，我也不会大声说话	○	○	○	○	○

续表

	完全不符合	基本不符合	不确定	基本符合	完全符合
14. 在公共场所打电话,我会注意自己的音量	○	○	○	○	○
15. 天气转冷,我会主动打电话提醒家人要增添衣物	○	○	○	○	○
16. 逢年过节,我会给自己现在和过去的老师发祝福短信	○	○	○	○	○
17. 如果和朋友约时间吃饭,我都会很准时或者提前到	○	○	○	○	○
18. 如果犯错误,我会主动承担责任	○	○	○	○	○

基于社交媒体的公益众筹类平台用户捐赠行为及其影响因素调查研究问卷

1. 您的性别？（　　）【单选题】

○男

○女

2. 您的学历？（　　）【单选题】

○初中及以下

○高中(含中专及技校)

○大专

○本科及以上

3. 您每月可支配收入？（　　）【单选题】

○500 元及以下

○501～1500 元

○1501～2500 元

○2501～3500 元

○3501～4500 元

○4500 元以上

4. 您平均每天使用社交媒体的时长约为？（　　）【单选题】

○1 小时及以下

○2～5 小时

○6～9 小时

○10 小时及以上

5. 您对社交媒体中公益众筹信息的关注程度为？（　　）【单选题】

○从不关注

○不太关注

○一般关注

○比较关注

○非常关注

6. 您平时能接触到“公益众筹”类信息最多的社交平台是哪个？（　　）【多选题】

□微信

□QQ

□微博

□其他

7. 您是否在社交媒体内进行公益众筹类捐款？（　　）【单选题】

○是

○否

8. 您知道国内哪些众筹平台？（　　）【多选题】

□轻松筹

□京东众筹

□淘宝众筹

□苏宁众筹

□开始吧

□水滴筹

□人人投

□多彩投

□其他

9. 有没有参与过众筹,参与过什么样的众筹?(　　)【多选题】

□公益类众筹

□产品类众筹

□股权类众筹

□债权类众筹

□物权类众筹

□没参与过

10. 浏览众筹类网站的主要目的?(　　)【多选题】

□寻找感兴趣的项目

□进行筹资

□关注特定项目的进展

□随便看看

□没浏览过

11. 众筹的第一印象?(　　)【单选题】

○融资平台

○卖产品的平台

○闲散资金投资平台

○没感觉

12. 对众筹最大的担忧?(　　)【单选题】

○项目透明度不够

○对投资的风险不了解

○对众筹项目不信任

○项目虽然吸引我,但不在我了解的领域

○众筹项目的规程不够完整

○回报太低

13. 当你遇到困难时，是否会选择“水滴筹”类似的平台？(　　)【单选题】

○是

○否

14. 基于类似的平台，您认为存在的问题是什么？(　　)【多选题】

□信任问题

□流量问题

□平台抽成问题

□真实性问题

□自行填写

15. 您认为此类平台的具体面向群体及事件是什么？(　　)【多选题】

□慈善

□大病筹款

□商业活动

16. 您是否了解过国内外平台的不同？(　　)【单选题】

○是

○否

17. 大数据情况下您是否注意到朋友圈存在广告的投递？(　　)【单选题】

○是

○否

18. 您是否产生过做微商的念头？(　　)【单选题】

○是

○否

19. 您是否参加过社群?(　　)【单选题】

○是

○否

20. 你认为社群的人是否可以转化为众筹的人群?(　　)【单选题】

○是

○否

21. 您是否有过代购经历?(　　)【单选题】

○是

○否

22. 面对贫困家庭您一次性愿意捐助多少钱?(　　)【单选题】

○工资的 10%

○工资的 20%

○工资的 30%

○工资的 30%以上

23. 您认为什么样的群体更需要帮助?(　　)【单选题】

○独居长者

○失业人群

○农民

○低收入者

○残障人士

24. 您更关注哪种类型的捐助?(　　)【单选题】

○天灾(地震、火灾、蝗虫等)

○人祸(车祸、大病等)

请根据您的实际情况填写下列问题,下列问题各数值分别代表:
1(非常不同意),2(不同意),3(一般),4(同意),
5(非常同意)。

【对象特征因素】

25. 用户特征[矩阵量表题]

	1	2	3	4	5
我平时就热衷于关注公益众筹类消息	○	○	○	○	○
我时常参与公益众筹类捐款	○	○	○	○	○
我比较感性,很容易产生同情心	○	○	○	○	○
我易受到他人动员及影响	○	○	○	○	○

26. 信息特征[矩阵量表题]

	1	2	3	4	5
求助信息很容易触动我的情感,促使我产生同情心	○	○	○	○	○

【感知风险因素】

27. 时间风险[矩阵量表题]

	1	2	3	4	5
我认为对公益众筹进行捐助不会浪费我的时间和精力	○	○	○	○	○

28. 财务风险[矩阵量表题]

	1	2	3	4	5
我认为我所捐赠的财物会全部捐赠给被捐赠者	○	○	○	○	○

29. 隐私风险[矩阵量表题]

	1	2	3	4	5
我认为对公益众筹进行捐助不会涉及我的隐私	○	○	○	○	○

30. 社会风险[矩阵量表题]

	1	2	3	4	5
我认为对公益众筹信息捐款并转发后,不会被他人认为是作秀	○	○	○	○	○
我认为对于公益众筹进行捐赠,不会给自己带来人情负担	○	○	○	○	○

31. 个体因素[矩阵量表题]

	1	2	3	4	5
我认为对于公益众筹进行捐赠是一种无私帮助的行为	○	○	○	○	○
我认为对于公益众筹进行捐赠可以获得回报	○	○	○	○	○
我认为对于公益众筹进行捐赠能够获得满足感	○	○	○	○	○
我认为对于公益众筹进行捐赠能获得他人认同	○	○	○	○	○
我认为我所进行的捐赠是正确的,有价值的	○	○	○	○	○

32. 社会因素[矩阵量表题]

	1	2	3	4	5
我认为对于公益众筹进行捐赠是对求助群体的认同	○	○	○	○	○
我认为对于公益众筹进行捐赠是基于我对这种求助方式的认同	○	○	○	○	○

续表

	1	2	3	4	5
我认为对于公益众筹进行捐赠能够激发我的社会认同感	○	○	○	○	○
我认为被捐赠者是真诚的，可信任的	○	○	○	○	○
我认为有能力且有义务对于公益众筹进行捐赠	○	○	○	○	○

33. 人际因素［矩阵量表题］

	1	2	3	4	5
我所捐赠的被捐赠者是我的亲友	○	○	○	○	○
我所捐赠的被捐赠者是由我亲友进行转发的	○	○	○	○	○
我对被捐赠者捐赠是因为有人情关系	○	○	○	○	○
我是因为大家都捐赠，为了面子，不得不捐赠	○	○	○	○	○
通过捐赠可以提升我与亲友间的关系	○	○	○	○	○

【现实因素】

34. 利益因素［矩阵量表题］

	1	2	3	4	5
我认为社交众筹的前提是社交	○	○	○	○	○
社交众筹会随着互联网的发展而改变模式	○	○	○	○	○
我认为抖音的流量变现也体现了社交众筹	○	○	○	○	○
我认为社交众筹某种程度来说是种变革	○	○	○	○	○

35. 风险因素[矩阵量表题]

	1	2	3	4	5
我认为社交众筹风险的减弱可以通过信息的完善来达成	○	○	○	○	○

【公益众筹信息分享行为】

我在社交媒体中与朋友分享过公益众筹信息【单选题】

○从未　○很少　○有时　○经常　○总是

我在社交媒体群聊中分享过公益众筹信息【单选题】

○从未　○很少　○有时　○经常　○总是

我在社交媒体个人主页中分享过公益众筹信息【单选题】

○从未　○很少　○有时　○经常　○总是

数智时代大学生“指尖公益”行为访谈提纲

同学，你好！

这次访谈围绕数智时代大学生参与“指尖公益”主题展开，整个访谈时长预计在30分钟左右，为了便于后期整理访谈资料需要开启会议录制，不过请放心我们会严格保密，不会外泄访谈内容。

1. 您对“指尖公益”持有什么样的看法？
2. 您身边有人参与“指尖公益”吗？
3. 您参与“指尖公益”时会特别关注哪些信息？
4. 您目前最常参与的“指尖公益”形式是×××（“指尖公益”项目名），您为什么会选择这个公益项目呢？
5. 您认为在基础教育与高等教育两个阶段，哪个阶段的公益教育做得更好？为什么？

本次访谈到此结束，感谢您的配合，后续如有相关问题，我会与您保持联系。

致　谢

感谢所有参与问卷调查的慈善机构,特别鸣谢下列机构

(按名称首字母排序)

爱德基金会
北京仁人公益基金会
北京易善信用管理有限公司
江苏省慈善总会
江苏省妇女儿童福利基金会
江苏省同泰慈善基金会
江苏省乡村发展基金会
南京方舟慈善基金会
南京公安大病特困救助基金会
南京古都城墙保护基金会
南京朗诗公益基金会
南京明德慈善基金会
南京市光彩事业促进会
南京通院爱心发展基金会
南京阳光心汇心公益基金会
上海雷根公益基金会
上海联劝公益基金会
上海仁德基金会
上海市慈善基金会
上海真爱梦想公益基金会
深圳市图鸥公益事业发展中心
苏州市慈善总会
苏州市社会帮扶基金会
苏州市社会组织总会
万科公益基金会
无锡灵山慈善基金会
无锡市慈善总会
无锡新吴区九色公益服务中心
中国慈善联合会
中国乡村发展基金会

特别鸣谢下列学校基金会

（按名称首字母排序）

北京市中国人民大学教育基金会
东南大学教育基金会
华中科技大学教育发展基金会
南京财经大学教育发展基金会
南京大学教育发展基金会
南京外国语学校雨花国际学校教育发展基金会
南京医科大学教育发展基金会
南京邮电大学教育发展基金会
清华大学教育基金会
上海复旦大学教育发展基金会
上海市上海中学教育发展基金会
上海同济大学教育发展基金会
深圳市深圳大学教育发展基金会
深圳市香港中文大学（深圳）教育基金会
武汉大学教育发展基金会
厦门大学教育发展基金会

后　记

未来已至，赛道拓展。

伴随着互联网、大数据、云计算、区块链、人工智能、元宇宙等新技术风起云涌的时代，公益慈善事业迎来前所未有的新机遇，“指尖公益”将助力公益行业在数智时代创造更大、更广、更可持续的社会价值。面对百年未有之大变局和世纪疫情的交织影响，在实现第二个百年奋斗目标的新征程上，我们要立足新发展阶段、贯彻新发展理念、构建新发展格局，用技术发展驱动“指尖公益”跨界创新、问题探索驱动“指尖公益”生态创新、高度开放驱动“指尖公益”协同创新，在中国式现代化道路上建设更高标准、更高水平、更多公众参与的公益慈善事业。

拥抱未来，科技向善。我们将继续致力于“指尖公益”的开放、协同、共享。通过数智技术及平台的应用，“指尖公益”将更精准地把握公益资源的分布，更精确地调节公益资源的供给，更多元地共享公益资源的价值；通过数字平台，“指尖公益”将更广泛、更直接地链接你我他，链接世界每一个角落，链接每个不同的行业，链接汇集更多的流量，从而聚集磅礴的公益慈善力量。

当数智化广泛应用于公益慈善事业的场景之时，科技向善的社会价值导向将更加重要。我们将通过“指尖公益”对科技伦理的场景应用，如举办公益讲座、展览和活动，向更多人传递“指尖公益”的理念和意义，展现科技向善的场域应用，希望能够唤起全社会同心协力推进慈善公益事业发展的群体力量。

作为慈善公益事业的研究者，我将继续致力于深入研究“指尖公益”领域的新问题新挑战，积极参与“指尖公益”的实践工作，为完善“指尖公益”的运作机制建言献策，为具体工程与行动提供更加实用和可行的解决方案。希望通过我的努力，能够提高公众对“指尖公益”的认识和参与度，促进全社会公益意识的进一步提升。我相信，在社会各界的共同努力和支持下，我们的“指尖公益”将不断壮大，让公益介入每个人的生活，并同时享受参与公益带来的向善体验和价值感；紧跟“模范生”步伐，躬身入局，善作善为，朝着共同富裕目标扎实迈进。

在中国式现代化道路上致力于人与社会的全面发展，推进慈善公益事业的健康发展是题中应有之义。让我们互勉共进，倾情奉献一己之力！

钱晓田

2023年11月8日